シリーズ
言語・コミュニケーション研究の地平

外界と対峙する

New Horizons in Language and Communication Research

Interaction in the Material World

監修

伝康晴
前川喜久雄
坂井田瑠衣

編

牧野遼作
砂川千穂
徳永弘子

ひつじ書房

　2009年5月末、「第1回言語・コミュニケーション研究会」と題して、有志による研究会が始まった。当初は、国立国語研究所・前川研究グループと千葉大学・伝研室の研究員・大学院生や、近隣の大学のゆかりのある研究者たちの小さな集まりとして、月に1回、国立国語研究所の小部屋で開催していた。その後、本研究会は「LC (Language and Communication) 研究会」という名称で定着し、参加者の範囲(人数や研究分野)を拡大しつつ、活動を続けてきた。この間、国立情報学研究所と共同開催するようになり、坂井田や牧野・土屋(本シリーズ編者)が幹事を務めるようになると、ますます規模や射程を拡大していった。2022年3月現在、メーリングリストの登録者数は80人を超える。これまでに90回近くもの研究発表会を開催してきた。

　今回、LC研究会の活動期間が10年を超えるにあたり、これまでの発表者たちによる研究成果を論文集にまとめたものが本シリーズ『言語・コミュニケーション研究の地平』である。

　LC研究会の発表者の学術的背景は、コーパス言語学・心理言語学・社会言語学・認知言語学・音声学・文法研究・方言研究・語用論・談話分析・会話分析・ジェスチャー研究・自然言語処理・ロボット工学・発達心理学・生態心理学・言語人類学など多岐にわたる。既存の分野を超えた学際的な議論を重視し、とくに若手・中堅研究者の発表を積極的に奨励してきた。本シリーズの執筆者も若手・中堅研究者が大半を占める。従来研究が見過ごしてきた問題に焦点を当てたり、既存の方法論を打ち破ろうとしたりする野心的な研究が多く集まっている。しかし、そのような試みは従来研究の立場からは理解されづらくもあり、伝統的な枠組みの中では未だ周辺的なものと見なされるのが現状である。この原因の一つとして、それぞれの研究が散発的で、互いの研究がどのような関係にあるのかが見えづらいことが考えられる。

　そこで本シリーズでは、そのような個々の研究に通底する問題意識を明確にし、方法論の違いを超えて総括することで、言語・コミュニケーション研究全体の中に位置づけようと試みた。

言語とコミュニケーションを取り巻く問題は、3つに大別できるだろう。

1. 自己との対峙：言語使用やコミュニケーションの過程において、
   いかにして「自己」内での認知的な処理を遂行するかという問題
2. 他者との対峙：言語使用やコミュニケーションの過程において、
   いかにして「他者」の行為・行動との相互調整を達成するかという問題
3. 外界との対峙：言語使用やコミュニケーションの過程において、
   いかにして社会的・環境的要因など「外界」とかかわるかという問題

　本シリーズは、それぞれの問題に焦点を当てた3巻から構成され、言語・コミュニケーションにまつわる諸研究の成果を分野横断的に収録している。これらの問題は相互に深くかかわりあっている。「自己」は他の自己と向き合うことで「他者」となり、たくさんの「他者」が集うところに生きる場としての「外界」が存在する。その一方で、我々の日常生活はつねに「外界」とかかわりあいながら営まれ、その中で「他者」や「自己」とも向き合う。「自己」「他者」「外界」のあいだに序列はなく、この3つは我々の言語・コミュニケーション行動の背後に同時並行的に存在している。3つの巻は、どれにとくに焦点を当てるかという点で違っているにすぎない。

　もちろん個々の研究についても、これら3つの問題のうち2つ以上について論じているものも多くある。執筆者には、自分自身の研究が3つの問題のうちとくにどの問題に焦点化しようとしているのかを自覚的に論じてもらった。そうすることで、一見すると対象も方法もバラバラな個々の研究が、各巻の中で互いにどのような関係を持つのかが見えてくるように試みた。

　本シリーズによって、未だ周辺的と見なされている研究が確固たる地位を得て、言語・コミュニケーション研究の新たな地平を開くことを期待する。

2022年3月

シリーズ監修　伝康晴・前川喜久雄・坂井田瑠衣

対峙する外界とは何か

　本書はシリーズ「言語・コミュニケーション研究の地平」を構成する1巻であり、本巻のテーマは「外界と対峙する」である。一般的に外界と言われると、屋外をイメージするかもしれない。勿論、本書に収められた論考の中には、屋外での人々のコミュニケーションを対象とした論考も収められている。だが、言語・コミュニケーション研究では、屋内のコミュニケーション／相互行為を対象としたからといって、"外界"を見出すことができないわけではない。そして、言語・コミュニケーション研究において多様な"外界"が存在する。本巻では、多様な"外界"を扱う論考が収められている。その多様性を理解するために、まずは「コミュニケーションに参加していない人々やモノをコミュニケーションの外側＝外界と呼ぶことができる」という考え方から始めてみよう。

　考えるための例として、ある研究室の指導教員Mと受講する学生Y、K、Tが参加している対面ゼミ場面を想像してほしい（**図1**）。コミュニケーションにお

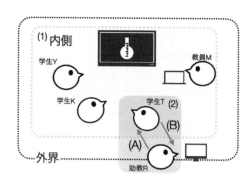

図1：コミュニケーションの"外界"と内側

ける内側とはゼミが行われる研究室の中を指し、部屋の外を"外界"と単純に呼べるわけではない。なぜならば、研究室内にもコミュニケーションに参加していない人もいる可能性があるからだ。このとき、ゼミで行われるコミュニケーション活動（発表や議論）に参加している人々をコミュニケーションの内側と呼び、これに参加していない人々は"外界"と呼ぶほうが、我々の経験的／直感的な区別にふさわしいように思われる。このような区別をすることで、締切に追われ研究室から移動せずに論文を書き、ゼミには参加しない、助教Rをコミュニケーションの外界に位置づけることができる。

　ただし、助教Rは常に"外界"にいるわけではない。例えば、助教Rは作業を止めて、突如ゼミの議論に参加するかもしれない。逆に学生Tが助教Rに話しかけるかもしれない。前者は"外界"からのコミュニケーションの内側へ、後者は内側からの"外界"への働きかけといえるだろう。

　このように助教Rは同じ部屋にいたとしても、コミュニケーションの内側にいるのか、"外界"にいるのかは、コミュニケーションの進行状況に応じて変化しうるのである。そして助教Rのような人が参与するコミュニケーションは様々な形で展開する。例えば、コミュニケーションに参加した後にも、助教Rと学生Tのコミュニケーションは一時的なものかもしれないし、そのまま長時間参加し続けるかもしれない。また、助教Rが学生Tとコミュニケーションするだけではなく、ゼミ全体のコミュニケーションに参加するかもしれない。

　例として研究室において起こりうる可能性を列挙してみたが、ここで"外界"と内側の関係を考えるならば、3つの論点に集約することが可能であろう。まずは、"外界"側が内側に、もしくは内側から"外界"へといかに働きかけるのかという2点である。"外界"から内側へのアプローチの仕方において、"外界"のメンバーは、どのようなタイミングで、どのようにアクセスするかという点が重要になるだろう。これに対して、内側のメンバーも"外界"からのアクセスを受け入れて新たなコミュニケーションの参加者とするのか、それとも一時的なものとして扱うのか、はたまた一部のメンバーのみとコミュニケーションする形とするのかというように、"外界"のメンバーを外界のものとして接するのか、という点が重要となる。3つ目の論点はコミュニケーションの内側と

"外界"をいかに人々は区別しているかというものである。ここまで見てきたように、境界は静的なものではなく、相互行為の展開に応じて変化するものである。コミュニケーションの内側のメンバーは、この変化を起こしたり、または変化に応じて調整的な振る舞いを産出したりする。その微細な調整が、いかになされているかという点もコミュニケーションにおいて重要な論点となりうるだろう。

コミュニケーションにおける外界としての道具や環境

　例に基づいて、コミュニケーションの内側と"外界"について考えてきた。だが、我々が行うコミュニケーションには、人を内と外で区別する以外にも、様々な"外界"と呼べる要素が含まれている。ここでは、"道具と環境"について論点を整理しておこう。

　"外界"に存在するものは人々だけではない。コミュニケーションの中では、特定の道具を取り扱うこともあるだろう。また、コミュニケーション行う人々を取り巻く物理的環境は常に存在し、かつコミュニケーション活動によっては、その環境を利用することもあるだろう。ゼミ活動場面の例に戻ってみよう（図2）。机の上に置かれている魚の骨模型は、ゼミの話題が魚の模型であっ

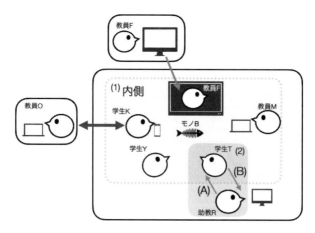

図2：コミュニケーションにおける様々な外界の模式図

た場合は、コミュニケーションの内側にあるといえるだろう。しかし、模型とは関係がない話題が展開されるときに、魚の模型はコミュニケーションの"外界"に置かれているオブジェと化すだろう。このように我々がコミュニケーションを行うとき、周囲には様々なモノが存在する。これらは道具として利用されることもあれば、環境となることもある。また道具のように利用されなくても、周囲の環境は、コミュニケーションを含む人々の活動や振る舞いを遂行するために必要なものであり、同時に活動や振る舞いを制約しうるものとなっている。つまり"外界"にある環境は、道具のように利用されたり、コミュニケーションの内側に取り込まれ利用されなくとも、コミュニケーションをする基盤となりうるだろう。この道具や環境が、いかにコミュニケーションのための資源として巧みに利用されているかについては、Goodwin（2017）が考古学者たちのフィールドワークを対象とした研究が先駆的である。Goodwinは一連の研究を通して、考古学者が地層の色を分類する活動において、彼らは目の前の地層という環境と、マンセルカラーチャートという道具を利用し、その場の活動を巧みに進めていることを示した。

　また**図2**に含まれているように道具には魚の模型のようなものからパソコンやスマートフォンといったように多様性がある。このことによって、我々が日常的に営むコミュニケーションも多様な様相をもちうる。よって、"外界"と対峙するコミュニケーション研究には多様なものが含まれ、本書に含まれる論考も多種多様なものとなっている。

本書の各論文紹介

　最後に本巻に収められる各論文を簡単に紹介していこう。「外界と内側の区別」を考える上で重要なのは、Kendon（1990）によるF陣形システムという研究であろう。KendonのF陣形の研究は、オープンスペースでコミュニケーションに従事する参与者が、自身らが参与する対話空間、すなわち内側を作り上げるために、互いの位置を調整していることを明らかにした。そして、内側を作り上げるという過程とは、同時に"外界"を作り上げ区別する過程と同一のもの

である。1章の牧野の論考では、KendonがF陣形を着想するまでの流れとF陣形システムの詳細を解説し、博物館における展示物解説場面において、道具や他者という“外界”がさらに組み込まれたコミュニケーションにおいて、その特性を考慮した上で、F陣形システムの“システム”という側面について再考を行っている。

昨今の新型感染症の影響によって、オンライン遠隔会話が日常的なコミュニケーションの一部となりつつあるなか、こうしたKendonの対面場面のみを対象とした人々の位置取りの理論はさらに再考するべきであろう。2章の砂川、3章の徳永の論考では、この点に着目し、オンライン遠隔場面において、顔を見せ合う状態を作り出す、つまり、物理的に離れた空間を接合し、コミュニケーションの内側とする可能性をもった場面について検討している。このとき、会話をしあう人を互いの取り巻く環境や他者を、相手に見える状況にすることもできる。つまり、接合されたコミュニケーションの内側から、互いの外界に対して働きかけることもでき、かつ互いの外界からの働きかけもありうる状況といえるだろう。砂川（2章）は、別の家に住む家族が食事や遊びといった活動を画面越しに共有する場面の検討を行った。このとき、人々は画面越しに映る道具や（自身も含めた）人の位置を調整し、活動を進めるための足場を作っていることを示している。このことは対面場面で会話活動を行うために人々がF陣形を構築するのと同様に、画面越しの物理的には共有していない空間をも人々は内側として扱いながら、空間的な配置の調整を行っていることを示す好例となっているといえるだろう。

徳永（3章）も、同様に離れて暮らす家族間のオンライン遠隔会話を対象にしつつ、特に食事を共にすることに焦点を当てている。食事をするということは、当然目の前には食べるための料理が置かれている。食事を共にすることを目的としたオンライン遠隔会話の中で、この料理が、ただ食べるためのものではなく、互いの家族の日常生活の情報が含まれたコミュニケーション上の資源となりえていることが分析によって示されている。そして、オンライン遠隔会話によって食事を共にするからこそ、家族間でコミュニケーションを行いうる場の共創がなされていることを示している。

コミュニケーションに従事する人々を取り巻く環境やその場に存在する道具は、常にコミュニケーションの「内側」にあるわけでも、逆に常に“外界”にあるわけでもない。むしろ、コミュニケーションの進行に応じて、コミュニケーションの焦点となることもあれば、ただ人々を取り巻いているだけの環境となることもある。1章から3章までの論考では、コミュニケーションの“外界”と区別された内側における調整や、“外界”から内側への協働的な働きかけに着目してきた。4章から7章では内側から“外界”へのアプローチ、特に“見る”ことに着目した論考がなされている。

　4章の須永は、内側の人々がいかに“外界”に協働してアクセスするのかについて論じ、山登りをし、周囲のモノを見渡す人々の会話の詳細な分析を行っている。このとき、“外界”は彼らを取り巻く周囲の自然である。その中で、内側のメンバーは、“外界”の中から、会話の焦点となる木、さらにその穴へと焦点を絞っていく。その中で、見ることを共有するために、人々はビデオカメラによって切り取られた画面を利用している。このような道具の利用も、“外界”をいかにコミュニケーションの中へと取り込んでいくかの好例といえるだろう。

　名塩（5章）は理容店での客と理容師の会話を対象に、鏡という道具／環境と会話の関係性について検討を行った。理容店において鏡は、店員と客の目の前にほぼ常に存在するものであるが、常に会話の進行の中で利用される（＝内側として扱われる）わけではない。どのようなとき、どのような形で鏡が利用されているのかについての詳細な分析を通して、語用論、会話分析、生態心理学という、まったく異なる背景をもつ分野の理論の接合を試みている。

　先の2つの章では、人々が周囲の環境内にあるものを一緒に見るという振る舞いに着目した論考であった。彼らの分析対象とする会話で行われていることは、外側（＝周囲の環境）へのアクセスであった。同じく「人々が一緒に見る」という振る舞いに着目しつつも、平本（6章）では、“外界”から内側へアクセスするケースについて論じている。具体的には、ジュエリーショップ内で、商品を見ている客たちに対して、店員が話しかける場面について詳細に検討がなされている。心理学で議論されてきた共視論（＝共同注視）が、コミュニケーション

の内側の中で、いかに達成されているかだけではなく、さらに共視となっている状態を外界の人々は、どのように取り扱いながらアクセスしているかについて論じている。

　続く7章の黒嶋の論考も、コミュニケーション中に人々が「見ること」に関わるものであり、日常的雑談から手術といった専門的な会話場面で起こる沈黙と「見ること」を結びつけて、沈黙が単に誰も話さない時間というのではなく、適切なものを適切に「見ること」のための時間としてデザインされている可能性について議論を進めている。

　専門的なコミュニケーション場面の検討は、黒嶋（7章）で挙げられたような手術場面だけではなく、様々な場面の検討がなされてきた。本巻では、蓮見（8章）が「ジャズピアノレッスン」、清水（9章）が「ブレイクダンス」といった多様な相互行為について取り上げている。

　ピアノ演奏のレッスンにおけるコミュニケーションでは、自明なことであるが人々の目の前に置かれているピアノが重要な道具となっている。蓮見（8章）が対象とするジャズピアノレッスン場面では、教師と生徒のそれぞれの目の前にピアノが置かれている。この状況において、ピアノという道具は、それぞれの練習において重要なだけでなく、演奏を適切に遂行するために、どのように配置されているのか、演奏中にピアノの鍵盤内のどこが指し示されているのか、といったことを理解するための重要な資源となっている。この論考は、道具が単なる道具として相互行為の中で利用されるだけではなく、道具自体の空間的配置や道具内の空間的配置が相互行為資源として利用されている可能性を示すものとなっているといえる。

　清水（9章）による論考では、収録されたブレイクダンス場面を対象にしつつ、他の論考における定性的な事例分析とは異なり、実験的に収録したデータ内のセンサーデータに対して時系列分析を行っている。定量的アプローチではあるものの、人々の振る舞いを単に定量化するのではなく、個々の振る舞いについて詳細な検討に基づく論考を進めている。ブレイクダンスは、パフォーマー（ダンサー）、ダンスのための音楽を用意するDJ、そして審判、観客といった様々な人が織りなす相互行為である。9章では、特にパフォーマー間、パ

フォーマーとDJ間の相互行為の有り様を微細な時系列データの検討に基づき記述している。この記述は、清水らが提唱する新たな枠組みに基づくものであり、これまでの実験的な人々の動作の同期・非同期研究とは一線を画す試みとなっている。この試みは、これまで上手く融合しきれなかった定性的記述に基づく相互行為研究と定量データに基づく相互行為の検討を結び合わせる研究の端緒となるものであると考えられる。

　以上のような人々のコミュニケーションと“外界”の関わりについての詳細な検討は、より日常生活に寄り添った工学的応用の形を導きうるものとなるだろう。“外界”からのアクセスに対して内側の人々は、上半身だけを振り向くか、体全体を相手に向けるかによって、相手との会話を一時的なものとするか、長く続くものとするかを示すことができることが定性的研究によって知られている。10章の川口では、この人々の日常的な振る舞いである身体捻りをロボットに実装し、絵画解説タスクの実験の結果が報告されている。1章から9章まで各著者がつぶさに観察し、詳細な記述に基づき構造を明らかにしてきた、人々のコミュニケーションの有り様も、工学的な応用（＝ロボットやアバターへの実装）に対して重要な視座を与えるものとなっているといえるだろう。川口（10章）は、単に身体の捻り方を実装し、その効果を統計的な差異などによって示すだけではなく、そのロボットに対して人々がどのように振る舞っているかの検討を試みている。このことは、定性的な相互行為研究によって提供されたアイディアが実装されたロボットやアバターに対して、さらにそれに対して人々がどのように調整し対応しているかという新たな論点を提示しているという点で相互行為研究の螺旋的な未来を示すものとなっているといえるだろう。

2022年3月

編集　牧野遼作・砂川千穂・徳永弘子

参考文献

Goodwin, Charles. (2017) *Co-Operative Action*, Cambridge: Cambridge University Press.

Kendon, Adam. (1990) *Conducting interaction: Patterns of behavior in focused encounters*, Cambridge: Cambridge University Press.

目次

共通の書き起こし記号一覧

　この巻の1章、2章、3章、4章、5章、6章、7章、8章では、ビデオデータに基づき、人々の会話を詳細に書き起こし、分析を行っている。その際に用いている書き起こし記号の多くは、会話分析研究者のJefferson（2004）が開発し西阪（2008）が日本語のために整備した方法に基づいている。以下、各章で共通して用いられている記号の一覧を掲載する。なお、著者によってはこれら以外の記号を使用している場合があるが、その場合は各章内で説明されている。

[	発話の重なりの開始地点
]	発話の重なりの終了地点
[[	発話の同時開始
=	発話の密着
（　　）	聞き取り不可能な発話
（言葉）	聞き取りが確定できない発話
(0.0)	無音区間の秒数
(.)	短い無音区間
言葉::	音の引き延ばし
言-	言葉の途切れ
h	呼気音
.h	吸気音
言(h)	笑いながら産出された発話
言葉	強調された発話
言葉;	強調を伴いながら末尾が少し上がるようなやり方で区切りがつく
°言葉°	小さい音声
言葉.	下降音調
言葉,	継続音調
言葉?	上昇音調
↑言葉	音調の上昇
↓言葉	音調の下降
>言葉<	スピードが速い発話
<言葉>	スピードが遅い発話
(( ))	発言の要約, 身体的ふるまいの説明, その他の注記

参考文献

Jefferson, Gail. (2004) Glossary of Transcript Symbols with an Introduction. In Lerner G. H. (ed.) *Conversation Analysis: Studies from the First Generation*, pp. 13–31. Amsterdam: John Benjamins.

西阪仰 (2008)『分散する身体——エスノメソドロジー的相互行為分析の展開』勁草書房

外界と対峙する

F陣形システム再考

環境に応接した身体配置

牧野遼作

要旨

　本稿は人々の相互行為を収録したビデオの微細な分析研究の泰斗であるKendonの研究、その中でも会話中の人々の立ち位置の調整を体系的に記述したF陣形システムについて改めて紹介する。特に「相手の姿を見ることができ、相手の声を聞くことができる」かつ「相手が自分の姿を見ることができ、自分の声を聞くことができると想定される」位置になるように調整しているという側面に焦点を当てながら、展示物解説活動における人々の空間配置の調整する2つの断片を用いて、F陣形システムについて再考を行う。2つの断片は、人々は、従事する活動の中で、周囲の環境や他者の特性を考慮しながら、適切に位置取り（＝展示物を適切に見ることができる位置への移動を行う）、かつ他者が適切な位置への移動を援助するように振る舞うことを示していた。以上より、F陣形システムが単に定型的な立ち位置の形状を示すものではなく、人々が外部の制約（環境や他者）の中で、その制約を取り込みつつ、空間的配置を調整する柔軟なシステムであることを再度強調するものである。

1. 相互行為に対する構造的アプローチの成果としてのF陣形システムの研究

　我々の日常生活の多くは、他者との関わりによって構成される。そして人々によって織り成される相互行為は、常に何かしらの環境に取り囲まれて行われるものである。我々が何かしらの振る舞い（発話、身振り手振りだけではなく、立つことや歩くことまで）を行うとき、その振る舞い（conduct）を可能とする環境が必要とされる。本稿では、この考え方に焦点を当てながらA.Kendonが提唱した人の相互行為（human interaction）に対する構造的アプローチ（structural approach）と、F陣形システム研究について、その概要を振り返りながら、同時に2つの断片データ分析を通して特にF陣形の再考を試み、日常的な相互行為における人々の振る舞いが周囲の環境や活動に応接しながら調整され、そのときの環境や活動に適切な身体配置が構築されている体系性について再度提示したい。

　「外界と対峙する」をテーマとした本書では、人と人の間（川口（10章）では人とロボット間）でなされる相互行為場面を対象とした研究が含まれており、単なる会話だけではなく、買い物、楽器演奏、ダンスなどを収録したビデオデータを対象とした様々な研究が収められている（詳細については「はじめに」を参考）。

　他章でも紹介されているようにビデオを対象とした相互行為の分析としては1960年代に、H.Sacks、E.A.Schegloff、G.Jeffersonらが開始した社会学における会話分析（もしくは相互行為分析）の流れを汲む研究が多く行われている。国内では、近年、高木ら（2016）や串田ら（2017）による会話分析の教科書が出版されており、本書においても須永（4章）、平本（6章）、黒嶋（7章）における論考は、会話分析の方法を用いたものである。また本稿を含め、砂川（2章）、名塩（5章）などの収録したビデオデータの断片の詳細な分析手法は会話分析研究がこれまで蓄積してきた知見や方法論に大きな影響を受けている。

　一方でビデオデータを対象とした相互行為の研究は、他の領域においてもなされてきた。特に1955年より、カウンセリング場面のビデオデータを対象とした学際的研究が行われていた。このプロジェクトの主要な参加者としては文化人類学者であり精神医学にも多くの貢献をしたG. Batesonと後に動作

学(kinesics)を立ち上げた R.Birdwistell が挙げられる。このプロジェクトに続け
て、R.Birdwistell は A.Sceflen と共同研究を開始し、そして A.Kendon は A.Sceflen
の研究プロジェクトに参加していた(Sceflen and Aschcraft 1976)。この流れの中で
Kendon は Sceflen(1976)による文脈分析(context analysis)の仕事を引き継ぎつつ、
Birdwhistell(1970)による動作学、さらには精神医学／臨床心理学、文化人類学、
また C. Hockett や E. Sapir による構造言語学の研究、情報学における N. Wiener
によるサイバネティックス(cybernetics)(Wiener 1961)の影響を受けつつ相互行為
に対する構造的アプローチを提唱した(Kendon 1990)。

　ここで提唱された構造的アプローチについて、ここでは菅原(1996)が提示し
た3つの特徴を挙げておきたい。すなわち、第一に参与者を個々に見るのでは
なく参与者間の行動的関係とそのフィードバック過程への着目し、第二に相互
行為を多重的な層構造として捉え、第三に出会いの帰結ではなく進行中のプ
ロセス自体に着目し、いかに相互行為の定常性が維持されているかを検討す
る、というものである。

　このような立場に基づき Kendon は人々の日常的な相互行為における身振
り、視線、立ち位置といった様々な振る舞いを微細に分析に行い、これらの
振る舞いの多層構造性を示し、いかに人々の間でこれらの振る舞いがフィー
ドバックされ、その場の相互行為がいかに維持されているかを明らかにして
きた。特に、1990年に出版された *Conducting Interaction: Patterns of Behavior in
Focused Encounters* には、ジェスチャー、視線、そして立ち位置の調整に関わる構
造的アプローチに基づく相互行為の分析が含まれている。ここでは、その中で
も、もっとも著名な研究の一つである F 陣形システム(F-formation System)につい
て詳述しておこう。

1.1 F陣形システム

　Kendon(1990)はパーティーなど、数多くの人々が壁や家具などの物体に
よって仕切られないオープン空間で共在し、その中の一部のみが会話参与者
として立ち話をする場面の観察を行った。観察の結果、人々が会話を行うとき

に陣形(formation)を形成することを発見し、その陣形をF陣形(F-formation)と呼称した。ちなみにF陣形のFは、Kendon以前のScheflenら(1976)などの研究におけるfacing-formation(対面陣形)もしくはface-formation(顔の陣形)より取られている(Kendon 1990: 249)。ただし、F陣形は主に人々の立ち位置を対象としており、Fにはfoot(足)の意味なども込められている多義的な呼び名と考えるほうが妥当であるように思われる。実際、Kendon自身もF陣形を何かしらの略称として用いるというよりも、後述する相互行為における立ち位置の調整システムを指してF陣形システムと呼称している。

　人々がF陣形を形成し、人々が立っている状況を俯瞰してみたとき、F陣形に含まれる空間は3つの空間に区別される(**図1**)。すなわちO空間(O-space: Orientation space)、P空間(P-space: Participants space)、R空間(R-space: Region)の3つである(括弧内の表記のうちO-Space、P-Space、R-spaceはKendon(1990)に記載されている。Orientation space、Participants space、RegionについてはScheflenら(1976)とKendon(1973)の記載に基づく。F陣形の表記もそうであるが、1990年の書籍や2010年の原稿においてKendonはF、O、P、Rが特定の単語のイニシャルであることを明記しなくなっている。これは、それぞれの用語に多義性をもたせる試みなのではないかと考えられる)。F陣形を形成するとき、O空間を取り囲むように人々は立ち、O空間の周囲及び人々が立つ空間はP空間となり、P空間の外にR空間が広がる。

　このときのO空間とは、人々の互いの操作領域(transactional segment)が重なる部分とされている。操作領域とは、人々が活動を行うときに、その活動に必要な空間である(Kendon 2010)。例えば、猫が昼寝をするとき、猫はどんな寝相を

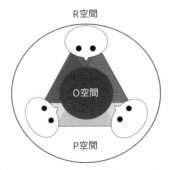

図1: F陣形の模式図(Kendon(1990)の記述に基づき作成)

選ぼうとも横たわることができる物理的特徴を備えた空間が必要になる(つまり寝返りをうてない狭い通路や、湖の上のように寝ているうちに沈んでしまうような空間では昼寝することができない)。同様に、人が何らかの活動を行うとき、その活動に必要な空間が存在する。そして、活動に必要な空間とは、他者からも理解可能なものとなる。例えば、人が読書という活動を行うときや、テレビを視聴するという活動を行うときの、自身の身体と本・テレビとの間に必要十分な空間が必要である。そして、この空間=操作領域は他者からも理解可能なものであり、活動中の操作領域に他者が侵入することは、不適切なこととして理解される。例えば、ある人がテレビを見ているとき、その人とテレビの間を横切るとき、軽く謝罪することが日常的に経験できることから、操作領域に侵入することが基本的には不適切であることが理解できるだろう。また、基本的にKendon(1990)はこの操作領域が、体の中心から前方に投射するものと考えている(図2)。

　会話という活動にも、その活動を行うために適切な空間が必要である。つまり、人々は会話相手となる参与者との間に、会話という活動のための操作領域を持つ。そして、会話の場合、読書やテレビ視聴とは異なり、活動の対象である会話相手も操作領域を持つ。F陣形とは、この2つ以上の操作領域を重ね、共有する位置に会話参与者たちが立った状態のことを指す。そして、人々は会話を開始するときに互いの操作領域の一部を共有するようにF陣形を形成し、共有された操作領域はO空間と呼称される。

　F陣形の形成後、会話が展開していく限り、人々は共有された操作領域(=O空間)を維持するように自身の位置や体の向きを変更する。例えば、会話参与者の1人が前に移動したならば、他の参与者はそれにあわせて、自身の立ち位置を移動させる。または参与者の1人が体の向きを大きく変えたならば、他の参

図2:操作領域模式図(Kendon(1990)の記述に基づき作成)

与者はそれにあわせて体の向きを変更する。そのため2人会話の場合、2人が対面した状態、隣り合った状態、3人以上の会話の場合、L字形に立つ状態も、F陣形が形成された状態であるといえる。Kendon（1990）はこの形状の違いを配列（arrangement）と呼び、しばしば見られる配列について以下のように列挙している。円形の状態は円形配列（circle arrangement）、対面状態は対面配列（vis-a-vis arrangement）、隣り合った状態は隣接配列（side-by-side arrangement）、L字の状態はL字配列（L arrangement）である。

　以上のように、F陣形システムの研究において、会話における人々の空間配置を体系的に整理した点も重要な点ではある。しかし、俯瞰的な視点から見た人々の立ち位置の空間配置の形状パターンだけではなく、陣形内での人々の調整に着目したのも重要な点である。先に述べたようにF陣形内で人々は互いの動きに合わせて立ち位置を調整しており、また会話の展開において参与者が入れ替わるとき、人々は自身の身体の位置や向きを調整し、F陣形（及びそのO空間）を維持するための体系的なやり方を行っている。新たに会話に参与しようとする人はR空間で一時的に待機し、既存の参与者たちが、彼／彼女の存在に気づき、彼／彼女の操作領域を既存の参与者たちの操作領域と共有可能な立ち位置の場所を用意した後に、その場所（つまり新規の参与者がO空間を構成するようにP空間に立つことできる場所）に彼／彼女が移動することで、新たなF陣形を形成し、会話の新たな参与者となる。また、参与者の一部が会話から立ち去る場合も、残った参与者たちのみで、操作領域を共有させるようにO空間を再構築し、残った参与者たちによる会話が継続される。

　以上より、Kendon（1990; 2010）の提唱したF陣形システムとは、会話という相互行為活動に適切な空間を互いの立ち位置を調整しながら形成し、展開中の会話における変化に応じて、互いの立ち位置を調整し、適切な空間を維持するものであると考えられる。Kendon（1990）は、多数の人々が存在するパーティー場面において、ある会話に従事する人々が、その他の人々と区別するようにF陣形を形成しているとした。しかし当然ながら、周囲の環境や人々が従事する活動が変化するとF陣形は変化する可能性がある。Kendon（1990）は、まずパーティーの中で出会った人々が挨拶とちょっとした雑談（small talk）時と、会話の

本題へ移行したときの立ち位置の変化について言及している。また彼が観察したパーティー場面ではなく、誰かが優先的な会話の権利(right of speaking)を持つ場面や、人々が壁や家具などによって仕切られた場面における会話においては異なる立ち位置の調整が現れる可能性を指摘し(Kendon 1990)、さらに2010年の論文では、教室場面や動物園のケージ前の人々の立ち位置についての日常的な観察に基づきF陣形が様々な形に変化・調整されることを示唆している(Kendon 2010)。

2. 環境に応接した構築される身体配置

　以上のように、Kendonは、参与する「活動」や人々の周囲の「環境」に応接して、F陣形は調整されると考えていた。一方で、これらの「活動」や「環境」に応じた立ち位置の調整の体系的かつ詳細な検討は、これまで行われてこなかった。そこで本稿では、活動や環境に応接して調整されるという側面でF陣形システムを再考するため、博物館における展示物解説活動から2つの事例について詳細に検討を行っていく。断片1では「活動」の変化や周囲の「環境」の特性に応接しながら人々が立ち位置を調整していることを示したいと思う。さらに断片2では「環境」のへの応接が、単に自身だけではなく、他者を考慮した上で空間的な配置が調整されていることを示していく。

2.1 未来館における展示物解説活動

　本稿で取り扱う事例は、日本科学未来館における職員である科学コミュニケーター(以下SC)と来館者との間の会話場面である(城ら 2015; Bono et al. 2018; Sakaida et al. 2018)。この会話場面は、主にSCが来館者たちに展示物を解説するという活動によって構成されている。未来館5階の展示フロア「空間のひろがり」、「巨大望遠鏡で宇宙の謎に挑む」という2014年当時のエリア内で収録を行った。来館者たちは、収録協力のためではなく、自発的に未来館に訪れていた人々であった。

博物館(科学未来館)において、職員が来館者に対して展示物解説をする場面は、Kendon(1990)がF陣形研究に主に分析対象としたパーティー場面とは、様々な面で異なる。ここでは、会話参与者たちの立ち位置、及びその陣形に影響を与えうる3つの違いについて記述しておこう。

　第一の違いは、周囲の環境の違いである。パーティー場面は、多くの人々が共在し、そして人々は壁や家具といったもので仕切られていない。よって、参与者たちはF陣形を形成することで、他の会話集団と自身の集団を区別することが可能となる(Kendon 1990)。一方で本稿が分析の対象とするような博物館の展示物解説活動では、当該の会話集団以外の人々はおらず[1]、またその集団は展示物や周囲の壁によっておおまかに仕切られている。そのためF陣形は、他の会話集団との区別するためというよりも、参与者たちのその場その時の活動に適したものとして形成されるという点が、より強調されるだろう。

　第二の違いは、会話活動における参与者の役割の違いである。パーティー場面では、基本的に参与者たちは平等な発話の権利を持っているとKendon(1990)は考えている。そのため人々は互いの操作領域を平等に重ねるようにしてF陣形を形成する(典型的には円形配列となる)。一方で様々な会話場面では、必ずしも参与者たちは平等ではない。このときF陣形が変化することを、Kendon(1990)は指摘している。展示物解説活動という会話では、職員であるSCが解説役、来館者はその聴き手という役割となる。そのため、発話の権利は解説役のSCがより強く持つと考えられる。この活動に基づく役割の違いを示すようにSCと来館者は互いの立ち位置を調整している(牧野ら 2015)。

　第三の違いは、会話において焦点の対象となるモノ(object)が存在することである。勿論、パーティー場面でもモノを対象に会話することはありえる。しかし、展示物解説活動の多くは、展示物というモノを主体とした形で形で会話活動が展開していく。このようなとき、参与者たちは、展示物との関係を含んで立ち位置を調整する必要がある。展示物解説と似たような場面についてKendonも動物園の檻の前で会話をする人々が横並びとなりながら会話をする例をあげながら、活動における人々の焦点対象物を含んだF陣形について言及している(Kendon 2010)。McNeill(2006)は、このようなモノを含みこんだF陣

形を道具的F陣形と呼称した（同時にMcNeillは、道具的F陣形に対してKendonの検討してきたF陣形を社会的F陣形と呼称している）。モノを含んだ会話活動を対象とした研究の例としては、ポスター発表場面の検討が存在する。坊農(2009)は、ポスター発表場面の人々の立ち位置を俯瞰的に検討し、発表フェーズでは、発表者、聴衆、そしてポスターを含むようにF陣形が形成されており、続く質疑応答フェーズにおいて発表者と質問者の間で異なるF陣形が再形成されていることを指摘している。以上のように、会話において焦点の対象となるモノ(展示物解説活動では展示物)があるとき、そのモノを含み込んで人々は立ち位置を調整し、F陣形を形成するといえる。

2.2 「すばる望遠鏡模型」という展示物の特性

　本節では、周囲の「環境」がF陣形、つまり人々の空間配置(spatial arrangement)に影響を与える可能性について検討する。ここで検討する事例において、「環境」の中心となるのは、解説対象である"すばる望遠鏡模型"である。この模型の特性について先に説明しておこう(図3)。望遠鏡と呼称すると、私たちが日常的に触れる筒状の道具が想起してしまうが、"すばる望遠鏡"という単語が指すのは巨大な建造物である。すばる望遠鏡という建造物は集光のためのデザインされた外壁、内部で光を反射する鏡が含まれる望遠鏡本体部分からなる[2]。"すばる望遠鏡模型"は、この建造物全体を模したものであった。ただし、円筒状のドーム内部から望遠鏡本体を覗き込むために、外壁の1/4だけが切り抜かれている。そして模型正面には操作盤が設置されている(図3-B)。右／左のボタンを押すと模型はボタンの押された方向へと回転する(つまり切り抜かれた1/4の部分も回転し、正面以外から望遠鏡本体を覗き込むことができる)。上／下のボタンを押すと望遠鏡本体部分の角度が上／下に変更される。望遠鏡本体部分には、実際の望遠鏡と同様に主鏡が設置されている。この主鏡を見るために、模型の角度を調整することが可能であった(図3-A)。さらに、外壁の内部には望遠鏡だけではなく、施設で働く人を模した模型も置かれていた(図3-C)。

　続いて、この模型が置かれている環境についても、簡単に触れておこう。**図4**

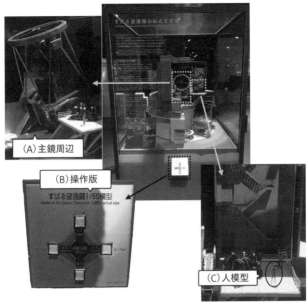

(A) 主鏡周辺

(B) 操作版

(C) 人模型

図3：すばる望遠鏡模型正面とその詳細

図4：すばる望遠鏡模型の周囲の環境

は展示物を左側から撮影したものである。模型を囲うケースの3面は透明と
なっているため、模型は左右からも鑑賞可能である。この展示フロア内に置か
れているベンチは模型からは少し離れた位置にある。そのため、望遠鏡模型の
正面は、左右よりも広い空間が存在している[3]。このような「すばる望遠鏡模
型」の特性や周囲の環境を踏まえた上で、この展示物の解説が行われている2
つの断片を見ていこう。

2.3 「活動」の変化や周囲の「環境」の特性に応接しながら人々が立ち位置を調整

　断片1（図5）[4]は、SCが「すばる望遠鏡模型」について2人の来館者たちに解説を開始しようとする場面である。断片直前に来館者の1人（V1）とSCは雑談（来館者たちがハワイ旅行に行ったことなど）を行っていた。このとき、もう1人の来館者（V2）は雑談に参与していなかったが、SCと来館者（V1）に誘いによって参与した。このときV1がV2の横に立つことに寄って、横並びに立つ陣形を形成し、その前にSCが立つ状態となった（牧野ら2015）。この陣形が形成されたところでSCは展示物解説の開始を試みている。この来館者たちが横並びとなる陣形は、来館者たちが聴き手、そこから外れた参与者（SC）が優先的な発話をする解説者となる活動のための身体配置であるといえる（Kendon 2010）。そのため、陣形が形成された後に続く事例の中で、解説活動を維持するために、参与者たちはこの陣形を維持することを志向している。このことは、事例の中の来館者たちの2回の移動の仕方から観察可能である。最初の移動は、01-02行目でSCが「中にこう人みたいな模型があるの見えますか?」と来館者たちに尋ねたことによって、開始されるものである。このとき来館者たちはすばる望遠鏡模型の横に立っていたが、質問の末尾で同時に一歩前に進み、V1は質問に応答した（03行目）。次の移動は、SCの「ちょっと角度を変えてこちらのほうからご覧ください」（07行目）という来館者への依頼によって開始されるものである。この移動の依頼発話の末尾で、V1は模型正面へと移動する（07行目）。続けてV2がV1に一瞬視線を向け、その位置を確認した後、模型正面かつV1の隣へと移動した。この来館者の2回の移動において、来館者たちは横並び状態を維持していた。同時に、解説を行うSCは彼女たちが横並び状態を形成するまで解説を開始／継続することを中断していた（特に10行目においてV2が移動完了まで「あの::」とフィラーを産出していた）。このことから参与者たちは、展示物解説という活動に志向した立ち位置の陣形を形成・維持していたといえる。

　一方で、この移動（とその前後の参与者たちの陣形）は単に活動に志向したものだけではなく、解説の対象となる「すばる望遠鏡模型」という展示物の特性と、参与者たちの周囲の空間の広がり（もしくは狭さ）に強く依拠したものであるとい

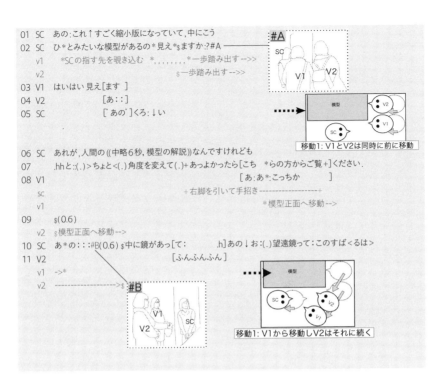

```
01  SC   あの:これ↑すごく縮小版になっていて,中にこう
02  SC   ひ*とみたいな模型があるの*見え*ますか:?#A
    v1      *SCの指す先を覗き込む *,,,,,,,,*一歩踏み出す-->>
    v2                              *一歩踏み出す-->>
03  V1   はいはい見え[ます  ]
04  V2           [あ::]
05  SC           [あの]くろ:↓い

06  SC   あれが,人間の((中略6秒,模型の解説))なんですけれども
07       .hhと::(.)>ちょと<(.)角度を変えて(.)+あっよかったら[こち *らの方からご覧+]ください.
08  V1                                        [あ:あ*:こっちか     ]
    sc                                 +右脚を引いて手招き------------------+
    v1                                           *模型正面へ移動-->
09       $(0.6)
    v2   $模型正面へ移動-->
10  SC   あ*の::::#B(0.6) $中に鏡があっ[て:        .h]あの↓お:(.)望遠鏡って:このすば<るは>
11  V2                      [ふんふんふん]
    v1   ->*
    v2   --------------->$
```

図5:断片1のトランスクリプト

える。まず1回目の来館者の移動は02行目のSCの「見えますか?」という質問に対して、開始されたものである。このSCの質問は、単に展示物を見ることができるか否かを聞いたものではない。むしろ、施設内で働く人々という細部まで作り込んだものであるという展示物の特性に依拠し、その詳細まで見ることができるか否かを質問したものであった。このように組み立てられた質問が産出中に、来館者の1人がまずSCが指す先を覗き込み、そして2人の来館者は同時に一歩前に移動した。

　SCの質問は、展示物の特性に依拠しつつ、同時に移動前の来館者たちの立ち位置から、展示物を見ることが可能であるが、その内部詳細まで見えていない可能性を踏まえたものであった。この可能性を踏まえた質問に対して来館者たちは、自身たちがすでに「見えている」展示物に対して、SCが見えるか否か質問をする、すなわち現時点では見えていない箇所まで見ようとし、覗き込

む、そして一歩前へと移動するという振る舞いを行っていた（すでに「見えている」ものの中から、さらに適切な箇所を見るための人々のやり取りの詳細については、須永（4章）を参照されたい）。そして、この移動が完了すると「見えますか？」の質問に対して「見えます（03行目）」と応答していた。以上のように展示物の特性に依拠した質問に対して、来館者たちは移動を行い、その質問によって要求される／展示物の特性を踏まえた位置への移動を開始し、質問者のSCが望む位置へ移動、つまり展示物への詳細まで「見える」位置へと移動を行っていた。また同時に、来館者たちの移動は、自身たちと展示物の間に空間の広さに依拠したものであった。

　SCが来館者たちに促す移動は、展示物をよく見るための移動であった。来館者たちは、移動前の自身の立ち位置と、そして自身の身体の向きから促されている移動が、前方へのものである。また同時に、移動前の自身の立ち位置から展示物までの距離が一歩程度の移動のみが可能であることから、自身がどれくらい移動するべきかを、推測可能であった。よって、この移動においては、来館者たちは同時に前に同じ程度（つまり一歩だけ）移動し、SCによる移動の促しに応接しつつ、自身たちが聴き手あることを示す横並びの立ち位置を維持していたといえる。

　続けて2回目の来館者の移動に展示物の特性と周囲の空間の広がりが与える影響について見ていこう。2回目の移動は、07行目でSCの「よかったら、こちらの方からご覧ください」という依頼に応接する形で来館者たちは移動していた。1回目の移動と同様に、SCの移動の依頼は、展示物の特性に基づき組み立てられたものであった。07行目において、SCはまず「ちょっと角度を変えて」と発話しながら、展示物の操作を行っていた。この操作は、操作盤の上／下のボタンを押し、展示物内の望遠鏡本体の模型の角度を操作していた。そして、SCは模型の正面中央から左側へと移動し、手招きしつつ、自身の立ち位置を後方へと半歩下げ、「こちらのほうからご覧ください」と移動を促していた。このような振る舞いによってなされているSCによる移動の依頼を来館者は、単に移動を促すものだけではなく、どのように、どの位置に移動するべきかを理解可能なものとなっていると考えられる。つまり、SCは来館者に対して、手

招きと自身の半歩の移動によって自身が今まで立っていた展示物の正面の位置へ、そして今まさに操作された望遠鏡本体の模型の箇所を見ることが可能な位置へと移動することの依頼をしていたといえる。

　このように組み立てられたSCの依頼に対して、来館者たちは展示物正面へと移動という振る舞いによって応接していた。まず来館者の1人（V1）が、「あ　あこっちか」と発話しながら、模型の正面へと移動した。このV1の移動した位置は、操作された望遠鏡本体の模型がよく見える、まさにSCが示した位置への移動となっていた。以上のことから、SCは発話、身振り、自身の位置の移動と、操作可能である展示物の特性を用いた振る舞いを通じて、来館者へ移動すべき位置を示すものとなり、来館者の1人（V1）はそれに従って移動していたといえるだろう。

　2回目の移動においても、SCは展示物の特性に基づき来館者に対して移動を促し、まずその促しに対して来館者の1人（V1）が移動を行っていた。一方で、1回目の移動では同時に移動していたもう1人の来館者（V2）は、2回目の移動においては同時ではなく、V1の移動完了後に移動を開始していた。この移動の仕方は、参与者たち、そして展示物周囲に広がる空間の広さの影響であると考えられる。2回目にSCによって促された移動先は、展示物の正面であった。「すばる望遠鏡模型」の正面には、他の展示物が置かれておらず、広い空間が広がっていた。1回目移動において、（SCによって促された）移動が可能な範囲は狭く、来館者たちは同時に移動したとしても横並び状態を維持することができた。しかし、2回目の移動のように、SCが促す移動に応接する空間が広いとき、2名の来館者が同時に移動すると、彼女たちの間の横並び状態を維持することができない。そのため、V2はV1の移動完了を確認するように一度視線を向けた後に、移動を開始した。このように来館者たちは、周囲の空間の広さに合わせつつ、自身たちの立ち位置を調整しながら、移動していた。断片1の分析より、来館者たちは、自身たちが従事している「活動」に適切な陣形となるように、自身たちの立ち位置を調整していた。そして、その調整は、周囲の環境の特性による制約されつつ、同時にその特性を利用することによって達成されているものであることが示された。

2.4 他者の特性を踏まえた空間配置の調整

　Kendon (2000) は会話という活動のためにF陣形を形成・維持するということは、会話の参与者たちが「相手の姿を見ることができ、相手の声を聞くことができる」位置に立つように調整することであり、また同時に「相手が自分の姿を見ることができ、相手が自分の声を聞くことができる」と想定される位置に立つように調整することによって達成されるものと述べている。同時に、断片1で見てきたように、展示物解説のような活動では、相手だけではなく展示物など展示物に関わるモノを、適切な形で「見る」ことができるように位置取ることも重要となる。そして、自分だけではなく、他の参与者も適切な形で「見る」ことができるように考慮しながら、参与者たちは立ち位置を調整していた。具体的には、SC は来館者の立ち位置を考慮しながら移動を依頼し、来館者は他の来館者を考慮しながら移動していた。

　次に見ていく断片2は、すばる望遠鏡模型を対象とした、子供が参与した展示物解説場面である。この断片の中では、大人が自分より背丈の低い子供の抱き上げるという、位置を（半ば強引に）調整する振る舞いを行っている。この抱き上げという振る舞いは、子供という他参与者の目線の高さを推測し、活動の中で子供が適切に展示物を見ることができるようにする空間配置の調整の一つであるといえる。ここまで見てきた、相互行為的活動の中で人々が他者・環境・モノとの間で活動に適切な立ち位置になるよう調整するのも空間配置の調整の一種である。これまでの議論の中で高さは検討されてこなかったが、前述のように互いに適切に見ることのための調整という意味で、背丈の異なる人々の会話においては、この高さの調整も極めて重要であると考えられる。

　断片2（**図6**）[5] では「すばる望遠鏡模型」を対象にした解説をSCが子供の兄弟とその保護者に行っている場面である。この断片において、SC は模型一部である望遠鏡の「鏡」を見ることができるかを訪ねていた（01行目）。このとき、展示物の正面には弟、兄が立っており、展示物の操作盤を触っていた。そして兄弟の右側にSCが立ち、保護者は兄弟の後ろに立っていた。兄弟が展示物の操作盤を触っていたため、望遠鏡本体の模型が動いている状態であった。01

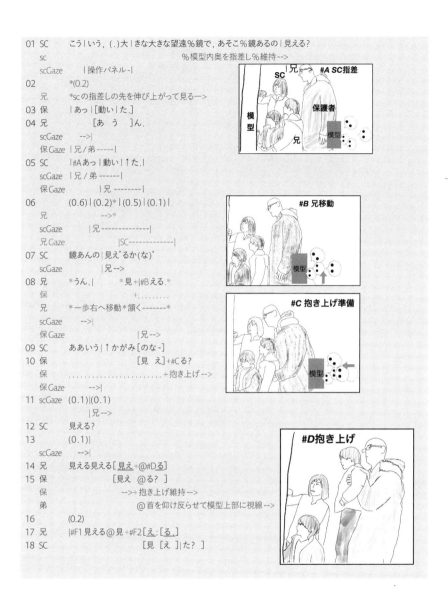

```
01 SC      こう｜いう，(.)大｜きな大きな望遠%鏡で，あそこ%鏡あるの｜見える?
   sc                              %模型内奥を指差し%維持-->
   scGaze       ｜操作パネル-｜
02          *(0.2)
   兄       *scの指差しの先を伸び上がって見る-->
03 保       ｜あっ｜[動い｜た.]
04 兄           [あ う  ]ん.
   scGaze   -->｜
   保Gaze   ｜兄／弟-----｜
05 SC       ｜#Aあっ｜動い｜↑た.｜
   scGaze   ｜兄／弟------｜
   保Gaze       ｜兄--------｜
06          (0.6)｜(0.2)*｜(0.5)｜(0.1)｜
   兄            -->*
   scGaze       ｜兄--------------｜
   兄Gaze                ｜SC-------------｜
07 SC       鏡あんの｜見える゜か(な)゜
   scGaze       ｜兄-->
08 兄       *うん.｜     *見＋｜#Bえる.*
   保                  +.........
   兄       *一歩右へ移動*頷く-------*
   scGaze       -->｜
   保Gaze           ｜兄-->
09 SC       ああいう｜↑かがみ[のな-]
10 保               [見 え]＋#Cる?
   保       ........................＋抱き上げ-->
   保Gaze           -->｜
11 scGaze   (0.1)｜(0.1)
            ｜兄-->
12 SC       見える?
13          (0.1)｜
   scGaze   -->｜
14 兄       見える見える[見え＋@#Dる]
15 保                [見え @る? ]
   保       -->＋抱き上げ維持-->
   弟              @首を仰け反らせて模型上部に視線-->
16          (0.2)
17 兄       ｜#F1 見える@見＋#F2[え:[る.]
18 SC                       [見 [え ]た? ]
```

図6：断片2のトランスクリプト

行目において、SCは模型の奥側、つまり望遠鏡本体模型の鏡を指差していた。
この指差しに対して、兄は背伸びをしながら、差されたほうを見ようとしてい
た。続けて03行目において、後ろに立つ保護者は、まず兄に視線を向け、そし

天井灯の光で鏡が反射する

本体底面に鏡がある

A 本体の角度と鏡

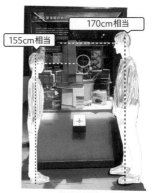

170cm相当

155cm相当

B 模型と目線の高さ

図7：模型の主鏡の構造と展示物の高さ

て模型に視線を向けながら「あっ動いた」と発話し、いまSCが指し示した箇所が模型内の動いている箇所であることを指摘した（03行目）。そして05行目においてもSCも同様に模型が動いたことを指摘している。

　この保護者とSCによる指摘を踏まえつつ、SCは再度「鏡あるの見えるかな」と発話した。この発話に対して、兄は一歩右に移動し、SCが指摘した望遠鏡本体部分模型をよりよく見るために移動しつつ、頷き、そして「見える」と発話をした（08行目）。来館者の子供の兄が、望遠鏡模型の鏡を見ることができたことを確認した上で、SCは「ああいう鏡のな（か）」と展示物の解説を開始しようとした。一方で兄の後ろにいた保護者は、腰をかがめ自身の両腕を兄の両腕の脇に入れ、「見える？」（10行目）と質問しながら、兄を抱きかかえた。すると11行目でSCは再度、「見える？」と質問し、保護者によって抱きかかえられた兄は「見える」と繰り返し応答していた（14行目）。

　断片2では、展示物を見えるように来館者が自身で立ち位置を調整するだけではなく、他者がよく見えるようにする援助、つまり背丈の低い子供を大人が抱きかけることが観察された。この援助がなされたのは、子供が適切に展示物を見るためには、目線の高さが足りないという保護者が推測したからだろう。断片2で、そして01行目でSCが「見るべき」ものとして指し示していたのは望遠鏡本体模型の奥側にある設置されている鏡であった。この鏡は、実際の望遠

鏡と同様に、天井からの光を反射する。奥まった位置に設置されていることも
あり、この鏡に気づくことは、反射する光に基づくことが多い。そして、この鏡
は操作盤を押すことによって、設置角度が変化する（図7-A）。設置角度が変化
するということは、当然、光の反射の仕方も変化する。断片２の03行目の保護
者の「あっ動いた」という発話は、光の反射の動きへの気付きであると考えら
れる。さらに05行目で、SCもそれに追随している。彼らのこの発話は、子供た
ちに見るべきものが動くものであることを示していた。

　さらにここで見るべきとされている展示物の特性、特に見るために必要
な高さについて考えてみよう。図7-Bは、すばる望遠鏡の横に身長170cmと
155cmの来館者が立った状態を示したものである。この図で見るように模型
内の鏡の設置された位置を見るためには、それなりの目線の高さが必要であ
る。そして同時に、15cmでも目線の高さが違うと、見え方が変わる可能性の高
さを示している。

　このような展示物の特性に対して、155cm未満の背丈の兄は自身で背伸び
をし（02行目）、またSCに近づくように立ち位置を調整し（08行目）、SCの指し示
す見るべき箇所を見ようとしていた。一方で、自身はSCが指し示した見るべ
きものを見ることができており保護者は、目の前に立つ自身より背丈の低い兄
が、展示物の特性より適切に見ることが困難であると推測可能であったといえ
る。そのため、保護者は兄を抱きかかえることで目線の高さをあげ、「見える？」
と尋ねていた（10行目）。この保護者の振る舞いに対して、見るべき箇所を指摘
していたSCは展示物解説を一時中断していた（09行目）。

　以上の保護者の振る舞いは、SCによる「どこを見るべきか」という指し示し
を、展示物の特性によって理解しつつ、同時に自身とは異なる特性を持った他
者、すなわち自身より背丈の低い子供が、適切に見ることができないことを理解
し、その困難さを援助するように他者の身体位置を調整する振る舞いであった。

3. F陣形システム再考

　本稿では、KendonのF陣形システムを概観しつつ、博物館での展示物解説場

面において、参与者が周囲の環境、そして他者の特性を踏まえながら自身の立ち位置を調整し、その場の相互行為活動に適した陣形を形成、調整、維持していることを見てきた。Kendonの研究、及び本稿で分析した結果より、この人々の振る舞いによるその時その場の相互行為のための陣形の形成、調整、維持について体系的な記述をまとめておこう。

　まず人々は様々な活動を行うとき、その活動に適した空間（＝操作領域）を必要とする。そして、他者と協働活動を行うとき、互いの操作領域を調整しながら、協働活動に適した陣形を形成している。本稿の冒頭で概説した円形配列のF陣形は、人々が互いの操作領域を共有する形ように形成されるものであった。勿論、F陣形は必ず円形配列である必要はない。むしろその時その場でなされている（もしくは展開しようとしている）活動に個々人の操作領域が適切になるように形成される。Kendon（1990）は、会話活動に参与する人数の増減にあわせて陣形が変化するように人々が立ち位置を調整することを示した。また、同時にパーティー場面における最初のちょっとした会話（small talk）時には、対面配列としてF陣形が形成され、そして会話の本題に入るとその横並びやL字配列へと変化する傾向があることを指摘していた。牧野ら（2015）は、雑談から展示物解説活動のように、参与者たちの役割が変化するときに、その役割を示すように陣形の形状が変化することを示した。またMcNeill（2006）、坊農（2009）、そして本稿の断片1を通じて見てきたように、人々の会話に他者だけではなく、モノが含まれるとき、F陣形の形状は変化しうる。そして、特に断片2で見てきたように、陣形の形状の調整は、他者の特性を踏まえた上で、さらに調整されるものであった。このような参与者の特性の違いがF陣形の形状に影響を与えることを示唆する研究として、Cekaite（2016）の研究をあげることができるだろう。Cekaite（2016）は子供が参与した会話の中で、大人からの指示に違反した子供の後ろに大人が立ち、子供の身体を操作することによって、社会的なマナーを教える現象を指摘した。このとき、大人は自身の操作領域と子供の操作領域を重ねあわせる独特のF陣形を形成しているといえる。他にも社会的立場の差異を反映した形のF陣形の形成の可能性が指摘されている（Den 2018）。

　また、しばしばロボットを人々の会話に参与させる工学的試みにおいてもF

陣形は参照され、F陣形を構築するようにロボットを設計する研究が盛んにな
されている(本書の10章の川口など)。一方で上記のようにF陣形は、対象の変化
に対する人々の柔軟な変化を捉えこんだシステムを指すものとも考えられる。
であるならば、ロボットというモノに対して、人々はどのようなF陣形を形成
しうるのか、という研究を進めていくことを重要となるだろう。

3.1 F陣形の後続研究

　1990年にまとめられたKendonによるF陣形の研究は、主にパーティ場面
における会話であった。一方で、この書籍内8章「Behavior foundations for the
process of rameattunment in face to face interaction」や、後に国際学会における発
表を論文化したKendon(2010)において、動物園の檻の前や、建物の入り口、野
球場における観戦場面などの、様々な状況によってF陣形が適切に変化する可
能性を示唆している(ただしKendon(2010)は口頭発表の原稿化であり、緻密な分析や理
論化を目的としたものというよりも、前述のF陣形の理論について解説したものである)。以
上のようにKendonはF陣形を単に静的な形状を持った陣形の形成ではなく、
人々が従事する活動を反映する動的なシステムとして捉えていた(上記にあげた
Kendon自身の示唆、及び後続の研究は活動の変化を、参与者の増減、活動自体の変化、参与
者の役割や特性の変化や環境の変化といった側面から詳細に検討したものとして捉えるこ
とができるだろう)。一方で、F陣形の後続の研究として、主に会話分析研究では、
操作領域という考え方自体を捉え直す試みが、行われている。
　Kendonは操作領域を活動に必要な空間として捉え、主に前方に広がるもの
として捉えた。この操作領域のコンセプトは、Hall(1966)やSommer(1969)によ
る対人距離・パーソナルスペースの影響を色濃く受けたものであると考えられ
る。実際にKendon(1990)は、自身のF陣形の概念をHallの対人距離の議論にさ
らに人々の向きを付け加えたものであると、述べている。対人距離やパーソナ
ルスペースとは、個々人の持つものである。これに対して、人々の相互行為に
おける操作領域は調整され、それによって人々のF陣形、つまり相互行為のた
めの空間が構築されるものであると捉える研究が会話分析によって提唱され

ている。Shegloff（1998）は、操作領域、すなわち人々の身体（特に下半身）の向いた方向というのは、戻るべき定位置（home）であることが、他の参与者にとって理解可能であると捉えた（定位置の概念自体はSacks et al.（2002）によるhome position論文からの発展）。そして会話中にある1人の参与者に対して外部者が話しかけてきたとき、その外部者が会話の新たな参与者とならない場合、話しかけられた参与者は身体の上半身だけ捻り、外部者に向けることで、その外部者との会話を最小化することを示した。つまり、下半身の向きが戻るべき定位置であり、上半身の向きは一時的なものであるという身体の構造上の意味を、人々は会話の中で（ときには大げさなひねりによって強調しながら）利用している。

　また会話分析研究では、F陣形の研究を参照しつつ、相互行為に参与する人々が、どのように自身の身体を空間に位置づけ（positioning）、その場の活動に適切な空間を構築するかの検討が行われている。このときの適切な空間とは、「相互行為空間（interactional space）」とも呼ばれる（Mondada 2009）。相互行為における空間に関する会話分析の研究としては近年移動を伴った相互行為の研究が盛んになされている（Haddington et.al（2013）など）。例えば、博物館でのガイドツアーなどの活動では、ガイド役が来館者とともに展示物から展示物へと移動しながら、相互行為を行う。このとき、基本的にはガイド役が先導し、人々は移動するが、来館者たちが周囲の環境内のなにかしらへの気付きを示したとき、その人を先頭に移動が開始し、その後、対象物に対する解説がなされる（坂井田ら2019）。このような移動を伴った相互行為活動においても、人々の陣形は、そのときの活動に適した形で形成され、維持され、調整される。また、一方で、会話分析における相互行為空間の研究は、KendonのF陣形とは、異なったスタンスを示している。西阪（2001）は、操作領域は必ずしも前方に広がるわけではなく、また人々の前方の領域が重なれば必ずO空間が形成されるわけではないことを指摘し、箱庭療法場面を対象とした分析を行った。このとき、患者の名前の訂正という活動と、箱庭療法の活動が別物であり、この違いが発話を含めた振る舞いの連鎖（特に、立ち位置の調整）によって可視化されていることを示した。このような相互行為空間に関する研究は、単にAが動いているから、Bが動くというパターンという記述、人々の活動への志向が立ち位置によって示され、

その示しに対する理解として他者が振る舞うという連鎖が開始され、結果として活動に適切な空間が形成されることを記述することを目的としている。

3.2 システムとしての身体配置による陣形の形成

　以上のようにKendonのF陣形の研究は人々の志向に基づき日常生活の秩序を明らかにすることを目的とした会話分析研究において、参考にされつつ、その目的に沿った形に再記述がなされてきた。前述のようにKendonは収録された様々な人々の相互行為を対象とし、身振り、視線、そして立ち位置の研究を行ってきた。このとき、展開される相互行為の中で、身振り、視線、立ち位置など様々な振る舞いがどのように連なり、パターンを作っているかということに着目した研究を行ってきた。この人々の振る舞い間の連なりに着目するという点は、会話分析における"連鎖"への着目と、その組織を明らかにするという点で類似している。Kendonは、後述するように会話分析に多大な影響を及ぼしたGoffmanの影響を受けており、前述のSacks et al. (2002) の研究にコメントを残し、自身と同様に相互行為における視線・身振りに着目したGoodwin (1981) と相互に影響を与え、また医療場面における相互行為研究の端緒を担ったHeath (1986) の研究を高く評価するなど (Kendon 1990)、Kendonの研究と会話分析研究は、必ずしも切り離すことができない。しかしながら、Kendonの研究を社会学に包摂される会話分析研究の流れだけで理解するのは不十分であるように思える。冒頭で述べたようにKendonは1990年の書籍において、臨床心理学、文化人類学、そして情報学におけるサイバネティックスなどの考え方に影響を受けつつ相互行為研究を進めていた。ここまで見てきた人々の会話における立ち位置の調整を、ある動きに対して他の動きが起こるという適応的なパターンの記述、つまりサイバネティックス的な記述として捉え、Kendonが立ち位置の調整をF陣形システムと呼称したのか、という点について少しだけ考察を行っておきたい。

　システム (System) という用語は、曖昧かつ多義的であるが、ここではTurvey (2018) による定義を参照しよう。システムの定義を簡潔に述べるならば、(1)

システムは外部と内部の境界を作る、(2)システム内部の要素間は相互作用している、(3)システム外部の要素と内部の要素が相互作用している、の3点となる。この3つの定義に対して、ここまで見てきたF陣形システムは、(1)F陣形を構成することは、ある会話に従事する集団と、他の集団を区別するための境界を作り、(2)F陣形内の人々は、互いの立ち位置を相互に調整という相互作用をし、(3)F陣形を取り巻く様々な環境は、陣形内の人々の立ち位置に対して影響を与えている、という形で対応させることが可能である。

　Turvey(2018)はさらに、システムを取り巻く状況の中で、構成要素のみに着目した要素還元主義(reductionism)、環境のみに着目した環境主義(environmentalism)、システムの構造のみに着目した構造主義(structuralism)ではなく構成要素、環境、構造に着目する方法論をシステム主義(sytemism)と定義している。Turvey(2018)は、システム主義という立場を取り現象を記述することは、現象を説明するために目には見えない情報や機能(例えば記憶など現時点では観察不可能な変数)を説明の要因として用いたり、1つの現象に対して2つの関数による説明をするという誤りを避けることができるとしている。こうした観点からF陣形システム(及びKendonの構想した構造的アプローチ)を評価するならば、会話に従事する人々の振る舞いだけに着目するだけではなく、また振る舞いのパターンの構造のみに着目するわけでもなく、相互行為という現象自体を、適切で単純なシステムとして記述しようとしたと評価することができるだろう。

注

1━━━━━該当のエリアには収録に同意した来館者しか入れない状態であり、複数の集団が同時にエリアに入ることは稀であった。ただし、集団内の一部が展示物解説活動から離れ別行動を行うことはあった。よって、屋内での会話・展示物解説活動であるから、F陣形によって会話に参与している人々とそれ以外を区別するという側面がないわけではない。

2━━━━━すばる望遠鏡という施設の構造についてはhttps://subarutelescope.org/jp/ を参考とした(2021/7/28閲覧)。

3━━━━━すばる望遠鏡模型自体は2021年現在も日本科学未来館に設置されているが、展示フロアの配置は収録時(2014年)のものであり、現在は異なる配置となっている。

4━━━━━断片1は牧野・坊農・古山(2015)及び牧野・坂井田・坊農(2019)で用いたものである。図や分析内容は、本稿の目的のために一部変更している。また、この断片の前の来館者とSC間の雑談については牧野ら

（2015）を参照されたい。

5―――断片2は牧野・坂井田・居關・坊農（2020）で分析されたものである。本稿の目的のため、参与者たちの振る舞いの詳細を一部省略している。詳細については上記論文を参照されたい。

書き起こし記号

,+, , \$,% , @, ∧　といった記号は参与者の動作開始点・終了点を示す（1つ断片内では1種の記号を特定の参与者に利用している）。

-	同一の身体的振る舞いの継続
…	身体的振る舞いの準備
,,,	身体動作の撤退
->	次の行に同一の身体的振る舞いが継続する
->>	断片終了後も同一の身体的振る舞いが継続する
|	視線配布の動作の開始/終了時点（断片3のみ）
#n	線図の発話上の位置

謝辞

本論文で分析対象とした未来館SCコーパスは、国立情報学研究所グランドチャレンジ「ロボットは井戸端会議に入れるか」、学融合推進センター学融合研究事業「科学技術コミュニケーションの実践知理解に基づくディスカッション型教育メソッドの開発」、科研費（25540091、17K18330）、科学技術振興機構さきがけ「非テキストデータと接続可能なテキスト解析・推論技術の開発」（代表:宮尾祐介）、早稲田大学特定課題研究助成費「様々な身体特性をもつ人々の相互行為」の研究の助成を得て収録および編集、アノテーションなどが施されたものである。

参考文献

Birdwhistell, Ray L. (1970) *Kinesics and Context: Essays on Body Motion Communication.* Pennsylvania: University of Pennsylvania Press.

坊農真弓（2009）「F陣形」坊農真弓・高梨克也・人工知能学会（編）『多人数インタラクションの分析手法 』pp.172－186,オーム社

Bono, Mayumi, Sakaida, Rui, Makino, Ryosaku and Joh, Ayami. (2018) Miraikan SC Corpus: A trial for data collection in a semi-open and semi-controlled environment. *Proceedings of LREC 2018 Special Speech Sessions: Speech Resources Collection in Real-World Situations,* 30－34.

Cekaite, Asta. (2016). Touch as social control: Haptic Organization of attention in adult-child interactions. *Journal of Pragmatics,* 92, 30－42.

Den, Yasuharu. (2018) F-formation and social context: How spatial orientation of participants' bodies is organized in the vast field. *Proceedings of LREC 2018 Workshop: Language and body in real life (LB-IRL2018) and Multimodal corpora (MMC2018) Joint Workshop,* 35－39.

Goodwin, Charles. (1981) *Conversational Organization: Interaction Between Speakers and Hearers.* Academic Press.

Haddington, Petti, Mondada, Lorenza and Nevile, Maurice. (Eds)(2013)*Interaction and Mobility: Language and the Body in Motion,* De Gruyter.

Hall, Edward. (1966) *The Hidden Dimension*. Double day (日高敏隆・佐藤信行(訳)(1970)『かくれた次元』みすず書房)

Heath, Christian. (1986) *Body Movement and Speech in Medical Interaction*, Cambridge University Press.

平本毅(2015)「会話分析の「トピック」としてのゴフマン社会学」中河伸俊・渡辺克典(編)『触発するゴフマン──やりとりの秩序の社会学』 pp.104−129, 新曜社

城綾実・牧野遼作・坊農真弓・高梨克也・佐藤真一・宮尾祐介(2015)「異分野融合によるマルチモーダルコーパス作成──各種アノテーション方法と利用可能性について」『人工知能学会研究会資料』SIG-SLUD-401: pp.7−12.人工知能学会

Kendon, Adam. (2000) Goffman's Apporoach to Face-to-Face Interaction, In Drew, P.(ed.) *Erving Goffman: Exploring the Interaction Order*, Polity pr, 14−40.

Kendon, Adam. (1973) The role of visible behaviour in the organization of social interaction. In M. v. Cranach and I. Vine (eds.), *Social communication and movement*. New York: Academic Press, 29−74.

Kendon, Adam. (1990) *Conducting interaction: Patterns of behavior in focused encounters*, Cambridge University Press.

Kendon, Adam. (2010) Spacing and Orientation in Co-present Interaction. In A. Esposito., N. Campbell., A. Hussain., and A. Nijholt (Eds.), *Development of Multimodal Interfaces: Active Listening and Synchrony: Second COST 2102 International Training School, Dublin*, Ireland, March 23−27, 2009, Revised Selected Papers(pp.1−15). Springer Berlin Heidelberg.

串田秀也・平本毅・林誠(2017)『会話分析入門』勁草書房

McNeill, David. (2006) Gesture,gaze and ground In Renal, S., Bengio, S.(eds.) *Machine Lerning for multimodal interaciton, Second International Workshop*, MLMI 2005 Revised Slected Papers, pp.1−14.

牧野遼作・古山宣洋・坊農真弓(2015)「フィールドにおける語り分析のための身体の空間陣形──科学コミュニケーターの展示物解説行動における立ち位置の分析」『認知科学』22(1)pp.53−68.

牧野遼作・坂井田瑠衣・坊農真弓(2019)「社会的インタラクションの定性的研究──振る舞いの連なりに対する相互行為分析」『バイオメカニズム学会誌』43(3)pp.188−194.

牧野遼作・坂井田瑠衣・居關友里子・坊農真弓(2020)「子供を「主役」とする教育的活動の相互行為分析──博物館における展示物解説を対象として」『社会言語科学』23巻1号, pp.116−131.

Mondada, Lorenza. (2009) Emergent focused interactions in public places: A systematic analysis of the multimodal achievement of a common interactional space. *Journal of Pragmatics* 41(10), p.1977−1997.

西阪仰(2001)『心と行為──エスノメソドロジーの視点』岩波書店

Sacks, Havery and Schegloff, Emanuel A. (2002) Home position. *Gesture*, 2(2), 133−146.

Sakaida, Rui, Makino, Ryosaku and Bono, Mayumi. (2018) Preliminary analysis of embodied interactions between science communicators and visitors based on a multimodal corpus of Japanese conversations in a science museum, *Proceedings of 11th International Conference on Language Resources and Evaluation*, 566.

坂井田瑠衣・牧野遼作・坊農真弓(2019)「次の場所まで歩く」ことの相互行為的組織化──科学コミュニケーターによる来館者誘導の身体的プラクティス」『質的心理学研究』19(1) p.7−25.

Scheflen, Albert E. and Ashcraft, Norman. (1976). *HUMAN TERRITORIES how we behave in space-time*, Prentice-Hall, Inc. (桃木暁子・竹内久美子・日高敏隆(訳)(1989)『ヒューマン・テリトリー──インテリア-エクステリア-都市の人間心理』産業図書)

Schegloff, Emanual A. (1998). Body Torque. *Social Research*, 65(3), 535−596.

Sommer, Robert. (1969). *Personal Space The behavioral Basis of Design*, Prentice-hall inc. (穐山貞登(訳)(1972)「人間の空間」『デザインの行動的研究』鹿島出版会)

菅原和孝(1996)「コミュニケーションとしての身体」菅原和孝・野村雅一(編)『コミュニケーションとしての身体』 pp.8−39 大修館書店

高木智世・細田由利・森田笑(2016)『会話分析の基礎』ひつじ書房

Turvey,Michael,T. (2018) *Lectures on Perception: An Ecological Perspective*. NewYork: Routledge.

Wiener, Nobert. (1961) *Cybernetics: or Control and Communication in the Animal and the Machine*(2nd edtion), The

Massachusetts Institue of Technology.（池原止戈夫・彌永昌吉・室賀三郎（訳）（2011）『サイバネティック
ス 動物と機械における制御と通信（第2版）』岩波文庫）

遠い外界に参与する

インタラクションの足場作りと参与構造の調整

砂川千穂

要旨

　本稿では遠方に住む家族間のビデオ会話を分析し、インタラクションと道具、環境との相関関係を考察する。別の家に住む家族が画面越しに、共に食事をとったり、道具を使って子供と遊ぶといった家族活動を共有する場面で、参与者がどのように、相手の空間に関与していくかを明らかにする。特に、参与者が相手空間に広がる参与構造に積極的に関わるために、言語・身体とその場の環境をどのように調整しているかを観察する。ごっこ遊び、食事時間の共有といった家族の連帯性を表す活動を遠隔地間で達成させるために、参与者は相互に協働して補助的な足場を提供しあう。ウェブカメラはコミュニケーションに新しい可能性をもたらすと同時に、様々な制限も生み出す。すなわち、カメラ越しの視野は二次元的で限られており見えない部分が多くある。また、音声も同一空間と同じようには届かない場合がある。こうしたウェブカメラの特性のために、対面場面と同じようなプロセスでは相互行為の達成は難しい。本稿では、参与者が訂正、繰り返し、視野の調整といったいわば相互行為の足場作りを通して、話し手と宛て手の橋渡しを継続的に行う手続きを明らかにしていく。

1. はじめに

　本稿は、コミュニケーションにおける外界との対峙を考察する材料として、ウェブカメラを使ったコミュニケーション場面を取り上げる。遠隔地に住む異世代・異世帯間のウェブカメラを使った会話を事例に、言語、道具、環境の関係を考察する。家族という近しい関係に有りながら、物理的に遠方に居住している参与者たちは、実際に居る空間と、スカイプ（Skype）越しに見える別の空間にどのように関与していくかを論じる。特に、遠方の空間に居る参与者が、積極的に話し手側の空間の会話に参加できるようにするための手助けとなるような言語・身体行動を相互行為の足場作りと定義し、参与者がどのような資源を用いて離れた空間における相互行為の組織化や参与構造の結合を手助けしているのか解明する。具体的には、日本と海外、または日本国内でも別地方に住む家族が行うスカイプ・ビデオ家族会話を録画・録音したものをデータとして使用し、お互いの食事中にビデオ会話ができるよう調整したり、道具を手渡ししなくてもカメラ越しに子供とお店屋さんごっこを楽しめるように工夫する様子を観察し、目的指向型の家族活動が、遠隔地間で達成されるプロセスを明らかにする。

2. 遠隔地間コミュニケーションのエスノグラフィー研究

　遠隔地間コミュニケーションに関する研究の必要性は近年の世界的パンデミックをきっかけに、ますます注目が集まるようになっている。しかしながら、言語人類学や、エスノグラフィー的アプローチを用いるインタラクション研究の多くは、従来メディアにまつわる事象を中心的研究課題として扱ってこなかった (Cook 2004; Wilson and Peterson 2002)。メディア使用が研究対象として扱いにくかった第一の理由は、既存の理論的枠組みが、日常的なコミュニケーションは対面場面で起こり、対面場面での会話が「自然な」会話であるという前提に基づいているからであろう。例えば、社会的状況 (social situation) が生じる前提には、「相互観察の可能性 (mutual monitoring possibilities)」があるという (Goffman

1964)。これによると、人と人がお互いの視野に入る状態、すなわち視野が届くような距離感に参与者が居る時、何かしらの社会的な行為が発生すると考える。これは家の外などの公共の場で、人が次第に集まってF陣形(Kendon 1990)を形成し、輪になっておしゃべりを始めるような場合を想定していると考えられるが、現代のIT化社会では集まって会話している人びとの手には、スマートフォンが握られて、時々それをのぞき込みながら会話を続けるということが珍しくない。輪になって会話している1人のスマートフォンを通じて、遠隔地に居るが「現場に居ない」参与者とも会話することができるのである。スマートフォンのような道具が介在するコミュニケーション場面では、参与構造やF陣形といった既存概念の適応範囲が異なるため、議論の余地がある(坊農 2009)。スマートフォン越しの参与者を含めるのか、あるいは、スマートフォンを環境にあるモノととらえ、単に輪の中にいる参与者のみが相互行為の参与構造に関わっていると考えるのかによって、対面場面のコミュニケーションを基に発展した既存概念を再考する必要があろう。

　エスノグラフィー的アプローチを用いたコミュニケーション研究が、メディアを介した場面を中心的な研究対象としてこなかったもう1つの理由は、対面のコミュニケーションとメディアを介したコミュニケーションを「リアル」か「バーチャル」かという二項対立的考え方で捉えようとする傾向があることと関連する。従来、エスノグラフィー研究では、調査者が足を運んでフィールドワークを実施する場所に出向き、その現場で、自然に起きるコミュニケーションの実態を調査する。ウェブカメラのようなデジタル機器を含んだメディアが関わる場面は、社会に大きく影響を与えることは認識されていたものの、文化実践や社会形成のプロセスに中心的な役割はなく、周辺的なものとして位置づけられていた(Wilson and Peterson 2002)。同一環境内での対面会話を自然な会話の理想型とし、その基礎的な構造を明らかにすることはバーチャルな空間での「自然な会話」の達成を目指す技術開発を進める上で必要である。その一方で、コミュニケーションの参与者が、「自然な会話」から逸脱する傾向にあるバーチャル空間で不自然なやりとりに遭遇した時、どのようにそれらを理解し、解決するかを明らかにすることはこれからの課題である。本稿では、対

面の空間とバーチャル空間を切り離して考えるのではなく、従来のエスノグラフィーのアプローチを用いて対面の環境からメディア使用実態を観察する。対面場面における参与構造が、周辺の環境の枠を超えた遠い場所にいる参与者を巻き込んで変化するプロセスを明らかにすることは、本書のテーマである外界と相互行為の接点を論じるためにも有益である。

3. 外界との対峙──コミュニケーションと道具、対面の拡張

　本稿で対象とする、遠隔地間の家族会話には、遠隔地をリアルタイムで結びつけるための道具・テクノロジーが必要不可欠である。道具の役割や使用実践を相互行為の中核に位置づけるアプローチは、近年、情報機器やビジネスの領域において学際的な研究が行われてきた。ワークプレイス研究では、情報学や認知科学の知見に基づき、エスノメソドロジーのアプローチを応用して、専門家達が仕事場で、その場に特有の道具をどのように使用しているかを詳細に観察する。実践場面での道具の使い方を観察することで、その場のタスクを達成させるための専門家特有のものの見方 (professional vision)（Goodwin 1994）が明らかになる[1]（水川・秋谷・五十嵐 2017）。こうしたワークプレイス研究では、研究の対象場面が飛行場の管制塔や医療現場、ビジネスなど、専門性の高い制度的場面が多く、一般的な知識と道具の関係というより、タスク達成のための共同作業における専門知識と道具の関係が議論されることが多い。また、工学的アプローチを伴うインタラクション研究では、遠隔地間コミュニケーションの技術的課題と、コミュニケーション齟齬の相関関係が明らかになりつつある。例えば、ウェブカメラを介する場面では、対面場面では会話の意味構築に重要な、参与者の身体位置や指さしなどの三次元的な要素は、コンピュータ画面のような二次元画面ではそぎ落とされて、コミュニケーションに混乱をもたらす懸念がある（大塚・古山・坊農　2013）。テレビ・電話会議を多く使用し、テレワーク環境での仕事が多いグローバル・ビジネスの現場では、画面や音声の途切れ、発話音声到達の遅延といった技術的な問題が、コミュニケーション上の誤った解釈や齟齬を引き起こすことがあることがわかっている (Keating and

Jarvenpaa 2011, 2016)。

　本稿では、これらの学際的アプローチからの知見をもとに、ウェブカメラを単なるデジタルデバイスではなく、コミュニケーションの構成を左右する重要なモノとして広汎的に位置づける。ウェブカメラを使って対面場面が拡張された時、参与者はどのような情報を資源とし参与構造を継続・調整しているのだろうか。その問いに答えるためには、スカイプ・ビデオの存在が遠い家族成員を結びつけると考えるのではなく、参与者が居る空間で会話参与者がスカイプ・ビデオの特性を相互行為に取り入れていく手続きに焦点を当てる必要がある[2]。次節では、先行研究の知見を紹介しつつ、本稿における、ウェブカメラ使用と相互行為の組織化調整の関係を位置づける。

3.1 環境を媒介する道具としてのウェブカメラ

　分析の出発点として、スカイプ会話の際に参与者が使用するコンピュータやインターネット、ウェブカメラや、ソフトウエアといった通信に必要なものを、環境と人間を媒介する文化的産物としての道具と位置づける。Duranti (1997) は、Vygotsky (1978) の媒介 (mediation) の考え方を参照し、道具と環境、人間の関係を**図1**のように捉えている。

　たとえば、雨が降っている環境で人が直接雨と関わるには傘は必要ないが、傘を使えば、傘という道具を通して雨が降っている環境と関わっているといえ

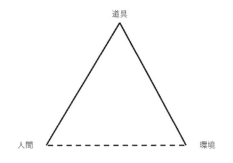

図1:人間と環境を媒介する道具
（Duranti 1997: 40筆者和訳）

る。本稿の研究協力者の家族の場合を考えてみると、人間は家族成員、道具は
ウェブカメラとその接続に必要な機器、環境は家族成員がウェブカメラを接
続する場所、すなわちそれぞれの自宅があてはまるであろう。孫が祖父母の自
宅を訪ねれば、孫は祖父母とのコミュニケーションを、祖父母の住環境の中で
体験する。また、頻繁にお互いの家を行き来するだけでなく、ウェブカメラを
介して祖父母と会話すれば、ウェブカメラは前例の傘のような役割を持つ。す
なわち、「自分が訪ねていったあの祖父母の家」を、ウェブカメラの背景に確認
し、視覚的にその空間を思い出しながらコミュニケーションに関与することが
できるのである。この視点にたつと、道具としてのウェブカメラは単なる物質
的なモノではなく、社会・文化的コンテクストへ参与者を状況づけるための足
がかりとなる文化的産物であると考えられる。

3.2 インタラクションの足場作り ―― 遠い外界への積極的な関わり

　スカイプ・ビデオは、遠くの家族とその住環境に積極的に関わるための道
具である。前述したデュランティの例(**図1**)では、雨がやんでも環境と人間の
つながりは途切れないが、ウェブカメラの会話の場合は「環境」が人から離れ
た遠方に位置するため、ウェブカメラを接続していないと、人と環境との関わ
りが会話の場面では継続しない。従って、ウェブカメラを介した会話の参与
者は、環境とのつながりを、相互行為の継続を通じて保持させるため、積極的
に異なる空間の間で働きかけを実践する。本稿ではこのような働きかけを相
互行為継続のための足場作り(scaffolding)と位置づける。元来足場の考え方は、
1980年代にヴィゴツキーにより発展した、学習概念を理解する上で重要な要
素の1つである。例えば言語習得の場面では、大人が言い方のお手本をしめし
たり、答えをみつけるために適切な質問をなげかけることがあるが、これらは、
学習者の言語行動を一定の方向に導き、その都度適切な学習を促すために、経
験者が提供する足場と考えられる(Ochs and Capps 1996, 2002; Rogoff 1990)。言い
換えると、足場はより有能な者から経験の浅い学習者にむけて差し出される
手助けであり、言語のほかに身体や道具を巻き込んだ状況づけられた補助的

行為全般を示す[3]。こうした学習を認知の視点からとらえれば、人間の知識、認知、能力は個人に内省的に蓄積されるものではなく、常に他者や社会、周りの環境要因と深く関わっていると考えられる[4]。

　本稿では、これらの学際的先行研究からの知見を踏まえ、遠隔地間コミュニケーションにおける参与者の間にも、学習者と経験者の間にある知識量や経験値の差と同様に、視野や知識情報に関する勾配があると考える。特にウェブカメラを介した遠隔地間コミュニケーションでは、ウェブカメラが映し出す視野に限りがあり、その制限から遠隔地間をまたいだ参与者の間では、視覚情報に差が生じる。本稿では、技術的特性による参与者間の情報量の勾配を、解消すべき課題ととらえるのではなく、参与者がこうした勾配を相互行為上でコミュニケーションの資源としてどのように取り入れているのかに注目する。学習の場面で、経験者が足場を通じて適切に働きかけることは、学習者を受け身の見学者ではなく、実践の場の積極的な参加者として扱うことを意味する（Rogoff 1990: 93-94）。同様に、遠隔地間コミュニケーションにおいても、双方の空間にいる参与者が、効率的な足場を互いに提供し合い、積極的な参与構造を構築していると考えられる。ここで、Keating, Edwards and Mirus（2008: 1074）よりアメリカ手話話者同士の例を紹介しよう。ある参与者が、家の周辺の景色を見せるため、ウェブカメラ内蔵のノートパソコンを左手で持って家の外にたち、ウェブカメラ越しに遠方空間の参与者に見せている。同時に、その参与者は自身の顔と右手のみがカメラに写るようにノートパソコンの持ち方を調整し、発話を継続させている。このようなウェブカメラの環境調整は、遠方の環境の景色を、カメラの位置を動かすことで相手に「見える」ようにし、その景色情報を空間の境界線を越えて参与者間で共有するための足場作りであるといえる。手話会話を継続するのに重要な両手のうちの片方を、カメラの向きを変えることに使用し、残った手のみを使って、指文字で手話発話を続けることは、一見「自然な」手話会話ではない。しかし、こうした足場作りのための言語や相互行為環境の調整は、相互行為のゴール達成に重要である[5]。オンライン・ゲームをする大学生の対面環境でのコミュニケーション場面を観察した研究では、ゲーム空間で、プレーヤーの周辺状況が自分の画面ではよく確認で

きないような場合、ゲーム内で別の場所にいる仲間の参与者達が自分のコンピュータ画面を操作して巧みにそれぞれのバーチャル視野(virtual vision)を調整しながらプレーヤーにアドバイスし、そのプレーヤーが周辺を確認するという行為を相互行為の中で協働し達成させていた(Keating and Sunakawa 2011)。

このような積極的な相互行為の組織化とインタラクションの環境調整は、空間を超えた共同注視を達成し、相互行為の参与構造をリアル空間からバーチャル空間へと展開させていくために必要な活動である。次節では、特に、ごっこ遊びや、食事の時間を共有するといった、家族のコミュニケーション活動が、空間の枠を超えて実践されるプロセスを分析する。お店屋さんごっこや共に食卓につくことは、家族成員が関わる家族コミュニケーション形態の代表的なものである。次節では、これらの始まりと終わりが明瞭な、目的指向型の家族コミュニケーション実践場面場面に焦点をあて、どのような足場づくりが、活動の進行や調節、整備に貢献し、バーチャル空間における参与構造の結合に導いているのかを分析する。

4. データ収集と分析方法

筆者は、遠方に居住する家族間とのつながりを調査するため、定期的にウェブカメラを使ってコミュニケーションをとっている家族を対象に、約5年間に渡りエスノグラフィーの手法を用いて観察した。その間、実際に家族がスカイプ・ビデオ会話を行っている様子を観察し、片方の参与者の家の中でスカイプ・ビデオ会話を録画したものをデータとして詳細に書き起こした。特に本稿で分析の対象とするのは、小山家(仮名)、武藤家(仮名)における子供とその親、親戚、祖父母を参与者に含む、3世代の家族会話である。

断片1のお店屋さんごっこ場面は小山家の定期的スカイプ・ビデオ会話のデータコーパスからの抜粋である。小山家の明子と昌子は、それぞれ結婚後に独立し、明子はアメリカ在住で、昌子は日本で実家近くに住んでいる。昌子には、娘(幸とみぃちゃん)がおり頻繁に実家の祖父母を訪ねている。アメリカの明子と昌子一家はとても仲がよく、メールで毎日連絡を取り合っているが、日本

の昌子の家にはコンピュータがないため、スカイプ・ビデオを使用する際は、近所にある実家まで出向く。

　断片２から断片５の夕食場面は、武藤家の定期的スカイプ・ビデオ会話のデータコーパスからの抜粋である。分析の対象は、東京に住む長男の家族と、広島の実家との会話である。武藤家の長男は、結婚後、東京に住んでいて、２歳半の子供（亮）がいる。亮は普段東京に住んでいるが、初めて両親から離れて、広島の祖父母宅に２週間滞在することになった。この滞在期間中、亮の両親と祖父母は、朝と夕方の２回、定期的にスカイプ・ビデオで会話し、幼少の亮が寂しい思いをしないように気を配っていた。日本国内のスカイプ・ビデオ会話であるため、時差がなく、特に夕方の会話では、食事時間が重なることが多かった。亮の両親や祖父母は、普段から機会があればお互いの家を行き来し、スカイプ・ビデオ会話をする習慣がある。２歳半の亮を両親から離し、寝泊まりさせることにしたのも、こうした普段からの習慣による。

　筆者は小山家、武藤家とも、データ収集時には、１つの家を起点に、家の空間内の動きと、スカイプ・ビデオ会話が投射されるモニターが撮影できるように研究用ビデオカメラを２台設置した。会話が始まる時には筆者は、室外に出ており会話には参加していない。断片の書き起こしは、それぞれの家ごとに欄を分けて記述した。

5. ごっこ遊び──話者と宛て手の橋渡しとしての足場

　断片１はアメリカ在住の明子と日本にいる明子の姪の幸（7歳）、みぃちゃん（4歳）と、スカイプ越しにお店屋さんごっこをする場面からの抜粋である。冒頭、幸はお好み焼き屋の役で、アメリカの明子にお好み焼き１枚とコーヒーの注文をうけるという遊びを画面越しに行う。**図2**は断片１冒頭、明子のスカイプ通話画面からみた日本の様子である。

　断片が始まる直前に、幸、みぃちゃん姉妹がお店屋さんごっこを始めると、２人は画面から消えてしまう（**図2**）。お好み焼き屋さんの役をすることにした幸は、母である昌子の近くにおり、画面には映っていない。明子にはかろうじて、

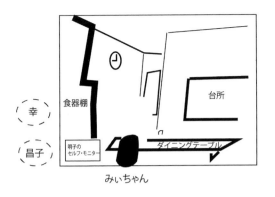

食器棚

台所

幸

昌子

明子の
セルフ・モニター

ダイニングテーブル

みぃちゃん

図2：明子のスカイプ画面からみた日本の実家風景

みぃちゃんの頭部が一部画面下部に見えているだけである。これは後に、それ
ぞれの子供達が紙やコップといった、遊びに必要なアイテムを、周辺に取りに
行った為であることがわかるが、明子の画面には、対話相手が映っておらず、
いわば焦点の定まっていない相互行為 (unfocused interaction)（Goffman 1963）のよう
に見える。一方、明子は画面の前から離れなかったため、子供達の側からは明
子の顔が継続的に映し出されていたと推測できる。すなわち、遊びの参与者で
ある明子、幸、みぃちゃんの間には均等な画面越しの視野が保たれていない。
断片1では、昌子がくり返しや促しの発話を通じて足場を提供し、明子、幸、
みぃちゃんが焦点の定まっていないウェブカメラからの視界を補い、お店屋さ
んごっこという焦点の定まった相互行為 (focused interaction)（Goffman 1963）を構
築・継続させている。

　ここで注意したいのは、10行目、15行目、19行目の、直接サービス提供者の
役を演じていない、昌子の発話がどのようにお店屋さんごっこ達成の足場を提
供しているかという点である。10行目、15行目は、繰り返しの形式で、明子の
応答をうながす足場を提供している。19行目の発話は、聞き間違いの訂正を
することで、お店屋さんごっこの軌道修正のためのきっかけを作っている。

　まず、10行目「ほな1枚焼いたげて」という発話の構成を詳しくみてみよう。
9行目までで、昌子は、ほぼ同時にお店屋さんを始める幸とみぃちゃんのどち
らが先に叔母の明子をお客として獲得させるかという課題に直面している。

断片1　お店屋さんごっこ

日本			アメリカ	
1. 幸	焼いたよ		明子	（　　）
2.	（3.0）		David	O:kay（　）
3.			明子	That's- He's acceptable. （　　）
4.	や：い:[た：よ：			
5. みぃちゃん	[いらっしゃいま			
	せ：			
6.	（1.0）			
7.	いらっしゃいませ::			
	((画面に背を向けて))			
8.	（0.5）			
9. 昌子	ほな1枚焼いたげて =			
10.			明子	＝アメリカまで宅配してください=
11. 幸	＝コーヒーは？			
12.	（.）			
13.	コーヒーは？			
14. 昌子	コーヒーは:			
15.			明子	コーヒーも熱々のやつアメリカまで
				お届けお願いします:
16. 幸	じゃ::			
17.			明子	や::っていったん今？お店の人はや::
				っていったらあかんのんちゃうの
18. 昌子	ううん　じゃ::ってコー			
	ヒーいれた			
19.			明子	あ:じゃ::ってコーヒーいれたんか（.）
				よろしくお願いします

　幸とみぃちゃんは時をほぼ同じく、別々のお店屋さんを始める。幸と冒頭の幸の「焼いたよ」(1行目)という宣言は、そのアドレス先が不明瞭である。**図2**のように明子のスカイプ画面が映し出す、バーチャル視野(Keating and Sunakawa 2011)には、幸の様子は映っていない。さらに、音声も3秒間の沈黙があり、幸の「(お好み焼きを)焼いた」というアナウンスは、その受け手を選定しないまま停滞する。この間、画面の前の明子は、体の向きを画面にむけつつ、隣にやってきたアメリカ人の夫(David)と、サイド・トークを始める[6]。彼らの会話は、正

確に聞き取りにくいほどの小声で行われているが、会話の内容は、研究用のカメラの前に邪魔にならないような座り方を促したり、夕飯のパスタが鍋に入っていることを伝えたりといったアメリカの家庭空間の状況に根ざした事柄である。このサイド・トーク（1行目〜3行目）が終わるか終わらないかのうちに、幸は、再び「や：い：た：よ」と、1行目のアナウンスを繰り返す。この強調した自己修復は、お客の反応を催促するうながしであろう（4行目）。それとほぼ同時に妹のみぃちゃんも、「いらっしゃいませ::」（5行目）とお店屋さんのアナウンスを開始する。7行目で、みぃちゃんが「いらっしゃいませ::」を繰り返す様子が明子の画面にうつるがこの時、みぃちゃんは明子のウェブカメラの位置に、背を向けるように立ち、両手を口元に当て、メガホンの形を作り、ダイニングテーブルにむかって呼びかけている。みぃちゃんは明子をお客として選択せず、お客集め活動を開始しているといえる。これをうけて、日本で子供達のそばに居る昌子は「ほな1枚焼いたげて」（9行目）と言う。これは、お客集めをして明子に背を向けているみぃちゃんではなく、『（お好み焼きを）焼いた』と繰り返しアナウンスし、お客の反応を待っている幸を先に選択したことを表す。それと同時に、アメリカの明子も「アメリカまで宅配してください」とお客役の発話を開始する（10行目）。こうして昌子の「ほな1枚焼いたげて」という発話を足場とし、明子が幸のお店とみぃちゃんのお店のどちらのお店のお客に最初なるのかという課題は解決する。

　次に14行目の「コーヒーは：」という昌子の発話をみてみよう。明子をお客とみたてたお好み焼き屋さんごっこが始まったにもかかわらず、相変わらず幸の姿は、**図2**のように、明子の画面には映っていない。このような状況で、幸の「コーヒーは」という勧めは、繰り返される。この繰り返しも、4行目の「や：い：た：よ：」の応答催促としての繰り返しと同様、お客の反応を催促する繰り返しと考えられる。幸自身の繰り返しの後、昌子もまた「コーヒーは：」（14行目）と語尾を伸ばし気味に繰り返す。これを受けて明子の「コーヒーも熱々のやつアメリカまでお届けお願いします：」（15行目）という応答を引き出すことに成功する。すなわち昌子の発話は、応答の催促を伝えるための、橋渡しとして機能しているといえる。昌子は、姿を画面に見せていないものの、常に、コンピュータ

の近くに待機し、ウェブカメラや音声を拾うマイクの位置の調整ができるように待機している。

　16行目で、幸は「じゃ::」とコーヒー抽出中の作業を真似ている。この「じゃ::」は「や::」と明子に聞き間違えられてしまう。明子は、自分のコーヒー注文に対する拒絶と解釈し、「や::っていったん今?お店の人はや::っていったらあかんのんちゃうの」と、批判する。この批判は、「ううんじゃ::ってコーヒーいれた」(18行目)という昌子の訂正と解説により、解消する。「あ:じゃ::ってコーヒーいれたんか(.)よろしくお願いします」という明子の発話は、聞き間違いを確認し、その直後に、お客としての台詞「よろしくお願いします」を用いることでお客の役を復活させているといえる。明子の聞き間違いをきっかけに、お店屋さんごっこのフレームから、間違いをただす叔母と姪のフレームへと一端メインの活動から逸脱しそうになるものの、昌子の訂正(18行目)が足場となり、軌道修正のきっかけを作り、会話の流れをお店屋さんごっこのフレームに引き戻すことに成功している。

　断片1で明らかになったのは、昌子自身は、お店屋さんごっこのサービス提供者やお客という、直接の役割は持たないが、お店屋さんごっこのフレームを、カメラを通してアメリカに展開させ、その構造を整備・維持するために重要な足場提供を行っている。こうした介助・補助的な機能を持つ発話は、言語実践のみならず、身体行動の調整としてもあらわれる。次節では、武藤家データコーパスの、食事を共にする場面から、身体行動としての足場がどのように提供されるかを分析する。

6. 指示伝達の橋渡しとしての足場

　前述したように、次の断片は、2歳半の亮が、両親から離れて祖父母の家に滞在中に行われた、両親とのスカイプ・ビデオ会話からの抜粋である。図3は東京の両親宅からみたウェブカメラやスカイプ・ビデオ画面、食卓の配置をあらわしている。

　1日2回の定期的なスカイプ・ビデオ会話のうち、特に夕方の回は、食事を

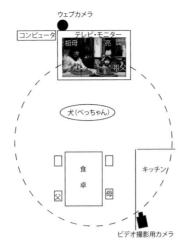

図3：両親宅（東京）のレイアウト

しながら行われることが多く、夕方のスカイプ・ビデオ会話開始前には、ウェブカメラや食卓の位置の微調整が行われる。**図3**のように、亮の両親が食卓に座っても亮に姿が見えるよう、食卓はスカイプ・ビデオ会話用に使用されるテレビモニターの前に平行に設置され、あたかも食卓の端に祖父母と亮が着席してるかのような配置になっている[7]。断片2では、東京の母と広島の祖母が、協力して亮の食事の際のマナーを注意したり、野菜を食べさせるといった、典型的な子育て行為を実践している。

　東京の母は食事をしている様子を観察しながら、「亮くん何食べよるん(.)お肉?」(1行目)と、亮の食事内容についての話題を展開する。さらに、「お肉食べよるん(.)お野菜は?」(3行目)という発話では、亮の前行の回答を確認しつつ、すぐに「お野菜は?」と、続けている。この発話は、祖母によって、野菜を食べるように進める指示へと展開していく。4行目で、祖母は母の発話を部分的に繰り返し「お野菜は言う(てるよ)」「お野菜は：いいよる」(4〜5行目)と言いながら、実際に亮のお皿に具をのせる。すなわち、母の「お野菜は?」という発話は、亮のお皿に具をのせるという身体的動作を通じて、質問から「野菜を食べなさい」という指示へと発展している。さらに、「お野菜も食べよ：」(6行目)という指示発話の直後には、実際に祖母がお皿にのせた具を亮に食べさせている(7行目)。

断片2　お野菜も食べなさい

東京（両親）	広島（亮・祖父母）	
1. 母　亮くん何食べよるん(.)お肉?		
2.	亮	お肉
3. 母　お肉食べよるん(.)お野菜は?		
4.	祖母	野菜は言う(てるよ)
		((お鍋に手を伸ばし、亮の皿に
		具をのせる))
5.		お野菜は：いいよる＝
6. 母　＝お野菜も食べよ：		
7.	祖母	(　　　　)
		((亮に食べさせる))

「お野菜は?」(3行目)や「お野菜も食べよ：」(6行目)といった母の発話は、亮に向けられた発話であるが、祖母の繰り返し発話や実際の食卓での行動が足場となり、亮が母の指示に従う環境を整えているといえる。

7. 足場作りと参与構造の調節

　断片1や断片2では、お店屋さんごっこや食事に関する指示伝達場面で、画面から映らない昌子や、子供のそばにいる祖母が、言語・非言語的実践を通じて、その発話行為の達成を手助けしていた。昌子や祖母の相互行為における足場提供は、単に発話の発信する者と受信する者を結びつける役割があるだけでなく、参与構造の調節にも大きく貢献する。本節では、養育者の指示、足場提示、指示に対する追従という一連の流れが、東京と広島の2つの家の空間に別個に展開する参与構造にどのような変化をもたらし、相互行為を達成するきっかけになるかを詳しくみていく。

7.1 食事時間のずれとアドレス性の度合い調整

　亮の祖父母と亮の両親は、夕食時に連日スカイプ・ビデオを接続して夕食時にコミュニケーションをはかっているが、夕食準備とスカイプ接続の順番は、それぞれの家で必ずしも同じ順番で同じタイミングで行われているわけではない。この会話が録音された日も、亮の両親（東京）はスカイプ接続直後に夕食開始であったのに対し、亮と祖父母（広島）は、夕食を食べ始めてから、スカイプ・ビデオの接続を行った。このことは、ウェブカメラを通じて、東京と広島の家族が音声的にも視覚的にも接続されたとき、広島では食事が開始されているにもかかわらず、東京では、食事が始まっていなかったことを意味している。広島の亮と祖父母からみた、会話冒頭のスカイプ映像は次のようなものであった。

　この日のスカイプ・ビデオ会話のかけ手は、亮の両親であった。食卓が映るようにウェブカメラが設置されたものの、亮の母はコンピュータのスカイプ通話の開始ボタンを押し、呼び鈴がなり始めると、食卓ではなくキッチンに戻り、食事の準備を続けた。広島の祖母が、スカイプ通話を受信し、映像が接続された直後は、**図4**のように、東京の両親の姿はまだ食卓になく、画面下部に

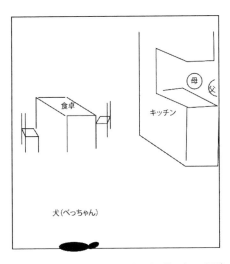

図4：広島（亮・祖父母）からみた東京の家の様子（1〜6行目）

小さく、亮の飼い犬であるべっちゃんの頭部がかすかにみえているだけであった。スカイプによるビデオ会話は、ZOOMなど、他の電話会議システムと異なり、呼び出し音を使って、特定の受け手を呼び出すという電話と類似の活動をもって開始される。電話と異なるのは、呼び出し音を使用する行為が内包する、「アドレス性」の度合いがそれほど高くない場合があることであろう。アドレス性とは、コミュニケーションの働きかけが誰にむかって行っているかに関する認識の度合いをさす。例えば携帯電話を介した会話では、通話者の間で長い沈黙は許されず、話者に対する応答はその場で即時に返されねばならないため、強いアドレス性を帯びたコミュニケーションの場であるといえる（木村2003）。スカイプ・ビデオ会話の場合も、呼び出し音を伴って開始されるため、ウェブカメラが接続した瞬間には、電話の場合と同様に、相手の顔が正面を向いているなど、即時に応答がかえってくることが予測できるような視野が期待される。その一方で、アドレス性の度合いに対する認識やその調整は複雑である。例えば、亮の家族のように、ウェブカメラがつながった瞬間に、相手の姿が画面に入らないような場合もあれば、ウェブカメラで話している最中に別の用事をするために画面から対話相手が長時間消えてしまって、沈黙が流れるような場合もある。とくに亮の家族のように、定期的にウェブカメラ越しに家族間コミュニケーションをとる習慣がついているような場合には、参与者の間でアドレス性の認識に幅があることに寛容で、その調整方法も多様である。

　図2のような画面から、東京と広島の間で、アドレス性に対する認識の違いがあることが明らかになったが、これは、それぞれの空間に状況づけられた参与構造のずれと関連がある。前述したように、東京と広島では、食事の開始とスカイプ・ビデオ会話の開始の段取りが異なっていた。そのため、ウェブカメラが接続された時、亮と祖母は、食卓に着席し食事をしながら、対話のアドレス先である亮の両親の姿がほとんど見えていない図2のような画面を見ていた。ところが、このようないわば視覚的レスポンスの欠落は、コミュニケーション上の問題を生み出さず、むしろ異なる空間にそれぞれ展開する複数の参与構造が共存しているような状態がしばらく許容される。断片3の冒頭、祖母と亮は、両親の姿が無いことを問題視しておらず、頭だけかろうじて画面から見えてい

断片3　座って食べて

東京（両親）	広島（亮・祖父母）	
1.	祖母	（　　）((着席；画面指さし；亮側に上半身傾ける))
2.	亮	（　）((牛乳を飲む))
3. ((画面下部に黒い影が見え始める))	祖母	べっちゃん
4.	亮	わ::べっちゃん（　）いた((右を向く；画面を向く))
5.	祖母	ああべっちゃん見えたね
6.	亮	わ::聞こえた::((右を向く；画面を向く))

る犬（べっちゃん）（**図2**）を共同注視し、話題にしている（1行目〜6行目）。

　スカイプが接続されてまもなく、祖母と亮は、コンピュータの画面に映る東京宅の映像を注視する。祖母がのぞき込むように画面をみて、隣で牛乳を飲んでいる亮に画面に亮の犬（べっちゃん）が映っていることを伝える（3行目）。亮は自分の犬が画面に映っていることに気がついて、右にいる祖母に視線をやりながら、犬のべっちゃんが画面に映っており、東京の自宅の画像と音声が確認できることを祖母と共有している（6行目）。これはすなわち、画面の向こう（東京）にいる参与者を巻き込んだ相互行為のフレームが成立しておらず、亮と祖母が、ローカルな対面場面で、テレビをみているように相手の空間を観察し、画面に映るものに感想を述べ合いながら対面場面の相互行為を展開していると考えられる。すなわち亮と祖母は、電話に呼び出された、宛先としての聞き手ではなく、電話の呼び出し音により、与えられた画面の視野を共有しそこに共同注意を向けている「ビューワー」（砂川 2017）の状態を保っているといえる。このビューワーの状態がどのように解消し、参与構造が東京と広島で結合していくのだろうか。続く断片を詳しくみてみよう。断片4は断片3の会話の続き部分である。7行目で「何しおるん亮君(.)↑よいしょ::」という母の画面越しの問いかけをきっかけに祖母と亮のビューワーのステイタスが次第に、共に食事する参与者に変化していく。

　亮は、ようやく着席した母の「何をしているのか」という問いにすぐに答え

7.母	何しおるん亮君(.)↑よ いしょ::((着席))		
8.		亮	((椅子の上立ち上がる))
9.母	°あれべっちゃんあげ た?°((父に向かっ て))		
10.		亮	べっちゃんいたよ((立ち上がる； 画面を指す；祖母の方に視線))
11.		祖母	うん((食べながら画面を見る))
12.母	お::い(.)亮君(.)座っ てご飯食べて::=		
13.		亮	=べっちゃんだ[よ= ((立ち上がったまま；画面を指さ す))
14.		祖母	[((亮の袖を引っ張る
15.母	=うんべっちゃんおるよ(.)べ っちゃんもうご飯食べ終 わったよ		
16.父	((キッチンから食卓へ移 動し着席))	亮	終わったよ((着席する))

ない。返答の代わりに、8行目で亮は立ち上がって画面の方を指さし、祖母の方を向いて、「べっちゃんいたよ」と自分の犬が見えていることを、確認している（10行目）。亮の指さしと視線の方向は、まだ画面を鑑賞しているビューワーの状態が亮と祖母の間で継続していることを指し示す。続いて、食卓に着席した母が「お::い(.)亮君(.)座ってご飯たべて::=」（12行目）と、立ち上がったままの亮に着席を促す。亮はこの指示にすぐ従わず、再び、「べっちゃんだよ」と繰り返し、画面越しに飼い犬のべっちゃんが見えていることを興奮気味に伝えている（13行目）。亮の2回の発言の間（10〜14行目）における、祖母の言語行動の変化をみてみよう。1度目の「べっちゃんいたよ」（10行目）の直後、祖母は「うん」と言いながら画面に視線を移し、亮と共に、犬の様子を観察するビューワーのフレームに参加している。ところが2度目の「べっちゃんだよ」の直後、祖母は、亮の袖を引っ張って、亮の着席を促している。この動作は、断片3同

様、母の指示に従う環境を整えるための足場として機能し、亮の着席達成を
促している（16行目）。飲み物の用意が終了した父も、同時にキッチンから移動
し、全員が食卓に着いて、東京の空間も広島の空間も食事をとる共通の土台が
整ったことがわかる。

7.2 儀式的食事の挨拶「いただきます」の共有

　スカイプ接続時に観察される東京と広島の空間における食事活動のずれは、
子供への働きかけをきっかけに調整が開始される。次の例では、食事開始時に

断片5　「いただきます」の共有

東京（両親）	広島（亮・祖父母）	
17.母　ママ達もいただきます（.）亮君は？		
18.	祖母	言うちゃってママに （（亮君を向く；袖に触る））
19.		（0.4）
20.	祖母	おあがりなさいいう
21.母　亮君いただきますした？		
22.	祖母	大きい声（　）聞こえんのよ
23.	亮	（（牛乳を飲む））
24.	祖母	あっくんも食べるんだって （（席から立ち上がり左へ；画面から消える））
25.父　食べるよ：：		
26.　亮くんも食べて：：		
27.	亮	ちょっと変なのいたよ＝ （（牛乳カップを置く））
28.　＝[うん	祖父	＝[（（お箸で亮君に食べさせようとする））
29.	亮	べっちゃん（　　）よ
30.　うんべっちゃんいたね：		
31.	亮	（（左手を挙げて振る））
32.	祖父	お肉お肉
33.　べっちゃんもう食べたよ亮君		
34.	亮	（（両手を合わせる））＝
35.　＝いただきますね		

象徴的に行われる「いただきます」の共有が達成される場面である。2つの空間で繰り広げられる別個の食事空間は、「いただきます」の挨拶を交わすことで、共食空間の達成を象徴的に指標する。断片5は断片4から続く部分である。

　前述したように、東京と広島では、食事の開始時間にずれがある。スカイプ接続時には食事を開始していた広島の亮と祖父母と比べると、東京の両親は、断片5冒頭、17行目でようやく両親がともに着席しそろって食事を始められる状況となる。この食事開始のずれは、「いただきます」の挨拶を亮にも繰り返させることで、解消している。

　隣接ペアの構造に「いただきます」を当てはめて考えると、「いただきます－いただきます」や「いただきます－おあがりなさい(めしあがれ)」の組み合わせが考えられる。前者は、参与者がこれから食べ始めることを公言する合図で、参与者が食事の開始を認識していることをあらわす。後者は、食事開始時に、食事を食べる者と食事を作った者の間で交わされる挨拶である。この例では、食事を作る者も食べる者も複数おり、どちらの挨拶を採用するか、その答えは1つとは限らない。ここでは、祖母の18行目からの発話をみると、後者の挨拶を採用していることがわかる。17行目の「ママ達もいただきます(.)亮君は?」という問いかけに対し、祖母は亮に「言うちゃってママに」(18行目)と言いながら亮の方を向き、袖を触り、母の発話への返答を促している。さらに20行目で「おあがりなさいいう」と、亮の返答の候補を提示しているのである。亮が両親と広島に滞在する時は、祖母が食事を作る習慣があることを考えると、東京の両親の食事は、祖母が料理したわけではないものの、「いただきます－おあがりなさい(めしあがれ)」の挨拶を交わすことは経験値として培われている。すなわち、祖母の20行目の「おあがりなさい」は、亮が母に直接言う発話の提示というより、祖母が東京の食卓を、広島の家の空間に位置づけ、祖母が作った料理で食卓を囲む場面に、「いただきます」の挨拶を状況づけていると考えられる。「いただきます」の構造的な特徴が、東京と広島の参与構造を結合・調整し、相互行為の現場を状況づけるための資源として利用されている。

　一方、東京の父母は、自分たちが食べ始めることを繰り返しアナウンスし、一緒に食べる作業に参加するように促す。母は、再度「いただきますした?」

（21行目）と聞き直しているものの、亮は立ち上がろうとするため、父も「食べる
よ::」「亮君も食べて::」（25行目〜26行目）と食卓へ戻るように働きかける。亮は、
言葉では返答しないものの、34行目で両手を合わせるポーズをすると、ようや
く母に「いただきますね」と挨拶をしたことを認識される。この後亮は引き続
き食卓に座り、自ら食事をしたり、両隣の祖父母に食事を介助してもらいなが
ら食事に参加する。

8. まとめ

　本稿ではウェブカメラを介した三世代家族会話の分析を通じ、家族コミュ
ニケーションの開始、継続、調整にどのような言語的・身体的資源が使われて
いるかを明らかにした。遠隔地間コミュニケーションは、遠隔地の様子を視覚
と音声で直接確認することができるが、遠くの空間にあるものを直接触ると
いった三次元的な要素は当然ながら実践不可能である。参与者たちは、コン
ピュータやインターネットなどのデジタル機器に関する経験値の差異に関わ
らず、相互行為の現場で、こうした物理的困難や、二次元的な限られた視野し
か届かないといったウェブカメラの特性を補うために言語・身体行動の調整
を行っていた。特に、参与者自身が周りの環境の構造を整備して参与者やカメ
ラを配置し、指示を繰り返したり、スカイプ画面の向こうからの指示に従うた
め、身近な参与者の身体動作を調節する行為は、コミュニケーションの足場と
なり、遠隔地間の相互行為を達成させる為に重要な役割を果たしていた。足場
作りの行為を通じて、遠くの外界にいる参与者を身の回りの空間に状況づける
ことが可能となる。また、こうした足場づくりの手続きは、目の前の自分が居
る空間の参与構造を相互に確認しながら、バーチャル空間で1つの参与構造に
統合させるためのきっかけともなっていた。会話開始時における、それぞれの
リアルな空間で繰り広げられる参与構造は、スカイプ・ビデオ会話開始時に自
動的に解消されるわけではない。本稿で扱った食事の場面では、食事開始時の
ずれが、空間をまたいだ場面における養育者と子供の間の指示伝達の達成を
きっかけに相互行為の上で解消されていた。遠くの養育者が「お野菜を食べな

さい」と指示を出した直後に、リアル空間にいる別の養育者が実際に野菜をお皿にもりつけるといった指示のリレーは、バーチャルの参与者をお互いのリアル空間に状況づける効力があろう。こうした効力を最大限にいかして継続的に参与構造を維持させることで、対面場面の枠組みが広がる。本稿で明らかになった参与構造の調整手続きは、コミュニケーションにおける環境が、単なる発話が起こった場所周辺の文脈にとどまらないことを意味する。デジタル機器の使用は、コミュニケーションの参加者が、参与する相互行為の環境を継続的に定義し直しているといえる。

注

1───────ワークプレイス研究の発展と事例研究についての詳細は水川・秋谷・五十嵐（2017）を参照。

2───────ワークプレイス研究の発展に大きく貢献したサッチマンは、空港の管制業務を詳細に記述し、モニターに映る情報から、働く人びとが適切な情報をくみとり、他の作業に必要な情報を伝達していることを明らかにした。すなわち、システムや道具の存在が共同作業を可能にするのではなく、あくまでも現場に関わる人がシステムから情報を能動的に引き出し調整することで、効率的な共同作業が可能になる（Suchman 1997）。

3───────ヴィゴツキーは子供の発達において、子供が1人でできることと、できないことの間にある領域を発達の最近接領域（zone of proximal development（ZPD））と呼ぶ。発達段階の子供を適切に最近接領域に導き、より有能な者からの適切な補助や援助を与えることで、学習の発達が促進される（Vygotsky 1978）。

4───────認知科学ではヴィゴツキーの学習概念に影響をうけたエドウィン・ハッチンスが、アメリカ海軍の航行時における隊員の役割分担とチームワークの実践を観察し、知識や認識は個人の脳に存在するのではなく複数の個人間の相互行為のなかで認知が共有されていると論じた（Hutchins 1996）。社会的分散化認知（socially distributed cognition）という名で知られるハッチンスの概念は環境、人間、言葉、道具を状況的に位置づけて観察するエスノグラフィー研究に大きな影響を与えた。

5───────ルーカスら（Lucus, Mirus, Palmer, Roessler and Frost 2013）の研究によれば、機器を介した場面における手話は、対面場面における従来の手話とは異なり、聴者の発話や書きことばの特徴を積極的にとりいれた「新しいテクノロジーのディスコース（new technology discourse）」として位置づけるべきであるとしている。

6───────下半身の向きと主活動の関係についてはSchegloff（1998）を参照。

7───────祖父母宅の家具配置を示す録画データは無いが、祖父母宅でも、食卓近くにノートパソコンを設置し、東京と同様の空間整備が行われていることがその後のインタビューで明らかになった。

謝辞

本稿の映像収録を快諾してくださった小山家、武藤家の皆様に深謝する。

参考文献

坊農真弓（2009）「F陣形」坊農真弓・高梨克也・人工知能学会（編）『多人数インタラクションの分析手法』pp.172–186. オーム社

Cook, Susan E. (2004) New technologies and language change: Toward an anthropology of linguistic frontiers. *Annual Review of Anthropology*, 33, 103–115.

DurantiAlessandro. (1997) *Linguistic anthropology*. Cambridge: Cambridge University Press.

Goffman, Erving. (1963) *Behavior in public places: Notes on the social organization of gatherings*. New York: The Free Press.

Goffman, Erving. (1964) The neglected situation. *American Anthropologist*, 66(6), 133–136.

Goodwin, Charles. (1994) Professional vision. *American Anthropologist*, 96(3), 606–633.

Hutchins, Edwin. (1996) *Cognition in the Wild*. Boston: MIT Press.

Keating, Elizabeth., Edwards, Terra and Mirus, Gene. (2008) Cybersign and new proximities: Impacts of new communication technologies on space and language. *Pragmatics*, 40, 1067–1081.

Keating, Elizabeth and Jarvenpaa, Sirkka L. (2011) Interspatial subjectivities: engineering in virtual environments. *Social Semiotics*, 21(2), 219–237.

Keating, Elizabeth and Jarvenpaa, Sirkka L. (2016) *Words matter: Communicating effectively in the new global office*. Oakland, CA: University of California Press.

Keating, Elizabeth and Sunakawa, Chiho. (2011) "A full inspiration tray:" Multimodality across real and virtual spaces. In J. Streeck, C. Goodwin and C. D. LeBaron (Eds.), *Embodied interaction: Language and body in the material world*, pp. 194–206. New York: Cambridge University Press.

Kendon, Adam. (1990) *Conducting interaction*. Cambridge: Cambridge University Press.

木村大治（2003）『共在感覚——アフリカの二つの社会における言語的相互行為から』京都大学学術出版会

Lucas, Celi., Mirus, Gene., Palmer, Jeffrey L., Roessler, Nicholas J. and Frost, Adam. (2013) The effect of new technologies on Sign Language research. *Sign Language Studies*, 13(4), 541–564.

水川喜文・秋谷直矩・五十嵐素子（共編）（2017）『ワークプレイス・スタディーズ——はたらくことのエスノメソドロジー』ハーベスト社

Ochs, Elinor and Capps, Lisa. (1996) Narrating the self. *Annual Review of Anthropology*, 25, 19–43.

Ochs, Elinor and Capps, Lisa. (2002) *Living narrative: Creating lives in everyday storytelling*. Cambridge: Harverd University Press.

大塚和弘・古山宣洋・坊農真弓（2013）「（対談記事）遠隔地間でも自然な会話を実現する、本来の井戸端会議とは」*NII Today*, 62, 607.

Rogoff, Barbara. (1990) *Apprenticeship in Thinking: Cognitive Development in Social Context*. New York: Oxford University Press.

Schegloff, Emmanuel A. (1998) Body torque. *Social Research1*, 65(3), 535–596.

Suchman, Lucy. (1997) Centers of coordination: A case and some themes. In L. B. Resnick, R. Säljö, C. Pontecorvo and B. Burge (Eds.), *Discourse, Tools, and Reasoning: Essays on Situated Cognition*, pp. 41–62. Berlin: Springer-Verlag.

砂川千穂（2017）「デジタル環境における「一つ屋根の下」——スカイプ・ビデオを介した家族コミュニケーションの参与構造」『言語・音声理解と対話処理研究会 SIG-SLUD.』

Vygotsky, Lev S. (1978) *Mind in Society : The Development of Higher Psychological Processes*. Cambridge, MA: Harvard University Press.

Wilson, Samuel M. and Peterson, Lev C. (2002) The anthropology of online communities. *Annual Review of Anthropology*, 31, 449–467.

「食事」がつなぐ 遠隔地間親子コミュニケーション

徳永弘子

要旨

　本稿は、映像会話システムを介した親子コミュニケーションにおいて、食事の場を共有しながら会話をすることの効果を事例的に検討するものである。分析の対象は離れて暮らす2組の親子である。親子には2か月間で6回の遠隔共食をしてもらった。期間中はその様子をビデオに撮影すること、毎日生活記録をつけること、さらに3回のインタビューに応じることを依頼した。分析のため、協力者自身に撮影してもらった遠隔共食映像に基づき発話内容を書き起こし、親子のやりとりを観察した。その結果、食事の場は、席について食べるという自発的な行動を誘引する機能があるため、思春期の孫の会話場への参加が促され、親孫間のコミュニケーションが産出されるといった事例が抽出された。また、相互の料理には日常生活にまつわる情報が含まれること、加えて料理から派生した日常生活の話題が、親子の生活ぶりを伝え合う事例が確認された。以上の事例と生活記録、インタビューを通して、それまで母娘間中心であったやりとりが遠隔共食に参与する家族全員に拡張され、協力者親子の常態的なコミュニケーション構造に変化が生じた可能性が示された。本稿では、遠隔コミュニケーションを効果的に利用するための1つの手段として、食事場面が有効であることを示す。

1. はじめに

　昨今の我が国においては、超高齢化と共に、子供家族との非同居や一人暮らしの高齢者が増加傾向にある（内閣府 2020）。これは、多くの高齢の親は、子どもが独立すると日常的な家族との活動の機会を得にくい状況であることを示している。高齢の親は独立した子供家族と良い関係を築くために一定の距離を保ちつつ、ときどき会って食事や会話をすることを望んでいると言う（藤崎 2015）。また、特に孫との交流による情緒的感情は、高齢者の主観的幸福感を高める要因になっているとの報告がある（中村ら 2007）。一方、非同居の高齢の親を持つ子ども 600 人を対象とした意識調査によると、半数以上の子どもが高齢の親に不安を感じているという（ALSOK 2017）。よって離れて暮らす親子が一緒に何らかの活動を共にし、心理的につながる機会をサポートすることは課題の 1 つであると考える。

　こうした課題に対し、近年、工学的アプローチにより解決を目指す取り組みが盛んになされている。ICT 技術を使った映像会話（VMC: Video Mediated Communication）は通信インフラの整備やスマートフォンの普及により、私たちの生活に身近な存在になっている。そうした VMC を活用して、離れて暮らす祖父母と孫の交流を目的とした技術開発は一定の成果を上げている。具体的には、祖父母と孫の間でカレンダーを共有し、共通のトピックでビデオメッセージを送り合うことで容易な会話を実現したシステム（Azadeh et al. 2018）、ゲームをすることや、物語を語るなど共通のコンテンツを提供することで祖父母と孫のつながりをサポートする（René et al. 2010; Seth et al.2014; Sean et al. 2012; Torben et al. 2018）などである。しかし、祖父母と孫の世代間ギャップを埋める工夫、孫を飽きさせずに会話を維持する工夫、親の介在なく祖父母—孫間のコミュニケーションがうまくいく工夫などに課題が残されている。

　こうした工学的な取り組みに対し、人類学、社会学的視点から、家族の機能に着目すると、日常的な習慣の一部をコミュニケーションの場として活用し ICT 技術でつなぐことが考えられる。たとえば、人類学者の Ochs は、人と人が一緒に食事をすること（commensality）は食事だけでなく、人間関係を強固にした

り修正したりといった関係を築くためのあらゆる機会を作る、すなわちコミュニケーションのための文化的な場所であると述べている (Ochs 2006)。さらに、表は、食卓を囲む一家団らんは、家族の凝集性を高め、情緒的な絆を強める場として機能する (表 2010) と主張している。このように、食べることと社会性の関連性を追求する研究は学際的に行われている。2020 年に新型コロナウィルス感染症 (COVID-19) が世界的に拡大した状況下では、外出自粛を余儀なくされたが、ここでも食事と社会性を関連づける現象が見られた。人々は仕事や学業を自宅で行うことを強いられると、次第に他者との関わりを求め、自宅にいる者同士がオンラインで一緒に食事をしたり、飲み会を開催し、積極的に参加する人々が出てきた (観光経済新聞 2020)。これは、食べることがコミュニケーションの場として機能することが前提とされた人々の行動であると考えられる。よって、本稿でも食事はコミュニケーションの場であり、家族が一緒に食べることは相互に絆を深めるという立場で食事を考えている。

こうして食事が人と人の交流の場であることを考えると、ICT 技術を使って食事場面をつなぐ共食コミュニケーションは有益である可能性がある。遠隔地間親子のコミュニケーションの支援やそれによる高齢者の主観的幸福感の向上に貢献することが期待できる。

そこで本稿では、遠隔地間親子コミュニケーションとして「食事」場面を活用し、その場でいかなる営みがなされたのか、それにより高齢の親の主観的幸福感がどう変化したのか、についての調査を報告する。食事のような団らんは、人間相互のコミュニケーションであり、時間と場所を共有してなされる直接的対面的コミュニケーションであるとされている (表 2010)。ICT 技術を利用して遠隔地間をつなぐことは、時間は共有できるが場所は共有できない。しかし家族団らんの時間を共有し、会話を楽しむことが出来れば、離れて暮らす家族が情緒的な絆を強め合う場として機能する可能性がある。

さらに食事場面を VMC に利用するメリットは他にも考えられる。まず 1 つには、VMC のための特別なコンテンツは必要なく、食事という日常の 1 シーンを利用して親子でコミュニケーションすることができる。二つ目に、食事は人を集める機能を持つことである。親子それぞれの食卓に家族が集まるのも、食

事が「食べる」という自発的な行動を誘引する機能を持つからである。家事に忙しい若い夫婦も、興味のままに動き回りたい幼い孫も、祖父母との会話が恥ずかしい思春期の孫も、「食事をする」ために食卓につく。すなわち食事が家族を食卓に引き寄せ、みんなで会話を楽しむ場が作られると考える。3つ目に、食事が一定時間その場に座る行為であることである。一般的に食事はマナーとして「いただきます」から「ごちそうさまでした」まではその場に居続ける緩い拘束力が発生する。これらの食事が持つ習慣的特性を利用することは、VMCの場に家族が集まり一定時間つながることに貢献するものと考える。

以上の可能性を確かめるため、本稿では3組の離れて暮らす親子を対象に遠隔共食を行った結果を報告する。インタビューで聞き取ったコミュニケーションへのニーズと遠隔共食への感想を整理し、食事場面で何がやりとりされたかを事例的に検討する。さらに高齢の親の主観的幸福感の変化を定量的に分析し、遠隔共食コミュニケーションの効用について考察する。

2. 実験協力者とデータの取得

2.1 実験協力者

本研究ではA、B、Cの3組の親子に協力を得た。それぞれの自宅にiPadを置き、2か月の調査期間を設け、親子間で6〜7回の遠隔共食をしてもらった。さらに定期的なインタビュー、毎日の生活記録の記入、共食場面の映像収録に協力してもらった。

3組の親子に事前インタビューをしたところ、コミュニケーションのニーズは家族関係の様相や生活習慣により異なっていた。そのため、遠隔共食が家族の生活にいかに溶け込み、利用者の心的変化と関わりを持つかを検討するためには、一般形の結論を求めるより、それぞれの利用者の家族構成、関係、生活記録、遠隔共食の実施状況、共食中の会話内容などを多角的に分析し、遠隔共食の効果を見出すことが本研究にとって重要であると考えた。

そこで本稿では、3組の中で2か月間の生活記録に記入漏れの少なかったA

とB親子を例に、高齢の親が子供家族と定期的に遠隔共食することと主観的幸福感との関連について分析することとした。

　協力者らのプロフィールを簡単に記す。なお、名前はすべて仮名である。A親子は71歳の母富子と44歳の娘早紀である。富子は千葉県に住んでおり夫と2人暮らしで手芸を得意とする専業主婦である。日常的には愛犬の世話や自家菜園を楽しんでおり、1か月に1度は早紀の自宅に出向き、早紀や孫と食事をする機会を作っている。娘の早紀は都内に住んでいる。中学の息子と2人暮らしで、日中は仕事に就いている。離れて住む両親のことは常に気にかけているが、現在は元気に暮らしている様子を見守っている状況である。

　B親子は76歳の父一雄と46歳の娘梅子である。一雄は都内のマンションで妻と2人暮らしである。長年自営業を営んできたが、現在はボランティア活動やシルバー人材による仕事で地域に貢献している。ときおり訪ねてくる3人の娘や孫たちと一緒に過ごすことが何よりの楽しみである。娘の梅子は夫、高校生の長男の翔、中学生の次男の祐希4人で神奈川県に住んでいる。アルバイトと主婦業に大忙しだが、両親の健康については気遣っている。

2.2 データの取得

　A親子、B親子には、2015年8月20日〜10月31日までの間の2か月において、毎日生活記録の記入、毎食の写真撮影、6回以上の遠隔共食実施、うち2回のビデオ撮影、3回のインタビューの協力を依頼した。通信機器は親子両世帯

子（早紀）宅の食卓　　　　　　　　　　　親（富子）宅の食卓

図1: A親子が食卓の奥に置いたPadを通して遠隔共食をする様子

にApple社製のiPad Air Wi-Fiモデル（240mm×169.5mm）（第2世代）を配布し、通信の際のアプリケーションはApple社のFaceTimeを使用することとした。iPadは軽量でコンパクトなため、設置場所が選びやすいこと、FaceTimeはiPadの起動から接続まで、操作のステップ数が少なく、初めてこのようなデジタルデバイスを手にする参加者にも操作が容易であると判断した。**図1**はA親子が食卓にiPadを置き、遠隔共食をしている様子である。

生活記録の記入：

毎日の生活記録として**図2**に示すファイルを託した。記録は1日1枚記入してもらえるように作成し、2か月分の用紙を用意した。

記入内容は次の4項目である。

(1) 今日1日の生活：その日の起床から就寝までの生活の流れを記入する。

(2) 食事について：食事満足度（満足でない−あまり満足でない−そこそこ満足である−満足である、の4件法）や、誰と食事をしたか、食事相手がいた場合には食事中の話題内容について記入する。

(3) 日記：タイトルを「今日、一番○○だった出来事について」とする。○○には、最も印象に残った感情、例えば嬉しかった、悔しかった、がっかりしたなどに置き換えて、自由に記述する。

図2：生活記録用ファイル（左）と1日の記録（右）

(4)主観的幸福感に関する質問：生活記録の記入の最後に、その日一日を振り返った今の心的状態について評価してもらった。主観的幸福感(SWB: Subjective Well-Being)は、人のQOL (Quality of Life)に関わる心理的側面であり(伊藤ら2003)、本研究においては意欲、安心で心が満ち足りていると感じている状態の意味で用いる。評価項目は6項目である。項目についてはQOL評価に関する先行研究(松林ら1992；近藤ら2003；津軽谷2003)を参考に、主観的健康度、生活充実感、生活意欲といった主観的幸福感に関する質問を用意した。具体的には、主観的健康度として①今日の気分はいかがでしたか(気分)、②今日の体調はいかがでしたか(体調)、生活充実感として③今日接した方との人間関係に満足されましたか(人間関係)、④今日は充実した一日でしたか(充実感)、生活意欲として⑤今日は他人の役に立ったと感じることがありましたか(存在意義)、⑥明日やりたいことはありますか(明日への意欲)である。回答には、VAS (Visual Analogue Scale)方式を用いた。 10cmのスケールを用意し、左端を最もネガティブな評価、右端を最もポジティブな評価とした。該当する程度に印をつけてもらい、スケールの左端から印がつけられた点までの距離(mm)を定規で計測し、数値を各質問項目への評点として記録した。

遠隔共食の実施とビデオ撮影：

実験期間は、2か月、全8週間であった。**図3**に示す通り、初めの2週間は遠隔共食を行わず、残りの6週間で最低6回の遠隔共食を行ってもらうよう依頼した。これは、遠隔共食の効果を実施前と後で比較をするためである。また、最低6回とは、後半6週間において少なくとも週1回以上は遠隔共食をしてもらう狙いがあった。

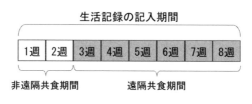

図3：2か月間の遠隔共食の実験スケジュール

さらに実施した遠隔共食のうち、3回分をビデオに収録してもらった。食事が日常通りに進むよう実験者の介入を控え、協力者らにビデオカメラを託しそれぞれに共食の様子を撮影してもらった。

インタビュー：

2組の親子それぞれに対し、初回訪問時、1か月経過時、2か月経過時に、それぞれ約1時間半の半構造化面接を行った。

初回訪問時の面接においては「日常の連絡や相互の行き来について」「普段の食事における会話や食物に関して」「仕事、ボランティアなどの対外活動について」「趣味、嗜好、好き嫌い、こだわりなどについて」「遠隔共食会話に対するイメージについて」を尋ねた。

1か月経過時、2か月経過時では、遠隔共食会話に関することを中心に「iPadでの通信や機器に関する問題について」「遠隔共食の前の準備、食事中、食後の様子について」「遠隔共食を行っての感想について」を主な聞き取り項目とし、その他、自由に話してもらった。会話はICレコーダーに録音し、文字に起こした。文字起こしは、会話の内容を捉えることを重視し、細かいいい淀みや相づちなどは省略した。

なお、本調査は筆者所属機関のヒト生命倫理委員会が定めるガイドラインに沿って行い、協力者にはビデオカメラで収録した映像や静止画を学会誌などに掲載する同意を得た。協力者には謝礼金を支払った。

---

3. 分析

本研究においては、期間中3回行ったインタビューから、コミュニケーションのニーズや遠隔共食への感想を整理し、実際の遠隔共食の場でどのようなやりとりがなされたのかについて、映像により質的に分析する。さらに高齢の親に毎日記入してもらった主観的健康度、生活充実感、生活意欲などの主観的幸福感の評価（以降、SWB評価）を定量的に分析し、遠隔共食の効果を考察する。

3.1 インタビューにみる親子のコミュニケーションニーズと遠隔共食の効果

はじめに、A親子の母富子と娘の早紀、B親子の父一雄と娘の梅子の、インタビュー内容を検討する。内容は初回インタビューにおける『日常のつながりについて』、1か月経過時、2か月経過時のインタビューにおける『遠隔で繋がることについて』、『会話の場が食事であることについて』に関する親子の発言を抽出し整理する。

A親子の『日常のつながりについて』の発言において、富子は「孫と会う機会を月に1度は作っています、会った時には食事に出かけたいです。」、とのことである。早紀は「年をとってきた親の様子は気になるけど、まあ何かあれば連絡来るかなって。」と述べていた。『遠隔で繋がることについて』『会話の場が食事であることについて』に関しては、富子は、「出かけなくても孫の顔が見られるし、食べていると娘と1対1の電話より話題が豊富ですね。共食の約束をしているときは事前に主人と何を話そうか考えたりします。遠隔共食は目の前に食べ物があるので、毎回お互いの食事を見せ合っています。」とのことであった。

早紀は、「日常の様子を見せ合えるし、話すために集まるのは面倒だけど、食事の時間だから家族が集まりやすいのがいいです。」と述べている。さらに、「特に普段の用事は母との電話で済ませることが多いですが、家族同士が揃っている食卓は、4人でしゃべっている感覚が良いです。普段話さない息子も入れるし、日頃仲間外れになりがちな父が入れるので。」とのことであった。そして、食事が目の前にあるので話題が途切れても食べ物の話に移ることができる、食べている方が話題が途切れても気にならない、など食事をしながらの会話の有効性にも触れていた。

B親子の一雄は、『日常のつながりについて』は「孫の部活が始まってからはだんだん来なくなってしまってね、中学生になるとほとんど話さないし。」と最近、会話が少なくなったことに言及していた。梅子も、「親のことは心配だけど、日頃の行き来は近くに住む妹につい頼ってしまって。」とのことである。よって、B親子も、会う回数を増やすことへの願望があると推測された。こうし

た状況の中、『遠隔で繋がることについて』は一雄にとって「やっぱり孫の顔が見られるので嬉しいよね。」とのことであった。また『会話の場が食事であることについて』は、一雄は「梅子が作った料理にコメントしたりして楽しいですよ。」と語った。梅子は「食事後に息子の塾の送迎があり忙しいけど、食事中はみんながゆっくり座れるので話すのには良い環境です。遠隔でつながっていても別々の空間だから沈黙もありますが、団らんの場だと思えばそれも自然のことですね。」と語っていた。

　以上2組の親子のインタビュー内容をコミュニケーションへのニーズ、遠隔システムを用いるコミュニケーション、遠隔共食への感想の3つの視点より整理した。家族ごとに生活スタイルが異なるが、孫が大きくなると学業が忙しくなり、娘も働いていると、行き来する回数が減っていること、それに対して親子ともに憂いを感じていることが見て取れた。遠隔共食においては、会話中に食事を見せ合っていること、食事が家族を集め一定の時間の会話を楽しむ場として機能している点が共通に言及されていた。そこで次に映像でつなぐ共食場面で、実際どのようなやりとりがなされたのか、事例的に検討する。

3.2 映像共食中の事例分析

　図4に示す事例1は、A親子が2回目に実施した遠隔共食である。場面としては双方で映像がつながったことが確認された直後で、ここから食事が始まるシーンである。事例の左側は富子宅で、右側が早紀宅での発話である。欄分けは各家庭内でのやりとりがあったり、親子間で映像を介してやりとりが生じているので、各空間で分けた。発話の順番は行番号の通りである。やりとりの内容を重視し、発話の重複やポーズに関する情報は付記していない。

　はじめに1行目から4行目までお互いに挨拶を交わした後、10行目から早紀によるメニューの紹介が始まる。15行目で早紀は中学生の息子と2人で作った料理を「よっ」と言いながら、iPadの方へ傾けて両親に見せている（**図4(a)**）。そして17行目で息子にどのようにして作ったのか説明するように促している。それに対して息子は「説明って　な　え　何を説明」（20行目）、「え　あのー

富子(母)宅	早紀(娘)宅
1.富子　はい　こんばんは	
	2.早紀　こんばんは
	3.孫　　こんばんは
4.夫　　こんばんは	
5.富子　お待たせ：	
	6.早紀　は：い
7.夫　　はい　じゃあいただきま：す	
	8.早紀　はい　どうぞ：
9.富子　いただきま：す	
	(8.9)　((カメラの角度確認))
	10.早紀　えーと
	11.早紀　うちはですね
12.富子　はい	
	13.早紀　先ほど二人で協力して作った
14.富子　うん	
	15.早紀　よっ
	(a)
16.富子　お　なんだかおいしそうなものが	
	17.早紀　はい説明して
18.夫　　サラダ	
	19.早紀　これ説明して
	20.孫　　説明って　な　え　何を説明
	21.早紀　どうやって作ったか説明して
	22.孫　　え　あのー　市販の生地で
	23.早紀　なんの生地で
	24.孫　　市販の餃子の生地
	25.早紀　皮
26.富子　うん	
	27.孫　　皮を　あの　使って作りました
	28.早紀　中に何がはいってるのよ
	29.孫　　えーっと中にチーズとベーコン入ってます
30.富子　おー　おいしそうだね	
	31.早紀　たぶんおいしいと思います

32. 富子　おお

33. 早紀　あとは適当にサラダ

34. 富子　はい　サラダ

35. 早紀　えーっと　うちで獲れたルッコラとミントと

(b)

36. 富子　うん

37. 早紀　バジルも入ってます

38. 富子　へー

39. 早紀　あとは
40. 早紀　えーとこれは
41. 早紀　さくらのイカ大根

42. 富子　.hh

43. 早紀　金曜日の夜に大量にもらったんで

44. 富子　.hh
45. 夫　　いいな　そういうのあってね

図4：事例1 A親子 ある日の共食冒頭のやりとり

市販の生地で」(22行目)と、戸惑い気味ながら説明している。しかし早紀の「ど
うやって作ったか説明して」(21行目)、「なんの生地で」(23行目)という発話に助
けられながら、チーズとベーコンの餃子の皮巻きを説明した。富子は早紀と孫
のやりとりを聞いたり、30行目で「おー おいしそうだね」と感想を述べたりして
いた。早紀は、35行目ではプランターで栽培したルッコラとミントをサラダに
したこと(図4(b))、41行目では近所の方にもらったさくらのイカ大根を見せて
いた。富子は自分の食事に箸を付けず、しきりに応答しながら話を聞いていた。

　ここで早紀のメニュー紹介から、早紀と孫の生活をうかがい知ることのでき
る情報が多く含まれていた。チーズとベーコンの餃子の皮巻きからは、息子も
食事作りに参加しているという情報が、サラダに入れたルッコラとミントは、
早紀が室内のプランターで栽培したとのことで、食べられるようになるまで

に早紀が育てたという情報が、さらにイカ大根からは「金曜日の夜に大量にもらった」(43行目)とのことで、近隣の人とおかずのお裾分けをいただく付き合いがある情報が含まれていた。一見単なるメニューの紹介のように見えるが、メニューの話の中には早紀と孫の生活にまつわる情報が伝えられていた。

なお、事例に示した会話の後は、今度は富子の方から「今夜はですねー」とメニューの紹介が始まり、家庭菜園でとれたかぼちゃの話や、煮物に対しどのような調味料を使ったかといった話が続いた。A親子の遠隔共食の特徴として、毎回会話の冒頭でお互いの食事内容の紹介があり、その後に近況報告をし合っていた。

つぎにB親子の事例を観察する。**図5**の事例2はB親子が6回目に行ったやりとりである。図の左に一雄と妻、右に梅子の発話内容を示す。

この日の遠隔共食は梅子の食卓には、はじめは梅子のほか誰も映っていなかった(**図5(a)**)。一雄の妻が6行目で「今日一人なの?」と尋ねると、梅子は、7行目以降でみんな自分の部屋から出てこないのだと説明した。そこで食事は一雄、妻、梅子の3人で始められた。

6分ほど双方で近況報告をした後で、一雄がこのiPadで他のことも試したいが、使い方がよくわからないなどと話していると、梅子宅の食卓でいつのまにかおかずに手を伸ばす孫の祐希が映り込んでくる(**図5(b)**)。そこで一雄は33

一雄(父)宅	
6.妻　　え　今日一人なの?	
	7.梅子　いや　みんないるの　今日
8.妻　　え?	
	9.梅子　み:んないる
	(a)
10.妻　　全然声聞こえない	
	11.梅子　うん

	12.梅子	祐希にご飯食えって言ってるんだけど：
13.妻　うん		
	14.梅子	祐希はなんか筋肉痛で足が痛いっつって
	15.梅子	.hh
16.妻　.hh		
17.一雄　翔は?		
	18.梅子	翔は上で勉強してご飯六時 だよっつったけど降りてこない

―― 6分経過 ――

33.一雄　祐希
34.一雄　こんにちは

35.祐希　こんにちは

36.妻　　.hh

37.梅子　手だけ見えてるでしょ

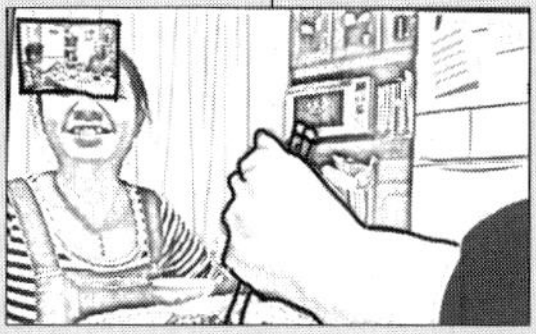

(b)

38.一雄　うん
39.妻　　うん

―― 6分経過 ――

51.妻　　翔君も来たよ

(c)

52.一雄　来た?
53.一雄　あ　もう　ご飯食べてる
54.一雄　翔
55.一雄　こんばんは
56.妻　　　.hh

57.翔　　こんばんは

58.一雄　今日は　今日は部活は?

59.翔　　こんばんは

60.妻　　ないの　試験だからね
61.一雄　あー　そうか　今　期末か

図5：事例2 B親子のやりとり

行目、34行目で祐希に「祐希」「こんにちは」と声をかけた。祐希は中学生の男子で、思春期を迎えていることもあり口数は少ない。祖父母とのやりとりは長くは続かず、挨拶のみで終わった。

さらに6分ほど過ぎたところで、もう1人の孫の翔が食卓についた(図5(c))。それに気づいた妻が嬉しそうに微笑み、51行目で一雄に「翔君も来たよ」とささやく。一雄は妻に52行目で「来た?」と返答、53行目で「あ もうご飯食べてる」とつぶやき、箸を置き、54行目、55行目で「翔」「こんばんは」と声をかけた。翔も自分から祖父母に話すことはないが、一雄と妻は、58行目、60行目で部活や試験など翔に質問をした。こうして孫の祐希も翔も多くを話すことはないものの、食事をとるために次々と席につき、祖父母と言葉を交わすことになった。

また、事例としての紹介は省くが、B親子の特徴として、双方ともにテレビをつけながら食事をしていた。特に一雄宅では、大きめの音量でテレビをつけていたため、梅子宅のiPadからでもその内容は十分に聞こえていた。一雄宅のテレビからスポーツの試合で乱闘があったニュースが聞こえてきたとき、梅子は「あー見た見た。あれすごかったよね。」と感想を述べていた。 このように、iPad越しに会話をしないときは、それぞれに部屋のテレビを観ながら食事をしたり、iPadから聞こえてくる相手の家のテレビ番組の内容に言及したりといったシーンも観察された。よって、遠隔共食中においては食事をする、会話をする、テレビを観るという各フェーズが観察された。

3.3 遠隔共食と親の主観的幸福感との関連の分析

本節では、今回の遠隔共食と、高齢の親の主観的幸福感の関係について定量的に分析する。

はじめに、遠隔共食をしていない前半12日間(非遠隔共食期間)、遠隔共食をした最後の12日間(遠隔共食期間)のSWB評価を比較した。

なお、2.2で述べたように、SWB評価は、毎日生活記録記入の最後に、その日一日を振り返っての心的状態を評価してもらった。よって、その日に起きた肯

定的な出来事(楽しかったこと、嬉しかったことなど)、否定的な出来事(困ったこと、い
やだったこと)は、評価を左右する大きな要因になり得る。非遠隔共食期間と遠
隔共食期間において、肯定的な出来事、あるいは否定的な出来事が、継続して
起きた場合、その期間のSWB評価の偏りに影響することが考えられる。そこ
で生活記録に記載された日記の内容が肯定的／否定的のどちらに捉えられる
か、第三者の視点から評価を行った。評価者は筆者と大学生3人計4人が、日
記の内容を4件法にて評点をつけた(否定的(1点)から肯定的(4点))。非遠隔共食
期間と遠隔共食期間において、1日ごとに評価者4人の評点平均を比較したと
ころ、Aの富子、Bの一雄共に有意な差は認められなかった(富子:t (11)=0.52, p
=.614、、一雄:t (11)=0.90, p =.388.)。そこで、非遠隔共食期間と遠隔共食期間それ
ぞれにおいて出来事に起因する差は無いと見なし、SWBの平均得点を比較し
た。結果を図6に示す。

　図6の通り、富子は『気分』(t (11)=4.00, p =.001)、『体調』(t (11)= 2.3,p =.041)、
『明日への意欲』(t (11)=3.00, p =.012) の評価が、一雄 は、『気分』(t (11)=2.80,
p =.018)、『体調』(t (11)=4.00, p =.002)、『存在意義』(t (11)=2.91, p =.014)、『明日へ
の意欲』(t (11)=5.51, p =.001)の評価が遠隔共食期間において有意に高い結果と
なった。このことから、継続的な遠隔共食を始める前より後の方が、日々の気
分、心身の健康、生活意欲が向上したことが示された。　先行研究において、孫
との交流による情緒的な感情は、高齢者の主観的幸福感を高める(中村ら 2007)

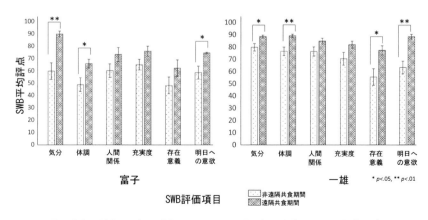

図6:非遠隔共食期間と遠隔共食期間におけるSWB平均得点の比較(エラーバーは標準誤差)

と報告されていることは前述した。今回の遠隔共食中の会話においては、夕食づくりを孫も手伝っていること、テスト期間中で部活が休みに入っているなど、孫の情報を知り、それに対して富子や一雄が何らかの言及を行っていた。複数回の遠隔共食を経て、子や孫の情報を得て応答するといった行為の繰り返しが、主観的幸福感の向上に寄与した可能性が考えられる。

4. 考察

　本稿では、2組の親子に2か月にわたり遠隔共食を実施した。そこで得た親子のインタビュー内容、遠隔共食映像、親の主観的幸福感の評価の結果から、離れて暮らす親子のコミュニケーションに食事場面を利用するメリットと、遠隔共食コミュニケーションによってもたらされる効果について考察する。

4.1 "食べる行為"が家族を集める

　食事場面を利用するメリットの1つに、「食べる」行為が席に着くという行動を誘引するすることがあげられる。

　A親子の娘早紀、B親子の娘梅子ともに子は中学生の男の子であった。一雄はインタビューにおいて孫が中学生になってからはあまり話さなくなってしまったと語っていた。共食中の映像においても、孫側から祖父母に話しかけるシーンは一度も観察されず、祖父母から話を振っても、会話は長く続かなかった。幼児期とは異なり、思春期を迎えると祖父母とのコミュニケーションを気恥ずかしく感じる年ごろである。よって共通の話題作りは難しく、会話の場に積極的に参与することは難しいと推測される。

　しかし、遠隔共食は食事をする場であるため話はしなくても、「食べる」行為が席に着くという行動を誘引する。映像の記録においてAと富子夫婦と孫、Bの一雄夫婦と孫の間にほとんど会話は見られなかった。しかし孫は食卓につき、A親子の早紀宅では、孫が早紀に促され、祖父母に手作りのおかずの作り方を説明していた。B親子の梅子宅では時間差で孫たちが食卓についていた。

祖父母らは梅子と孫のやりとりを微笑みながら眺めていた。

　遠隔システムを用いた会話が目的であれば、食事を伴う必要はない。しかし会話を目的とした場合、遠隔地の親子間でつながるタイミングや、つながってからの会話継続が難しい場合がある。そのため、1節で述べた通りこれまでに祖父母と孫で共有するコンテンツの開発や飽きずにディスプレイの前に居続けるための工夫が提案されてきたものと考える。しかし本稿においては「食べる」行為が、自然に家族を集め、会話がなくてもその場に居続ける必然性をもたらしていた。また、一般的「食べる」行為は"ごちそうさま"まで席を立たないのがマナーと考える。そうした食事の特性が、遠隔地間親子のコミュニケーションを実現するのに効果をもたらしたと考えられる。

4.2　"食事場面"をつなぐからこそ垣間見える日常茶飯

　食事場面を利用するメリットの2つ目として、メニューや食材から日常生活の様子が伝わることがあげられた。たとえば事例1において、早紀宅では親子が協力して夕食を作っていること、早紀がルッコラやミントを部屋のプランターで食べられるようになるまでに育てていること、近所の人からおかずを頂く付き合いがあることといった話題はすべてメニューから派生したものであった。梅子については紙幅の都合で省略したが、一雄の食卓に並んでいる野菜のおかずから話題が発展し、スーパーで野菜の値段が高騰しており家族4人分の食材を買うのが大変であるとの内容が語られていた。食事が生活の基盤であることを踏まえると、食卓の会話は、家族の暮らし向きに関わる多くの情報が含まれると考えられる。よって食卓場面をつなぐ遠隔映像システムは、離れて暮らす親子のそうした日常茶飯を切り出し、多くの情報を開示させることに機能したものと考えられる。

4.3　B親子に見る遠隔の"団らん"が緩やかなつながりを生み出す

　食事場面を利用する3つ目のメリットとして遠隔共食コミュニケーション

においても団らんの場が作られていたことである。

3.2節で紹介したように、一雄と梅子の家族においては、それぞれの食卓近くでいつもテレビがついていた。テレビを見たりiPadに映る相手に話しかけたり、相手が見ているテレビ番組に意見したりと、実際の空間とシステムでつながる空間を自由に行き来していた。その様子は、まるで1つの食卓を囲んで、おしゃべりをしたりテレビを観たりしているようであった。インタビューにおいて梅子は沈黙があっても団らんの場と思えば自然のことであると述べていた。B親子のテレビを見たり会話をしたりの両方を楽しんでいる様子からは、そこに一家団らんの空間が形成されていたことがうかがえる。

家族の団らんについて、表(2010)は、「日常の食事の場で、家族がそろい、会話を交わしながら楽しく過ごすこと」と定義している。実際の場所は共有することが出来ないにせよ、こうした家族団らんの機会が定期的にかつ継続的に設けられることは、離れて暮らす親子の間に緩やかなつながりをもたらす可能性がある。

4.4 A親子に見るコミュニケーション構造の変化

最後に、定期的な遠隔共食が親子にコミュニケーション構造に変化をもたらしている可能性について議論する。

A親子に実施した初回インタビューにおいて、早紀は、普段の用事は母との電話で済ませるが、遠隔共食は息子や父も入った会話ができるから良いと述べていた。すなわちA親子の日常のコミュニケーションは、当初は**図7(a)**に示す通り、富子と早紀による電話やメール、あるいは月に1度富子が早紀の自宅に行くというものであった。富子は早紀から聞いた話のうち情報を選択して夫に伝え、夫は富子を経由して早紀の家族の様子を把握する、また同様に早紀の息子も、祖父母の様子を早紀から聞くことになる。しかし4人揃っての共食であれば、話題の共有が同時にできるため、コミュニケーションの構図は**図7(b)**のようになる。

インタビューにおいて早紀が述べた、「4人でしゃべっている感覚が良い。普

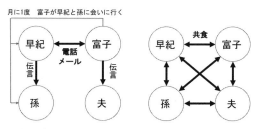

（a）日常のコミュニケーション　（b）共食時のコミュニケーション

図7：コミュニケーションの構図

段話さない息子も入れるし、日頃仲間外れになりがちな父が入れる。」との感想はまさにコミュニケーションが**図7（b）**の構図になるからである。さらに、富子が言うように「娘と1対1の電話より話題が豊富」であるのは、4人が対面しその場で話題を共有するため、各人が持つトピックの周辺情報も提示され、広がりを見せることに因るものと考えられる。

　こうした4人のコミュニケーションが実現することに対し、食事が大きな貢献を果たしていると考えられる。早紀がインタビューで「話すために集まるのは面倒だが、食事はその場にいるので良い」と述べていたように、食事は家族が家にいれば各自が自然に同じ食卓に集まる。さらに「食事が目の前にあるので話題が途切れても、食べ物の話に移れる」「食べている方が、話題が途切れても気にならない」など食事中ならではの効果がある。これまで母娘間で電話やメールでなされていた情報伝達が、定期的に遠隔共食を繰り返すことで、4人のやりとりに拡充され、コミュニケーションの構造に変化をもたらしたと考えられる。さらにこのコミュニケーションの構造変化は食事を利用するメリットとして述べた、全員が席に着く、日常茶飯が垣間見られる、団らんの場ができることが関係しているものと考える。

5. おわりに

　本稿では2か月にわたり、離れて暮らす親子を対象に遠隔共食の実験を行い、インタビュー会話、遠隔共食場面の映像、高齢の親の主観的幸福感を分析

した。今回は親子が良好な関係にあること、互いに連絡を取りたい気持ちを持っていたことが前提にある。そういった意味においては、お互いになかなか会えない→定期的な遠隔共食ができる→親に幸福感がもたらされる、という構図は想像に難くない。しかし親子関係の機微は家庭によりさまざまで、食卓を映像会話システムで繋ぐことが、生活の中にどのような位置づけになるかは未知数である。

　今後はより多くの事例を取り上げ、遠隔共食の可能性を検討する必要がある。さらに親とつながる子供の内部状態を詳細に調べる必要がある。コミュニケーション支援として、親子双方が満足感、幸福感を得ることが望ましい。今回は2か月という短い期間であったが、今後は長期にわたるデータ収集が必要であり、引き続き、離れて暮らす親子のコミュニケーション支援として遠隔共食の効果と限界を探っていく。

　またコロナ禍において、オンライン食事会、オンライン飲み会といったコミュニケーションスタイルが注目された。そうした機会を支援するオンラインレストラン、オンライン飲み会用宅配サービスも出てきた。その利用に賛否はあるが、今後どのような形で定着していくのか、本稿の取組みがどう展開可能であるか見極めていきたい。

謝辞

映像収録にご協力いただいた3組のご家族様に深謝する。本研究は、武川直樹先生、日根恭子先生、紺野遥氏との共同研究の成果である。記して深謝する。本研究は科研費（15K00887）の助成を受けたものである。

参考文献

ALSOK.(2017)「別居している高齢の親を持つ子どもの意識調査」
　　https://www.alsok.co.jp/security_info/enquete/14.html
Azadeh Forghani, Carman Neustaedter, Manh C. Vu, Tejinder K. Judge, Alissa N. Antle.(2018) G2G: The Design and Evaluation of a Shared Calendar and Messaging System for Grandparents and Grandchildren, *CHI '18 Proceedings of the 2018 CHI Conference on Human Factors in Computing Systems*, No.155.
Elinor Ochs, Merav Shohet. (2006) The Cultural Structuring of Mealtime Socialization, *New Directions for Child and*

Adolescent Development, (111) pp.35−49.

藤崎宏子(2015)内閣府 平成27年度 第8回高齢者の生活と意識に関する国際比較調査結果「高齢者と子どもの交流──意識と実態にみる日本の特徴」pp.232−237.

伊藤裕子・相良順子・池田雅子・川浦康至（2003）「主観的幸福感尺度の作成と信頼性・妥当性の検討」『心理学研究』Vol.74, No.3, pp.276−281.

観光経済新聞 https://www.kankokeizai.com/（2020年5月10日掲載）

近藤勉・鎌田次郎（2003）「高齢者向け生きがい感スケール（K-I式）の作成及び生きがい感の定義」『社会福祉学』Vol.43, No.2, pp.93−101.

松林公蔵・木村茂昭・岩崎智子・濱田富男・奥宮清人・藤沢道子・竹内克介・河本昭子・小澤利男（1992）「Visual Analogue Scale"による老年者の「主観的幸福度」の客観評価──Ⅰ−標準的うつ尺度との関連」『日本老年医学会雑誌』Vol.29, No.11, pp.811−816.

内閣府(2020)令和2年度版高齢社会白書

　　　https://www8.cao.go.jp/kourei/whitepaper/w-2020/html/gaiyou/s1_1.html

中村辰哉・浜翔太郎・後藤正幸（2007）「孫との関係に着目した高齢者の主観的幸福感に関する研究」『武蔵工業大学環境情報学部情報メディアセンタージャーナル』(8), pp.75−86.

表真美(2010)『食卓と家族──家族団らんの歴史的変遷』世界思想社

René Vutborg, Jesper Kjeldskov, Sonja Pedell and Frank Vetere. (2010) Family Storytelling for Grandparents and Grandchildren living apart, *Proceedings: NordiCHI 2010*, pp.531−540.

Sean Follmer, Rafael Ballagas, (2012),Hayes Raffle, Mirjana Spasojevic, Hiroshi Ishii, People in Books: Using a FlashCam to Become Part of an Interactive Book for Connected Reading, *The 2012 ACM Conference on Computer Supported Cooperative Work*, pp.685−694.

Seth Hunter, Pattie Maes, Anthony Tang, Kori Inkpen, Sue Hessey. (2014) WaaZam! Supporting Creative Play at a Distance in Customized Video Environments, *ACM Conference on Human Factors in Computing Systems: CHI2014*.

Torben Wallbaum, Andrii Matviienko, Swamy Ananthanarayan, Thomas Olsson, Wilko Heuten, Susanne CJ Boll. (2018) Supporting Communication between Grandparents and Grandchildren through Tangible Storytelling Systems, *CHI '18 Proceedings of the 2018 CHI Conference on Human Factors in Computing Systems Paper No. 550*.

津軽谷恵（2003）「在宅高齢者と介護老人保健施設入所者の主観的QOLについて──Visual Analogue Scaleを用いて」『秋田大学医学部保健学科紀要』Vol.11, No.1, pp.46−54.

巣穴が見えるまで

概念の獲得とカメラフレームの利用可能性

須永将史

要旨

　本稿では、複数の参与者らによって「見ること(seeing)」がどのように相互行為的に達成されるのか、そのプロセスを記述する。使用するデータは、山道を歩く2人の林業家をビデオカメラで撮影したデータである。2人は子どもと登山し自然に触れさせるイベントを企画しており、その下見のために山を歩いている。その途上で、1人の参与者がアカゲラの巣穴に気づく。本稿では、その巣穴を、もう1人の参与者及びカメラパーソンが「見る(see)」ために営む相互行為を会話分析の手法で分析する。「見ること」は、対象についての概念の所有が必要だといわれるが、それはどのようなプラクティスで成し遂げられるのか。本稿で扱うプラクティスは、巣穴の見方について教えられた表現を変容させJた別の参与者に教えること、あるいは、カメラという道具を介して見えたことを相手に伝えることである。これらが、相互行為のなかで見ることを達成するのにどう寄与するか、そのプロセスを分析する。

1. はじめに

　本稿では、複数の参与者らによって「見ること(seeing)」がどのように相互行為の中で達成されるのか、そのプロセスを記述する[1]。何かを「見ること」は相互行為の中でどのように参与者らによって扱われるのか。言い換えれば、何かを見るために、参与者たちはどのような振る舞いをお互いに示し合うのか。SharrockとCoulterによれば、「見ること」には概念の所有が決定的に重要である。「概念を所有する」とは、まずは、正確な使用のルールに従って、象徴的表現(語、フレーズなど)を使用する能力を所有することである、と彼らはいう(Sharrock and Coulter 1998: 157)。つまり、「見える」ということは、見るべき対象に目を向け(look at)、対象が何なのかを言うことができるということだ。そして、たとえば「雄しべを見る」ためには、雄しべとは植物の花びらの花粉がついている場所であるということを知っていなければならないともいう(Sharrock and Coulter 1998: 157)。また、概念の所有は、ことばだけでなく、身体的振る舞いなどによっても示されるだろう。たとえば道具を正しく使えることなどは、ことばを発さずとも、道具とそれが関連する諸対象を概念的に結びつけていることを実演する手立てである[2]。

　Goodwinは、見ることあるいは「視覚」が、相互行為の中でどのように取り扱われるかに焦点化し研究を蓄積してきた。視覚が重要な役割を演じる現象は、日常会話において発話の連鎖を組み立てる実践をはじめ、医療、法廷などの専門的職業の実践、あるいは考古学の調査現場における科学的知識産出の実践においてまで、多岐にわたって見いだされる(Goodwin 2004: 157)。同様に西阪もまた、見ることを協働で達成する体系的な仕方を分析した。たとえば相互行為を営む中で、見るべきものが見えたときに「驚く」ことは、見えたことを相手に対し呈示し、互いに「確認し合う」手段である(西阪 1997: 153)。これらの一連の仕事は、Ryleが『心の概念』で示した、「達成動詞」としての「見る(see)」を相互行為の中で分析していくものである(Ryle 1949: 216–217)。本稿もこの方針を引き継ぐ。

　本稿では、会話分析の手法を用いて分析を行う。Goodwinは、相互行為における視覚を扱うにあたって会話分析が注目する側面を5つ挙げている(Goodwin

2004: 159−161）。要約すると以下である。第1に、会話分析者たちは、対象を見ていることは参与者同士のやりとりのなかで互いに呈示されると考えてきた。視覚が、言語や身体的振る舞いと組み合わされながら相互行為の中で扱われるという側面にまず注目したのだ。そして第2に、会話分析者たちは、その言語や身体などを参与者ら自身がどのように使用しているか、参与者の志向性に注目してきた。相手が適切に対象を見ているかどうかを確認するために、相手の視線の向きやそれに付随する発言などに注意が向けられ、互いの理解が確認されるのである。さらに第3に、視覚、あるいは見ることが言語や身体などによって志向されながらどのように達成されるか、その時間的変遷の側面に注意してきた。本稿でいえば、やり取りを経ることで、ある参与者は見えるようになり、さらにその参与者は次の局面で別の参与者に見方を教えるようになる。これらは、相互行為の時間的進行のなかで可能になっていく。第4に、以上第3までの点を明らかにするために会話分析者はビデオデータを使用してきた。参与者が会話中互いの身体や視覚の対象をどのように空間的に組織化するのか、可能な限り記録することを試みてきた。第5に、会話分析者は、得られたデータをさまざまな記号を使って転写（transcribe）してきた。言語だけでなく、視線や体の向きなど、身体化された実践を参与者の示す志向性に即して転写するために、様々な工夫がなされてきた。会話分析の標準的な転写記号に加え、たとえば様々な記号、スクリーンショットやトレース画などが使われた。

　本稿でも以上の諸側面に注目し分析をすすめる。本稿では、林業家のやり取りを録画した映像データを使用し、参与者およびカメラパーソンが、「アカゲラの巣穴」を見るまでの相互行為的過程を分析する。

　本稿が扱うデータは、福島県の山中で撮影された。調査地は、2011年3月11日の東日本大震災から数年後経ったある被災自治体である。この自治体にはすでに避難指示解除が出され、多くの町民が帰還し生活している。帰還後、一部の町民が集まり、月に一度ミーティングを行うことになった。このミーティングの目的は、子どもたちに自身が住む町の歴史や産業を知ってもらうことにある。過疎化の進むこの町では、いずれ子どもたちが町を出ていくことがありうる。加えて、長らく避難していたことで、子どもたちの多くは「故郷」か

ら離れていた。それゆえ、大人たちが集まり、子どもに町のことを教えるためのイベントを企画しているのだ。一連のミーティングを経て、この町の産業の多くが依存してきた「山」に、実際に子どもたちと登るイベントがまずは企画された。本データは、その登山イベントの準備として、林業家であるAとBがイベント当日のコースを決めながら山歩きをする様子を収録したものの一部である[3]。Sはこの「下見」に同行し、その様子を撮影した。

　本稿では、山歩きをしているあいだに、先輩林業家であるAが「アカゲラ」という鳥の「巣穴」を遠方の木に見つけたときのやり取りを扱っている。Aはアカゲラの巣を見つけたことを後輩であるBに教える。Bもその後アカゲラの巣が見えるようになる。その後、カメラパーソンであるSもまた、アカゲラの巣を見ようとし、無事見ることができる。これが本稿で分析する出来事全体の要約である。このとき、アカゲラの巣を「見ること」はどのように達成されているのか。言い換えれば、巣穴を見るためのやり方はどのようにさらなる他者に伝えられるのか。そして相手が見ているものをどのように見るのか。逆に自分が見たものを他者も見たことはどのようにわかるのか。これらはどのような方法的手続きによって相互行為の中で成し遂げられているのか。会話分析の手法により、本稿全体を通して、これらの問いを解明したい。

　ちなみに、アカゲラの巣を発見することは、参与者らが従事する「イベントの下見」と無関係ではない。本稿で扱う断片1の数分前、歩きながらAとBは、道の右側にアカゲラの巣穴の空いた木を見つけた（本稿で扱われるのとは別の穴だ）。そしてAとBは、歩きながら子どもに巣穴を発見させるよう誘導するようなコースを打ち合わせていた。子どもたちが山の中で生物を見つけることは、本イベントで実際に起こりうる出来事なのである。その打ち合わせの直後、断片1が起こる。断片1は、Bがアカゲラの巣穴を発見するまでのやり取りを扱い、断片2はカメラパーソンのSが巣穴を発見するまでのやり取りを扱う。

2. Bによる「見ること」の達成

　断片1を分析する。断片1の直前では、前節で述べたとおり、アカゲラの巣

断片1

①

01 A: あ は は あ あそこにあ rh あの あれ あれだ 高い所に h

02 　　穴 あいてんの わかります あの 枯れ木

03 　　(2.2)

04 A: 枯れ木ある↑べ そこに

05 B: はいはい[はい

06 A: 　　　　[>斜めに<木がず:っ[と あれ >あんだっけな<ず:っと上にあがってくと

07 B: 　　　　　　　　　　　　[はい

08 A: まん中のあたりに 今度 穴 開いてるべ

09 　　(.)

10 B: あの(.)[ワ イ の 字　　　　　]の::[あ:　　　　]ワイの字の下

11 A: 　　　[>Bさんのほう見えな↑い<]　[>こっちこの<]

12 A: んん

13 　　(1.2)

14 A: 穴 開いてる↑べ 木に

15 　　(.)

16 A: 見えま↑す

②

17 B: ↑あ::: はいはい あ↑の

18 　　(0.2)

19 B: え:と<おっきい>ワイの字の

20 A: うん[(　)

21 B: 　　[いちメートルぐらい下

22 　　(1.4)

23 A: え え え お

③

24 B: あの

25 A: お ず:っと上がってく↑べ

26 B: 上がってきます

27 A: 真ん中をずっと上がってく↑べ

28 B: はい はい はい あ:: あの上のほう

29 A: う[ん こんなま- あな あな あな あいてる　]べ

30 B: 　[あ: ほんとだ あいてるあ いてるあいてる]

31 B: あいてますね[あ↑]::

32 A: 　　　　　　[うん]

33 A: あれ巣だ

34 B: ↑へ:::::

35		(2.2)
36	A:	アカゲラの巣だね
37	B:	今いるのかな
38	A:	どうでしょう 見てみっか↑い

穴を発見させるよう子どもを誘導することが打ち合わせられた。さらに続けてBは、共通の知人を関連させながら冗談を言った。その冗談の直後、以下で扱う断片1の01行目が始まる。01行目の冒頭の笑いは、その冗談に応接した笑いである。笑いながらAは、左手の上方にある遠く高い木に巣穴が空いているのに気づくのだ。

　まず、断片1の流れをみておこう。断片1は、出来事に沿って大きく3つに分割することができる。①では、01行目でアカゲラの巣に気づいたAがBに巣穴の場所を説明していく。Bはその説明に応ずるが、Bに見えているのかはAには(それゆえBにも)わからない。②でもまた、①の場合とは異なる方法でBは何かが見ていることを表明するが、Aによって疑義を呈される。そして③において、Bが見ることが達成される。

2.1 見えないB

　まず、01行目の冒頭でAは、直前のBの冗談に笑っている。その直後、01行

01	A:	あ は は あ あそこに あ rh あの あれ あれだ 高い所に h
02		穴 あいてんの わかります あの 枯れ木
03		(2.2)

図1：Aが穴に気づく

目から02行目にかけてAは、左側上方を指さしながら(**図1**)、「あ あそこにあr h あの あれ あれだ 高い所に h 穴 あいてんの わかります あの 枯れ木」と発話している。この発言によって、Aは枯れ木に空いた穴に気づいたことをBに伝えつつ(「あ」)、気づいた対象(すなわち「穴」)を指さしながらBにも見えるかどうか尋ねている(「わかります」)。

　だが、02行目の質問の後、03行目に2.2秒の沈黙が続く。この沈黙は、Aによる質問に対する返答の不在と記述してよいだろう。つまり、Bにはまだ「穴」が見えていないのである。

　Aは、Bが見えていないことを受け、順を追って説明しはじめる。Aは、04行目で、「枯れ木ある↑べ そこに」と質問することで、穴ではなく穴のあいている枯れ木にBの注意をまずは向けさせる。すなわち、より見えやすい枯れ木のほうにまずは視線を誘導し、順を追って穴の位置を説明しはじめているのだ。言い換えれば、穴のある枯れ木を説明の準拠点とすることで、説明のための基盤を構成しているのである。この質問にBは、今度は「はいはいはい」と返答し、同時にAが指さす方向を指さす(**図2**)。2人ともその姿勢のままやりとりをつづけていく。

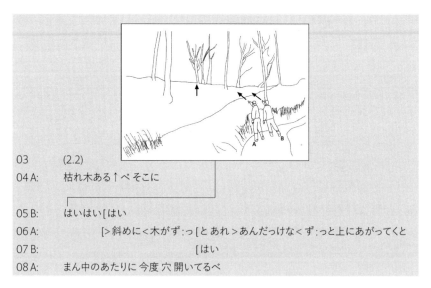

```
03        (2.2)
04 A:     枯れ木ある↑べ そこに

05 B:     はいはい[はい
06 A:           [>斜めに<木がず:っ[とあれ>あんだっけな<ず:っと上にあがってくと
07 B:                       [はい
08 A:     まん中のあたりに 今度 穴 開いてるべ
```

図2:Aによる順を追った説明

```
08 A:      まん中のあたりに 今度 穴 開いてるべ
09         (.)
10 B:      あの (.) [ワイ の 字        ]の ::[あ:        ]ワイの字の下
11 A:              [>Bさんのほう見えな↑い<]    [>こっちこの<]
```

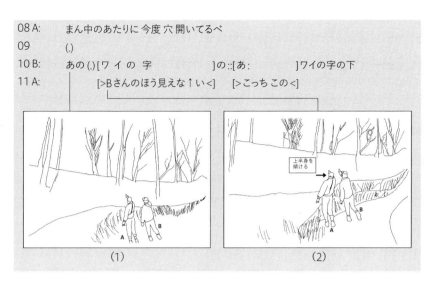

図3：AによるBの見えなさの理解

　枯れ木を基盤とし、説明は続く。06行目では、枯れ木のなかのある枝が指示され、上方へ視線が誘導される。特徴的なのは、「ず：っと上にあがってく」と言いながら、Aは手を少しずつ挙げていることだ。つまり、穴のある枯れ木の、どの枝をどのようにたどるべきか、下から上へと順に説明しているのである。重要なのは、この順を追った説明を、Bもまた、指差しながら追従していることである。そして08行目では、Aの説明は再び「穴」に到達する。

　08行目のAの説明は、巣穴がどの木にあるのかは共通に知られていることを前提に行なわれている。言い換えれば08行目のAの説明は、自身の04、06行目の説明によって、どの枯れ木を見ればよいのかBにはわかったことをふまえてなされている。2人にとっての次の問題は、その枯れ木のどこに巣穴があるのかを共有することである。

　それでもなお、09行目では見えたことは表明されず、マイクロポーズがおこる。続いて10行目でBは、「あの」と何かを言いかけるが、再びマイクロポーズが続く。そのままゆっくりと「ワイの字」と続ける。この「ワイの字」という表現は、Aが06、08行目で使ってきた表現ではない。ここでBは、自身の表現によってAの表現を言い換えようとしているのである。

10 B:	あの(.)[ワイ　の　字　　　　　]の::[あ:　　　　　]ワイの字の下	
11 A:	[>Bさんのほう見えな↑い<]　　[>こっちこの<]	
12 A:	んん	
13	(1.2)	
14 A:	穴開いてる↑べ木に	
15	(.)	
16 A:	見えま↑す	

図4：AはBの顔を見る

　10行目と重なって産出されたAの11行目の質問には、「Bにはまだ見えていない」というAの理解があらわれている（「>Bさんのほう見えな↑い<」）。この質問は、09、10行目における反応の遅延（あるいは不在）に対処する位置で起こっており、また、なぜ反応がないのか（つまりなぜ見えないのか）を実際に説明可能なものとしている。つまりAは、Bの「見えなさ」は見る角度が良くない故と説明しているのである（「Bさんのほう」）。またこのことは身体動作によっても実演されている。**図3(1)**から**図3(2)**へのようにAは、Bのほうへ上半身を傾け、Bのほうの角度からだと見えづらいという可能性を確認しようとしている。

　その後に、11行目の後半の発話でAは、「>こっちこの<」と見える角度へBを誘導しようとしはじめている。そのときBは、Aの発話と重ねながら「あ:」となんらかの認識を主張している。すぐにBは「ワイの字」を繰り返し、巣穴の位置を示そうとする（「の下」）。Bの表現である「ワイの字の下」は12行目でAに承認される（「んん」）。つまり、Bのこの表現は、Aの見る巣穴の説明として、可能な表現なのである。このBの「ワイの字」という表現はこの後のやり取りでも扱われる。2.2.にて詳細に述べる。

　さてこの12行目のAの承認に続いて、Bによる10行目の続きが期待できる。Bにはアカゲラの巣穴が見えたのだろうか。13行目では、1.2秒の沈黙が起こっている。この沈黙は、Bによる「見え」の主張が期待できる位置である。し

かしながらそれは起こらないのだ。

　それゆえAは14行目で、「穴」が開いていることを再度尋ねている。巣穴が見えたかBに「確認」を求めているのだ。15行目の一瞬の間の後、16行目では、この確認はさらに「追求」される（見えま↑す）。またこのとき、Aは、穴ではなく、Bのほうへ顔を向けながら言っている（**図4**）。Aによる「顔を向ける」という振る舞いはどう特徴づけられるか。2点述べておきたい。第1に、13、15行目において一貫してBの反応は不在といえる。それゆえ、まずは、反応を要求するために、質問の宛先であるBの方を向いていると記述できる。第2に、AはBの顔を見ることで、Bの表情の変化の有無や、視線は正しく巣の方向に向けられているかを確認できる。もちろんそれも、反応が不在の故だ。いずれにしても、この2点は両立しうる。それでは、このときBに巣穴は見えていたのだろうか。

2.2 まだ見えないB

　17行目でBは、Aの確認要求の追求に対し、何らかの確認を与えようとしている（「↑あ::: はいはい」）。その主張に続けて、指示語を用い（「あ↑の」）、何かを表現し始めている。しかし、「あ↑の」の後には、0.2秒の間が続いている（18行目）。「あ↑の」の後には発話が続くと予測でき、それゆえのこの間は、Bが何かを言おうとしている間として聞くことができる。事実、19行目ではBの発話が続く。

　「ワイの字」は10行目でBが使用した表現である。それが19行目で、「<おっ

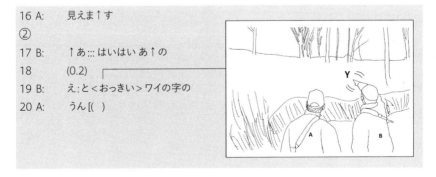

```
16 A:     見えま↑す
②
17 B:     ↑あ::: はいはい あ↑の
18        (0.2)
19 B:     え:と<おっきい>ワイの字の
20 A:     うん[(　　)
```

図5：「ワイの字」の使用

きい＞」が加えられ再び使用されている。さらには、アルファベットの「Y」をなぞるジェスチャーも伴っている(**図5**)。第1に、「＜おっきい＞」が引き伸ばされて発音され、ジェスチャーが伴うことで、続く発言、すなわち「ワイの字」が際立たせられている。第2に、自身によってすでに2度語られた表現が利用されている。これによりBは、10行目で一度行おうとした説明を強調しながらやりなおしているといえるだろう。

　さて、たびたびBが用いる「ワイの字」は、Aの使用した表現ではなく、Bが自身で選択し使用する表現である。なぜBはAとは異なる表現を選択したのか。相手が言及している対象に表現を与える場合、相手とは異なる表現を使用することで、対象にアクセスできていることが際立たせられる。むしろ、相手が言っていることをただ繰り返すだけでは、そもそも理解しているのかどうかが判断できない場合があるからだ。その場合、あえて異なる表現を使用し相手がそれを理解できることが、たがいの理解を確認しあう手段となる。それゆえBの表現の選択は、Bの理解表明の手段として記述できる。

　そしてこの表現の選択は、Aにも理解表明の手段としてみなされているようだ。Bが「＜おっきい＞ワイの字の」という表現を使用したところで、Aは「う

```
20 A:      うん[(  )
21 B:         [いちメートルぐらい下
22         (1.4)
23 A:   えええお
```

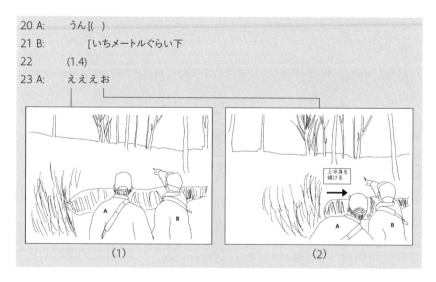

図6：穴の位置の特徴づけ

ん」と（再び）承認しているからだ（12、20行目）。つまり、「ワイの字」という表現を使って「穴」にたどり着こうとするBの見方は、たとえ表現がAとは異なっても適切であると、Aは認めているのである。Bの表現をAが理解できるという相互行為的過程を経ること、言い換えればBの見ているものをAが見ることで、ここまでのBの理解表明が承認されているといえる。相手が何を理解しているのかについて理解が、極めて相互行為的に作り上げられているのである。続くAの発言は音声不明瞭である。

21行目では、穴の場所がBによって特徴づけられている（「いちメートルぐらい下」）。さて、この特徴づけは正しいのだろうか。続く22行目において、この特徴づけに対するAによる評価が期待出来る。しかしながら21行目に続くのは、1.4秒という比較的長い沈黙であり、Aによる評価は遅延されている。

沈黙に続く23行目の反応からは、Bの特徴づけが不適切であることが示されてしまう。23行目でAは「え え え お」と「驚き」を表明している（図6(1)）。また、この発話と同時に、再びBのほうへ上半身を寄せ（図6(2)）、Bの立ち位置からの見え（なさ）を確認しようとしている。つまり途中までは順調に確認しあっていたにもかかわらず、Bの特徴づけからAは、いまだにBには見えていないと判断しているのである。続くやりとりを見てみよう。

2.3 Bによる「見ること」の達成

次の図7の丸印は、（まだBには見えていない）巣穴がある場所を示している。24行目でBは、特徴づけを再び開始しようとしている。指は一貫して巣穴のある木の方を指している。AはBの発話を遮り、25行目で、06行目の表現を繰り返し（「ず：っと上がってく」、穴の場所の順を追った説明をやり直している。06行目と同様、少しずつ指さしも上方へ移動する。

これに対しBは、前回と同様、Aの指差す方向を同じように指差しながら、しかしながら今度はAの表現（自分自身の表現ではなく）をそのまま繰り返しながら（「上がってきます」）、順を追って場所を特定しようとしている。つまり、Bは順を追ってAと一緒に穴にたどりつこうとしているのだ。

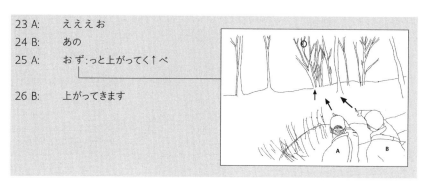

23 A:	えええお
24 B:	あの
25 A:	お ず:っと上がってく↑べ
26 B:	上がってきます

図7：順を追ってたどること

　続けて27行目でAは、指を上げながら、さらに視線を誘導する。Aの説明はまだ巣穴にまでは到達しておらず、したがってまだ説明は続きうる。28行目でBは、まず前半で、Aのここまでの説明を受け止め理解したことを示し、同時にその続きを促す（「はい はい はい」）。だがAの説明の続きを聞かず、28行目後半でBは突然、「あ::」と声を強め、なんらかの認識の主張を行っている。続けてBは、（再び）場所を指し示す（「あの上のほう」）。

　28行目のBによる2度目の認識の主張は、「正しく」主張されたとAに理解されたのだろうか。その後、29、30行目では、発話を重ねながらAは「あな あな あなあいてるべ」と述べる。Bも発話を重ねながら「あいてるあいてるあいてる」と繰り返す。Bの発話の「あいてる」は、もちろん穴が「あいてる」と聞くことができる。そしてAは「あな あな あな」と繰り返した後、同時発話しているBの「あいてる」を繰り返す。重要なのは、穴への言及があることだったのだ。穴に言及することが決定的に重要だったといえるのは、**図8**のように、穴の形を示すジェスチャーからもわかる。

　29、30行目の、発言を重ねながら繰り返す、というこのプラクティスについてさらに述べておきたい。とくにBは、今まさに穴があいていることを見たことを、連呼しながら強調している。つまり、このいわば感情の表出といえるような実践により、見ることが達成されたこの瞬間を強調しているのである。感情表出もまた、「活動の具体的な展開のなかで、一方で、見ることを組織するための道具立てとしてもちいることができる」（西阪 2001: 82）重要な相互行為的

27 A:	真ん中をずっと上がってく↑べ	
28 B:	はい はい はい あ:: あの上のほう	
29 A:	う[ん こんなま-あな あな あな あいてる　]べ	
30 B:	[あ: ほんとだ あいてるあ いてるあいてる]	
31 B:	あいてますね[あ↑]::	
32 A:	[うん]	
33 A:	あれ巣だ	
34 B:	↑へ……	
35	(2.2)	
36 A:	アカゲラの巣だね	
37 B:	今いるのかな	
38 A:	どうでしょう 見てみっか↑い	

図8：一斉に連呼すること

道具立てである。発言が重複しているにも関わらず、2人で一斉に穴に言及しそれを繰り返すこのやり取りは、参与者（とりわけB）の「興奮」あるいは「感動」を表しているといえるだろう。

　さてその後、Bは31行目で、穴が「あいてますね」と再度述べている。一斉に言及した後改めて、見えたものを主張しているのである。最後にAは「あれ巣だ」と述べる。もちろんこの「あれ」で指示されているのは、今まさにBが見ることのできた穴のことである。この発話は、すでに穴の位置が共有されたことを前提に、その穴こそがまさに自身が見せようとしてきた「巣」であることを伝えている。そしてBは、あらためて感嘆してみせる（34行目）。

　その後、37行目では、確認された巣に今アカゲラが生息しているのかが問われている。これに対し、38行目でAは、双眼鏡を取り出しながら、「どうでしょう 見てみっか↑い」と、アカゲラがいるかどうか確認することを提案している。

　10行目や17行目（「あ…」）で、Bに実際に見えていたかどうかはわからない。見えていたかもしれないし見えてなかったかもしれない。少なくとも、Bに見えていることがAにわかるためには穴への言及が必要だった。穴があいていることは、相互行為的帰結として確認され（29、30行目）、2人はさらなるやりとりへ進むことが可能になった。

2.4 小括

　以上のように、Bがアカゲラの巣穴を見ることが相互行為の中で達成された。Bは巣穴を見ることができ、Bに見えたことはAにもわかった。つまりBには、Aに見えたものが見えているのである。Bはそれを、別の参与者にも説明できるようになったといってよい。それはどのように説明されるのか。

　2.2で示したように、Aとは異なる表現の使用は、Bにも見えていることを示す方法のひとつである。少なくともAとBは、そのように理解していた。参与者は、説明を受け教えられたことを正しく理解できたのか、自身の振る舞いによって示すことができる（Goodwin 2004: 173）。それは別の他者に巣穴を説明する際の表現や振る舞いにおいても実演されるのである。

　次の断片2では、巣穴を見えるようになったBが、別の参与者Sに説明する際どのような表現を与えるのかに着目する（3.1）。また、Sがカメラのフレームをのぞきながら、どのように他者(A)と「見ること」を相互行為の中で達成するのか、その手続きを分析する（3.2）。

3. Sによる「見ること」の達成

　ここまでは、動画データに映るAとBのやりとりをみてきた。しかしながら、この山行活動全体に参加しているのはAとBだけではない。この場面に撮影者として同行していたカメラパーソンSもまた、AとBのやりとりに参加することになる。

　断片2で分析されるのは、映像内の人物が巣穴を見るための実践ではない。カメラを操作するSが「見る」ために、巣穴をカメラフレームに適切に収める過程を扱う。したがって、断片2の分析で示す図は、いわば「見ること」が達成される様子を直接示す図である。さらにその図は、Sが「見る」ために、フレームを覗く2人の参与者によってその場で活用された映像の静止画でもある。参与者たちは、カメラという道具を操作し、それを介しながら、フレームに巣穴が適切に収められる過程を一緒に確認するのだ。先取りしておくと、とくに

断片2

①

37	B:	今いるのかな
38	A:	どうでしょう 見てみっか↑い
39		(5.2)
40	B:	見えま 見えますか
41	S:	( )
42	B:	あの枯れた木の
43		(.)
44	B:	[ず:]っと上がってって
45	A:	[>まあ:まだ い↑ねえんじゃないかな<]
46	S:	はい
47	B:	まっすぐ上にあがってって
48		(0.2)
49	B:	ぷちっと先端が切れるところの70センチぐらい下に (.) 丸い穴が
50	S:	は:
51		(4.2)
52	A:	はっきり見えるよ
53		(.)
54	B:	へ::[:
55	A:	[きれ:いに穴あいてる

②

56		(6.2)
57	S:	これ映ってま↑す
58	A:	↑え
59	B:	あ:あるある きれ::い にあけ[てる
60	A:	[どうだろう
61	B:	[あ
62	S:	[これの ここ これですよ↑ね
63	A:	ず:っと もっとズームアップしないと見えないな
64		(2.0)
65	B:	あ 枝の別れるところにも穴あいてるんだ
66	A:	そうそう°そうそう°
67		(4.2)
68	S:	これですか
69		(0.8)
70	A:	あ そうそうそう その真ん中
71	B:	あししたのほう[にもある

72 A:	[これ そうそうそう これ
73 S:	[これ
74 S:	は::これか
75 A:	うん

3.2ではカメラの「ズームアップ」をどのように行うかが重要になる。Sが、AやBに対し彼らが見たあの巣穴を自身も見ていることを示すには、ことばを使って順を追って説明できるように、その巣穴へズームアップできなければならない。この点を3.2で記述する。

Sはこれまで、AとBの視界をカメラに収録しながらやり取りを記録してきた。林業家であるBでさえ見つけるのが困難だったアカゲラの巣は、Sには見えていたのだろうか。前節のいくつかの図でわかるように、SはAとBのやりとりは撮影していたが、アカゲラの巣まで見えていたとは言い切れない。断片1のやりとりの間、カメラは巣穴には照準していないのである。BもSには見えていないとみなしている。断片2におけるBの質問(40行目)は、Sには巣穴が見えていないことを前提になされているからだ。この質問によって、Sがアカゲラの巣を見るためのやり取りが開始する。

まず、断片2の全体の流れをみておこう。断片2は大きく2つに分割することができる。①では、40行目のBの質問をきっかけに、Sに巣穴の場所が説明される。途中からAが説明に参加し、Bは逆にやり取りから離脱する。

BとAからの説明を受けても、①では、Sが巣穴を「見ること」の相互行為的達成はなされない。Sに見えているかどうかが、AにもBにもわからないのである。②では、Sはいったんズームバックし、Aと一緒にフレームを覗き込み、適切に「ズームアップ」することによって巣穴を見ることができるようになる。以下では、断片2をさらに細かく、①と②ごとに述べる。

3.1 Bによる説明

Aが双眼鏡を取り出す間、Bは撮影者であるSに近づき、「見えま 見えますか」と質問している。Sは、会話していた2人の背後から2人に近づいており、

巣がある木をカメラのフレームに収めようとしていた。Sは、なんらかの応答をしているが、Bは、Sが見えていないと理解した。というのも続けて42行目から44行目まで、巣の位置の説明を始めるからだ（「あの枯れた木の（.）ず：っと上がってって」）[4]。46行目でSは44行目に応接し（「はい」）、47行目でBは説明を続ける（「まっすぐ上にあがってって」）。48行目の間隙ののち、49行目でBはさらに巣の位置を説明する。Bは42行目から一貫して、**図9**のように穴のある方向をペンで指している。

　44行目から49行目で、Bがどのような表現で説明しているかに着目しよう。まず、44、47行目の表現（「ず：っと上がって」そして「まっすぐ上にあがって」）は、下から上方へと視線を誘導するためにAが使用した表現をそのまま使用している

37 B:	今いるのかな
38 A:	どうでしょう 見てみっか↑い
39	(5.2)
40 B:	見えま 見えますか
41 S:	（　　　）
42 B:	あの枯れた木の
43	(.)
44 B:	[ず：　　　　　　　　　　　　　]っと上がってって
45 A:	[>まあ：まだい↑ねえんじゃないかな<]
46 S:	はい
47 B:	まっすぐ上にあがってって
48	(0.2)
49 B:	ぷちっと先端が切れるところの70センチぐらい下に(.)丸い穴が

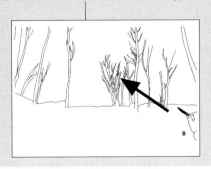

図9：Bによる説明

（04、06、25、27行目）。

　これに加え、49行目では、穴の場所が説明される（「ぷちっと先端が切れるところの70センチぐらい下に（.）丸い穴が」）。そもそも断片1で、穴の場所を説明するために、「上にあがって」に続けてＡが使用したのは、「まん中のあたり」という表現であった（08行目）。その後表現の応酬を経て、Ｂは巣穴を見ることができた。断片1に対し断片2では、すでにＢには巣穴が見えている。そのＢが49行目で使用しているのは、ＡもＢ自身もこれまで使用していない表現である。つまり、「まっすぐ上にあがって」というＡの説明の繰り返しに、「ぷちっと先端が切れるところの70センチぐらい下」という表現が追加されているのである。

　この表現が興味深いのは、第1に「上にあがって」という上方向への説明に対し、上端（先端が切れるところ）から下方向に向けた説明といういわば別の角度からの説明が追加されていることだ[5]。第2に「70センチ」という正確な数値が使用されていることだ。特に後者の「数値」からは、疑義を呈された21行目の表現が修正されていることが読み取れるだろう。「1メートルぐらい」も「70センチぐらい」も「ぐらい」という概数を示す表現が使われているが、しかしながら70センチという表現は、概数というには中途半端な数字である。この中途半端な、「キリの悪い」数字には、むしろ正確さへの志向が強く示されていると考えることができるだろう。つまりここでは、「別の角度」および「正確に修正された数値」が追加され説明されているのである。

　まとめれば、44、47、49行目におけるＢの説明で使われている表現は、Ａによる発言をもとに、Ｂが変容させた表現といえる。ＢはＡとのやりとりを経ることで、今やアカゲラの巣の位置を把握している。Ｂは、Ａの説明をさらに変容させ巣穴の位置をＳに説明しているのだ。Ｂの説明には、Ｂによる、巣穴を見るためのよりよい順路が反映され、実演されているのである。

　Goodwin（2013）は、参与者は相互行為の中で、他者の先立つ行為を解体・再利用・変容し、自身の行為を組み立てることができると述べている。他者の行為に対するこうした操作によって、相手との協働行為を達成したり、知識が積み重ねられていくことを示したりできるのである。ここでは、受けた説明の文言を変容することで、さらに正確な説明を与えることをＢは試みているといえ

49 B:	ぷちっと先端が切れるところの70センチぐらい下に (.) 丸い穴が	
50 S:	は:	
51	(4.2)	
52 A:	はっきり見えるよ	
53	(.)	
54 B:	へ::[:	
55 A:	[きれ:いに穴あいてる	

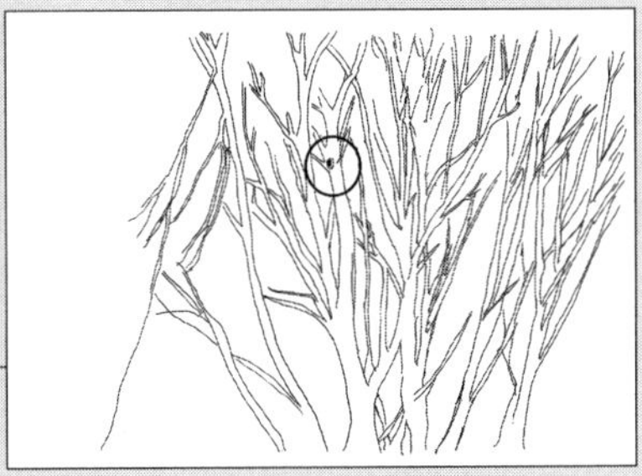

図10：まだ見えないS

るのではないか。

　このBの説明に対し、50行目でSは、「は:」と応答している。この応答は何を示しているだろうか。少なくとも、見えたことを積極的に主張する応答ではないといえるだろう。またこの応答のあとに、4秒以上の沈黙が続いている。Bが断片1の30行目でおこなったような、穴への言及や、見えたことの主張は産出されない。この「応答の不在」は、実際に、Aによっても、公的な不在として観察されている。というのも、52行目および55行目で、反応のない（すなわちおそらく見えていない）Sに向けて、見るべき「穴」の存在を強調し見ることを促しているからである。しかしながら、それでも穴が見えたというSからの主張はない。

　実はこのとき、つまり51行目から55行目にかけて、カメラの映像に巣穴は映っていた。**図10**には、55行目発話時点でのカメラの映像があるが、中心にははっきりと巣穴が写っているのである。フレームに映っているのに見えたことが主張されない。それが意味するのは、Sは、自身がフレームに映しているものが、AやBの見たあの巣穴なのかわかっていないということである。そしてそれゆえに、Sに巣穴が見えているのか見えていないのかAにもわからない。つまり、Sが「見ること」は、相互行為的には未だ達成されていないのである。次の3.2で分析するように、Sの見えていなさは、それに続く発言によって明確化する。これに対しSは、フレームを一旦ズームバックし、Aの前でズームアップすることで、Aとともに巣穴を見ることができる。以下、「見る」ことを相互行為的に達成する過程を述べる。

3.2 Sによる「見ること」の達成

　56行目の長い沈黙の後、57行目でSはAに向けて質問している。正確には、カメラに穴が写っているのか確認を求めている。この振る舞いからもやはりSには見えていないといえる。フレームに映すだけでは巣穴を見たことにはならない。では、Sは巣穴をどのように見ることができるのだろうか。以下の分析で重要なのは、カメラという道具がどのように相互行為の中で使用されるかである。ズームアップとズームバックという操作をしながら、SとAがフレームの巣穴を一緒に確認し合う手続きを経て、Sは巣穴を見ることができるのだ。順を追った説明の場合のように、ズームバックしたフレームから巣穴へズームアップする過程を一緒に確認することで、見ることが相互行為的に達成される。

　ちなみに、SとAがやり取りをする間のBの発話は、双眼鏡を覗き込みながら独り言のようになされている（59、61、71行目）。独り言のようにというのは、応答を要求せずに見えた巣穴の感想を述べているということである。実際、SやAはBに応答しておらず、2人でやり取りをしている。

　さて、57行目の質問をしながら、撮影者であるSはカメラを一旦ズームバックさせた。それにつれてフレームは広がってしまった。これにより、フレームに映る巣穴は肉眼では判別できないほど小さくなってしまう（**図11**）。57行目の質問に対し、60行目でAは、「どうだろう」と言いながらSに近づいている[6]。60行目でAが「どうだろう」と発話している時点ではすでにカメラは相当にズームバックしている。62行目では、近づいてきたAに対しSは、「これの　これですよ↑ね」と、Aに映像のなかに穴があるかどうか確認を求めている。もちろん、フレームに映ってはいるのである。**図11**において、丸で囲まれた位置に巣はある。しかしながらこの確認要求に対し、63行目でAは、映像では「見え」ているかどうかわからないと、確認を与えずにいる。巣穴は、Aがいうように、「ズームアップ」しない限り「見えない」（63行目）。Sに見えているのかAにはわからないのである。

　ところで、Sは、Aに見せる前にどうして57行目でズームバックしたのだろうか。もちろん、拡張されたフレームのどこかに映っていることをSは理解してい

```
56        (6.2)
57 S:     これ映ってま↑す
58 A:      ↑え
59 B:     あ:あるある きれ::い にあけ[てる
60 A:                      [どうだろう
61 B:     [あ
62 S:     [これの ここれですよ↑ね
63 A:     ず:っと もっと ズームアップしないと見えないな
64        (2.0)
```

図11：Aに対する確認要求

るだろうが、同時に、それでは巣穴を見たことにならないのも当然理解しているだろう（直前のやり取りで、林業家であるBすら「見る」のに苦戦した巣穴なのだから）。

　Jayyusiは、映画を見るとはいかなる実践なのかを分析した論文の中で、「クローズアップ（あるいはズームアップ）」に言及している。特殊な状況下でない限り、我々の日常生活において、コンテクストから独立した「ズームアップ」をいきなり見ることはない。Jayyusiによれば、日常生活では、ある対象に注目するとき、その焦点の周辺や対象が存在する環境もまた視覚の中にある。つまり、「「部分」は常に「全体」の一部であり、一方は他方を構成する」のだ（Jayyusi 1988: 281）[7]。まして本データのような状況で対象（巣穴）を見るとき、対象とその周囲の環境との関係は決定的に重要だろう。いきなりズームアップしたものを示されてもそれが当の巣穴なのかはわからない。環境内のどこに位置するのかをも含めて見るべきなのである。

　それゆえ、Sの行った「ズームバック」は次のように説明可能だ。つまりSは、自身の穴の見えていなさをAに対し実演するのと同時に、ズームアップされた

映像だけ呈示すべきではないと判断しているのではないだろうか。断片1の分析で述べたように（そしてそれをSも聞いていたとおり）、そもそもこの巣穴を見ることの達成は、そこにたどり着く見方を、周囲の環境をふまえながら筋道を立てて説明されること、すなわち順を追った説明を要するようなものである。

　フレームに映っているのがAやBの見た巣穴なのかはSにはわからない。見ている木そのものが異なる可能性すらある。また、ズームアップできた巣穴（らしきもの）を見せられても、その穴がさきほどAとBが見た「あの」巣穴であるのか、Aにわかるとは限らない。だからこそ、Sはここで、Bが順を追った説明を受けて到達したように、巣穴のしかるべき位置にズームアップが到達するまで、共にフレームを見ることをAに求めているのではないだろうか。このズームバックされ拡大されたフレームは、これからなされるズームアップの出発点としてAに呈示されているのではないか。Aはその要求を理解し、応じている。というのも、以降、SがカメラをズームアップするプロセスにAは参加し、一緒にカメラフレームを覗くからである。SはAと協働で見ることを達成するのである。

　64行目から66行目の間、カメラは少しずつズームアップしている（その間、65行目と66行目の間、AはBの発話に対し、応答している）。ズームアップしたことにより、67行目の沈黙の間（**図12(1)**）、巣穴はカメラのフレームの下方にずれてしまった。その後、カメラは下方にずらされる（**図12(2)**）。それにより、巣穴はフレームの中央に移動している。

　68行目の質問で、SはAに確認を求めているといえよう。**図12(2)**からわかるように、カメラがフレームの中央に巣穴をとらえたとき、「これ」と発している。画面の中央に対象を捉えるタイミングと「これ」と言うタイミングが一致させられているのだ。この「これ」は、カメラに映っている巣穴を指示している。このタイミングの一致により、共にフレームを覗くAには、「これですか?」で何に対する確認が求められているのか理解できる。

　このSの「確認要求」に対し、若干の間が空いた後[8]、70行目で「あ そうそう そう その真ん中」と、Aは確認を与えている。つまり、カメラはとうとう巣穴を捉えたのである。その後、Bの発言中、Sは、フレームの中央に位置させたその

64		(2.0)
65	B:	あ 枝の別れるところにも穴あいてるんだ
66	A:	そうそう°そうそう°
67		(4.2)
68	S:	これですか

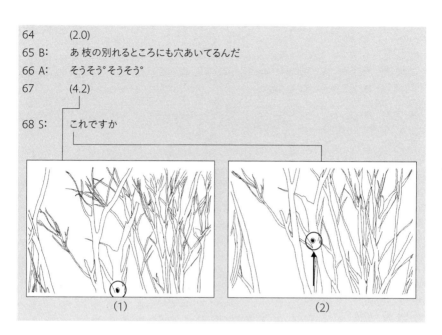

(1)　　　　　　　　(2)

図12：ズームアップを伴う確認要求

状態を維持したまま、さらにズームアップしている。Bの発言はSやAとのやり取りではなく、いまだに独り言を述べているのでここではこれ以上扱わない。ただ、図を示す上で便宜上トランスクリプト化している。71行目でBが「あした」といっている際の図は、少しずつ巣穴にズームアップしていくその途上である（**図13**(1)）。

　図13(2)のように、十分ズームアップされ、巣穴をはっきりととらえたそのとき、72、73行目で、AとSは同時に「これ」と言う。「これ」が何を指すのか、SとAははっきりと理解し、同時に産出するということがその理解の正しさを際立たせている。「これ」はまさに今フレームに映されたアカゲラの巣穴を指している。Sがズーム機能を調節し、捉えた巣穴に十分ズームアップしたと判断できるまさにそのタイミングにおいて、「これ」という指示語が2人の参与者により同時に産出されているのだ。画像、指示語の発言、そしてズームアップが、相互に反映しあい、Sによる巣穴を「見ること」が相互行為の中で精緻に達成されたといえるだろう。今、SとAは同時に、そして一緒に巣穴を見ている。AはSが

```
68 S:    これですか
69       (0.8)
70 A:    あ そうそうそう その真ん中
71 B:    あ ししたのほう[にもある
72 A:            [これ]そうそうそう これ
73 S:            [これ]
74 S:    は::これか
75 A:    うん
```

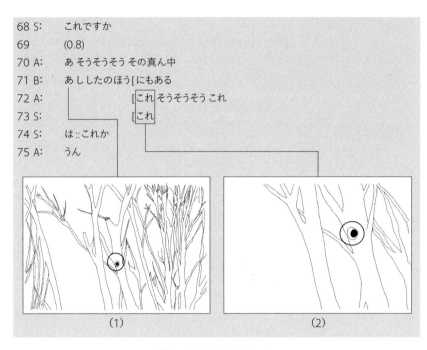

図13：同時に「これ」と言うこと

正しく巣穴を見ていることを理解しており、SはAが見せようとしていたものをはっきりとカメラで捉えていることがわかっているのである。72行目の続く発話でAは、その理解表明に対し強く承認を与えている(「そうそうそう これ」)。

　74行目のSの発話は特定の宛先がない発話である。もはやSは見えたのである。この発話はむしろ、巣穴を捉え、達成した見えに対し、(Bが先ほどからやっているように)独り言を言うように感想を述べているといえよう。それでもAは75行目で承認してくれているのである。

4. 結語

　本稿では、会話分析の手法を用いて、「見ること」がどのように相互行為の中で達成されるのかを明らかにした。見ることは、まずはSharrockやCorlterのいうように、概念に拘束されているといえる。第2節ではそのことを明らかにし

た。相互行為の中で、他者に対し、対象について発話や振る舞いによって表現することができること、断片1になぞらえていうならば巣の「穴」に言及することが、重要だった。また、相手が使用した表現をくりかえすのではなく、独自の表現で説明することが、「見ること」を相互行為の中で達成する際になされる実践でもあった。さらには、穴が「あいている」ことを感情表出を伴いながら連呼し、感嘆してみせることで、見えたことは強調され、見えたことが相手に伝えられるのである。

　それだけではない。本稿では、見えたものをさらに他者に伝えるための実践も扱った。第3節で参与者は、他者の発話や行為を変容し、表現を追加することで、対象について所有する概念あるいは知識を、また別の他者に表明し、見えるようにしようと試みた。この点でも、見ることは相互行為の中で達成されるといえるだろう。また第3節では、カメラという道具を介したやり取りも扱った。カメラのフレームとは、参与者らが見えているかどうかを一緒に確認できる、特殊な道具であり、さらにはクローズアップ／バックすることで視野が操作可能な道具でもある。カメラフレームを介したこのやり取りは、見ることの相互行為的側面を先鋭化して我々に提示してくれたといえるだろう。フレームの中央に対象（巣穴）が捉えられたまさにその瞬間、2人の参与者によって対象は声を合わせて「これ」と指示された。映像と発話、そして複数の参与者が、相互に反映し、相手の見たものを見るという実践がまさに協働で達成されたのである。

注

1————本稿の理論的関心の詳細については、須永（2018）も参照されたい。

2————実演は、しばしば会話分析研究で使用されるdemonstrateの訳語である。demonstrateは一般的に実証と訳される。しかし、「実証」は、「理論的な内容を経験的に実証する」という用法を含意しうる。会話分析では、分析者自身の理論を実証することは目指されない。むしろ、あくまでも参与者が実際にやっている（＝demonstrate）ことを記述し分析する事を目指す。この点を強調するため実演という語を選んだ。

3————準備作業そのもののなかでは、子どもが歩くことを想定してコースについて語り、さまざまな心配事に気づいていくという活動が中心的である。この活動は、歩きながら視界にあるさまざまものに気づき、それを2人で共有するという手続きにおいて構成される。このテーマは別稿にて改めて論じる。本稿では、その

テーマとは別に、非常にローカルだが魅力的な一つのケースを扱う。

4ーーーーこの発言とオーバーラップしながら、Aは、現在巣には現在は「アカゲラ」がいないことを推測している。

5ーーーー図13(1)の図の巣穴の左上に、先端が切れた幹の様子が確認できる。

6ーーーーAはカメラからフレームアウトしているが、カメラを持つSに近づいている。というのも、Aの身体に着けているマイクからは、どうだろうという発話と同時にAの足音が聞こえているからである。Aの足音と考えられるのは次の理由による。まず、Bのほうからは聞こえず、Sが移動しているのであればカメラそのものが動くので映像が足音に合わせて動くはずだからである。したがって動いているのはAである。

7ーーーーJayyusiはこの論考でさらに、映画のなかで、クローズアップとロングショットがどのように並べられるかによって、「部分」が「全体」を見る者がどのように利用するのかを分析している。

8ーーーーこの間は、ズームアップしているために、そしてその上にSがカメラのフレームをAに見せようとしているためにブレていて、視認が困難というのがあると思われる。

謝辞

本研究は科研費（20K13681、17K04092、20K02131）の助成を受けた。また、資料の収集および整理等の作業に従事して頂いた松本麻里氏に、記して感謝を述べたい。

参考文献

Goodwin, Charles. (2004) Practices of Seeing Visual Analysis: an Ethnomethodological Approach. In Theo Van Leeuwen & Carey Jewitt (ed.) *The handbook of visual analysis*, pp.158−182. Thousand Oaks: SAGE Publications Inc.

Goodwin, Charles. (2013) The co-operative, transformative organization of human action and knowledge. *Journal of Pragmatics*, 46(1), pp.8−23.

Jayyusi, Lena. (1988) Toward a socio-logic of the film text. *Semiotica*, 68-3/4, pp.271−296.

西阪仰(1997)『相互行為分析という視点』金子書房

西阪仰(2001)『心と行為──エスノメソドロジーの視点』岩波書店

Ryle, Gilbert. (1949) *The Concept of Mind*. London: Hutchinson.（坂本百大・井上治子・服部裕幸訳(1997)『心の概念』みすず書房）

Sharrock, Wes and Jeff Coulter. (1998) On What We Can See. *Theory & Psychology*, 8(2), pp.147−164.

須永将史(2018)「見ることについての論争──ウェス・シャロックとジェフ・クルターのJ. J. ギブソン批判について」『応用社会学研究』(60)pp.55−68.

05

日常会話を伴う理容活動に状況づけられた「見る」

鏡を介した「見る／見せる」の分析

名塩征史

要旨

　本稿では、理容室で実際に行われた理容活動を観察し、理容室における環境的特徴で特に注目すべき存在といえる「鏡」との関連から、理容師と客の「見る」振る舞いに焦点を当てた事例分析を行う。ここで言う理容活動とは、散髪、剃毛、洗髪、整髪といった身体的動作を基調とする一連の行為群を指すが、本稿が分析の対象とする理容活動は言語発話を基調とする日常会話と同時並行する形で進められている。こうしたマルチアクティビティ状況の中で、理容師と客は鏡越しに何を見て／見せて、それが理容活動と日常会話の同時並行をどのように組織化し、両者の協調を成立させるのか。理容室という特定的な環境とその中で繰り出される行為との結びつきの一端を明らかにし、他の相互行為においても重要な役割を果たす「見る」振る舞いを捉え直すことで新たな知見を模索する。またこうした分析を通して、特別な制限が課されていない普段の何気ない会話においても同様に「見る」振る舞いを支える前提となる認知的側面について考察する。

1. はじめに

　本稿では、理容室で実際に行われた理容活動の中の「見る」振る舞いに焦点を当てた事例分析を通して、理容活動に特定的な環境と行為の結びつきの一端を明らかにし、他の相互行為においても重要な役割を果たす「見る」振る舞いを理容活動に特有の環境・状況のもとで捉え直すことで新たな知見を模索する。

　理容活動を取り巻く理容室の環境は、理容室を頻繁に利用する者にとってはもちろん、実際には利用したことのない者であっても、「髪を切る」というのがどのような行為であるかを想像できれば、さして特別な環境には見えないはずだ。客は専用のシートに座り、理容師は客の背後で作業する。シートの正面には大きな鏡。誰もが当たり前だと感じられるヒトとモノの配置がそこにはある。理容活動を支える環境の全体は、その意味ではもはや「ブラックボックス化」(ラトゥール 2007) しているようにも思える[1]。もしこの表現が大袈裟なものに感じるなら、例えばシート正面の鏡が、実際には誰が何を見るために設置されているのかを考えてみてほしい。理容師はいつ何を見るために、どのように鏡を利用しているのか。どのぐらい鏡を見ているのか。客のほうはどうか。そもそも、髪を切るのに鏡は本当に必要なのか。あまりにも手際よく進められる理容師の仕事の中で、それを支える多種多様なモノたち(環境)が正常に機能していればいるほど、そのヒトとモノとの行為システムはブラックボックス化し、我々の目から隠されてしまう(村田 2013)。「人間は人間として存在する(すなわち、行為する)ための権限と能力を人間に与える事物と関わることなしに、人間は人間として存在するなどということはできない」(ラトゥール 2007: 247)。本稿の議論は、理容室における理容活動というヒトとモノとの関わりが特に不可欠であると思われる行為群をつぶさに観察・分析することにより、ブラックボックス化した活動システムの一端を明らかにする試みである。

　以降、本稿では、理容室における環境的特徴で特に注目すべき存在と言える「鏡」との関連から、理容活動を構成する複数の行為のうち、特に「見る」振る舞いに焦点を当て、分析と考察を行う。より具体的には、1) 理容師と客は、鏡を利

用しつつ互いに何を見て／見せているのか、2)その「見る」振る舞い自体が他者から観察可能であるという事実が現行の理容活動（および、それに伴う会話）の組織化にどのように関わっているか、3)そうした「見る」振る舞いの実践にはどのような認知的基盤が前提として必要か、といった３点について考察する。

2. 日常会話を伴う理容活動

　まずは、本稿で分析の対象となる理容活動について、筆者が独自に収集したビデオデータの観察をもとに、その特徴を説明する。ただし、この特徴が必ずしも他の全ての理容活動に当てはまるわけではないことにも留意願いたい。

　本稿で取り上げるデータは、国内の某理容室で実際に行われた理容師と客とのやりとりをビデオカメラで収録したものである。店内には調髪を行う専用シートが２台設置されており、各シートの正面にはシート周辺の様子を映し出す（ただし、隣のシートは映らない）大きな鏡がある。本データは、その鏡のすぐ横にビデオカメラを設置し、シートに座る客をほぼ正面から捉えるように撮影されたものである（図1）。収録した活動に参与／関与するのは、主に20年以上のキャリアを持つ熟練した理容師と、被理容者としてシートに座る客である。また、特に混雑時には頻繁に顔を出す女性スタッフ１名がときどき理容師の補助を行うケースもあった。

　本稿では、理容室において理容師が客に施す散髪、剃毛（顔そり）、洗髪、染髪、整髪等、一連のサービス行為を「理容活動」と呼ぶ。理容活動は、ハサミや櫛、カミソリ、ドライヤーなどの道具を巧みに操りながら行われる身体行為とそれ

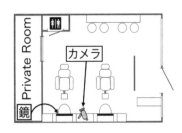

図1：理容室の間取り

に関連する発話、またはそうした行為が合目的的に組織された一連の行為群である。理容活動は一見理容師による一方的な活動のように思われがちだが、実際には、被理容者である客からの適切な反応なくしては成立しない局面を少なからず含む。例えば、散髪の際に理容師は切りやすい角度を探りながら客の周囲を移動するが、それだけでなく、客も理容師の動きに合わせて自己の頭部位置をわずかに調節している。また理容活動の開始時には、客がどのような仕上がりを求めているかに関する交渉が決まって行われる。つまり理容活動は、理容師（ヒト）が頭髪（モノ）に対して支配的な立場にあって理容師の主体性に完結する側面と、理容師（ヒト）と客（ヒト）とが相互主体的に参与する側面とを併せもつ一連の行為であると言えるだろう。

　理容活動の場である理容室は、理容活動をスムーズに行うことができるように設計された環境的特徴を備えている。その最たるものが、客が座るシートとその正面に設置された大きな鏡である。理容活動の最中、客はシートに座った（寝た）状態から極力動かないことが期待されている。首にはタオルやケープが巻かれ、顔そりの段階ともなれば、シートの背もたれが倒され、仰向けになった状態となり、多くの客はその段階で目を閉じる。口の上に蒸しタオルが被せられると、もはや発話もままならない。このように、理容活動中は客の身体動作に多くの制限が課せられ、物理的に視野が遮断されたり、発話が制限されたりする。

　以下、本稿の分析対象として取り上げる４つの断片は、いずれも理容師Sが客Aに対して行なった約40分におよぶ理容活動から抜粋したものである。Aは大学生で、小学生の頃から野球を続けており、大学では軟式野球のサークルに所属していた。Sも野球経験者であり、地元の少年野球チームを指導した経験もある。そのため、理容活動中はたびたび野球の話題で会話が行われている。

　筆者の経験からも、また本稿で取り上げる理容活動データの中でも実際に観察されるように、理容活動の最中には理容師と客の間で世間話が交わされることがある。この世間話は、同時に進行している理容活動とは異なる目的と方向性をもった日常会話である。常連客の中には、理容師と私的に付き合いのある者もいる。理容師と同じ趣味を持っている、互いの子供が同じ学校に通ってい

断片（1）：2種類の発話

```
01  S: なかなか難しいよね：
02  A: あ：、僕も、その時は何も考えずに、
03     ［やってたんですけど，
04  S: ［@@

05     ん：、染めなくても、大丈夫そうだね、今
06     日はね、［まだね
07  A:        ［そうっすね
08  S: うん

09     (6.0)
10  A: 今になって、あの練習はこういう意味だっ
11     ［たん、だな：、
12  S: ［あ：、ね：
```

断片（2）：会話志向のジェスチャー

```
01  A: いや::久々に硬式球打つかってh
02  S: @@@@(7.0)
03     けど、ほんとなんであんなに軟式ボールっ
        S→
04     てこんなにね、
05  A: ［あ:::、そうなんですよね::
06  S: ［薄くなるだけ、潰れんのかな:って思う
        ──→ /s
07     くらい(1.0)
08  A: いや、硬式サークルがあればよかったの
09     にって思うんすよね：
10  S: @@@@
```

図2：断片（2）03-06行目［s］

るなど、理容師と客の関係とは別の関係性を持つ者も多い。そうしたいわゆる友人・知人関係にある2人が居合わせれば自然と会話も生まれるだろう。先日の休みに何をしたか、共通の趣味について最近何か面白いことがあったか、ついさっき店に来る前に何をしたかなど、会話のタネなどいくらでもある。しかし、そのほとんどが現行の理容活動には直接関連しない。つまり、理容室で観察される活動は、髪を切る者と切られる者で構成される身体動作を基調とした

理容活動と、話し手と聞き手で構成される言語発話を基調とした日常会話が同時並行する「マルチアクティビティ」(Haddington et al. 2014)であると言える。

「基調」という表現には、必ずしも各行為が身体動作または言語発話のどちらか一方によってのみ構成されているわけではないという含意がある(名塩2017)。断片(1)を見てもわかる通り、理容活動中に行われる発話は多くの場合、会話に志向した情報の提示だが(01－04行目、10－12行目)、理容活動の進行に当たって必要となる確認・交渉事項があるときには、現行の理容活動に直接関連する発話が行われることもある(05－08行目)。逆に断片(2)のように、多くの場合、理容活動に資する「切る」「梳かす」「洗う」「剃る」などの行為に従事している理容師の身体が、会話に志向する発話と協調するジェスチャーを繰り出すこともある(s: 03－06行目、**図2**)。したがって全体に占める割合には差があるものの、理容室における理容活動と会話は、どちらも言葉と身体の協調によるマルチモーダルな(「視覚」「聴覚」「触覚」など複数のコミュニケーション様式を併用する)側面を備えていると言わなければならない。

本稿の焦点となる「見る」振る舞いも身体動作の一種であり、理容室においては他の身体動作と同様に理容活動と会話のどちらの組織化にも寄与しうるものである。また会話においても他の身体的行為においても、「見る」振る舞いは、各行為の性質によって若干の異なりはあるものの、その基礎的な部分を支える重要な役割を果たすものとして、これまでにも多くの分析と議論がなされてきた。次節では、そうした先行研究による知見を踏まえつつ、理容活動を巡る「見る」振る舞いについて詳述する。

3. 理容室における「見る」

本稿での「見る」は、J. Gibsonによる生態心理学の中心的な概念とも言える視覚(visual perception)に相当する情報の探索過程として捉えられるものである(Gibson 1979/1986)。知覚(perception)は、主体の能動的な行為を調整するために利用可能な情報を周囲の環境からピックアップする手続きであり、我々は自己の行為が起こす変化によって周囲の環境から必要な情報を探索し、その情報

を利用することで次なる行為を調整する(Gibson 1979/1986、三嶋 2000)。この知覚と行為は不可分な関係にあり、知覚可能な情報を我々にアフォードする環境もまた、この知覚－行為サイクルとは不可分で相互特定的な関係にある。つまり、我々の行為は、知覚を介して周囲の環境からの支えが得られなければとうてい実践できるものではなく、逆に環境もまたたんなる物理的世界としてではなく、我々(の行為)との不可欠な連関を内包している(村田 2013)。本稿が分析の対象とする理容活動もまた、その実践に特化してデザインされた環境、すなわち理容室によって支えられている(名塩 2017)。

　理容活動において、理容師の「見る」は、現行の理容活動(切る、梳かす、洗う‥‥)の調整に必要な情報を、刻一刻と変化する対象(客の頭髪)を中心に探索し抽出するために用いられていると考えられる。したがって、理容活動中の理容師の視線は、主に自己の手元に向けられており、その他の視線の宛先も、理容師が道具を取るために手を伸ばす先に向けられたり、全体の仕上がりを確認するために正面の鏡に向けられたりと、理容活動の進行に関連して管理されていることが多い(4.2で後述)。一方、客は、先に述べた通り、理容活動中の身体動作に制限があり、頭部位置の調整に自由がない。そのため、客の視線は正面の鏡に向けられているか、そうでない場合には、鏡の上下左右にわずかに視線を逸らしていることが多い。

　正面の鏡は、理容室においては重要な環境的特徴と言えるだろう。特に客にとっては、この鏡に映る光景が理容活動中の視野(見え)の大半を占めている。客が身を置く理容室という環境は、理容活動の実践に最適な環境であり、その環境の中に内包される主体として有意な存在であるためには、その環境が支える行為、すなわち理容活動に有意な主体でなければならない。しかし、もし正面の鏡がなければ、客は自分の髪を切る理容師の姿も、刻一刻と変化する自分の頭髪も見ることはできない。この状況は、その環境が支える行為から(知覚－行為の主体としては)半ば切り離された状態になると言っても過言ではない。その場合、客は「切られる対象」としての存在意義だけが際立ち、理容活動に係る主体性の多くを失うことになる。正面の鏡は、客もまた現行の理容活動を見ることを可能にし、客の理容活動への参与を多様にする「共有された見え(a shared visual field)」(Nishizaka 2000) を提供する。そうした鏡が、理容師と客が適切な相互志向を実現できるような位置に配置されることによって理容活動は相互行為的・相互主体的になり (cf. Goodwin 1994、Nishizaka 2000: 2017)、より複雑な三項関係(自己－モノ－他者)システム (Reed 1996) となる。

　もちろん、理容活動に伴う会話の組織化にも「見る」振る舞いは重要な役割を果たすものと考えられるが、会話の組織化の中心的なシステムとも言える「話者交替システム(turn-taking system)」(Sacks et al. 1974) と視線との関連については、本稿の議論における位置付けを明らかにしておかなければならない。なぜなら、理容活動に伴う会話は、基本的には二者間対話だからである。近年の会話研究において話者交替システムが議論の中心となるのは、3名以上の参与者を抱える多人数会話の分析においてである。多人数会話の場合、話し手1人に対して常に2人以上の聞き手が存在することになり、現話者の発話終了後に次話者となりうる候補も複数存在することになる。Sacks et al.(1974) では、このとき重要な手続きとなるのが、現話者が次話者を選択するアドレス手段(addressing) であり、その手段の一つとして次話者に視線を向けること(gaze direction)が挙げられている。また、この時の聞き手(次話者)の視線に関する知見も興味深い。現話者から次話者として見られている聞き手が次話者になることを受け入れたときに、その聞き手がそれまで現話者に向けていた視線を、次話者として話し始める直前に現話者から逸らすことや(Kendon 1967)、次話者となる聞き手が、現話者に続き他の聞き手にも視線を向けて、その聞き手が次話者とならないことを確認した上で話し始める傾向にあることなども指摘されている(榎本・伝2011)。いずれにしても、多人数会話においては特に、次に誰が話し始めるかを参与者たちが互いの様子を見ながらインタラクティブに絞り込んでいく過程が認められるわけである。

　ところが、二者間会話の場合には、発話順番の配分に偏りがなく、「隣接ペア(adjacency pair)」(Schegloff and Sacks 1973) の場合には、現話者が発話する第一成分に対する第二成分(例えば、質問に対する返答)を発話する次話者が一意に決まる(菊地 2011)。先行する発話が隣接ペアの第一成分ではなかった場合には、聞き手はその発話がいつ終わるのか、いつ自分が話し始めるかを適宜判断する必

要があるが、誰が話し始めるかの選択は自己の判断に委ねられるため、他者への視線配布の必要性は多人数会話に比して格段に低いと言える。したがって、基本的には二者間対話となる理容活動中の会話では、話者交替に「見る」振る舞いを要することは、そう多くはないと考えられる。

　ただし、次の点には留意しなければならい。まず、会話が視線を必要とするのは、話者交替に資する場合に限らない。より単純に直示的な表現に伴う指差しや、断片（2）で観察されるようなジェスチャーを見ることも会話志向の「見る」振る舞いである。これについては、理容活動志向の視線配布との協調関係を探る必要があるだろう。また、相互行為分析において、参与者の数が増えることで当該の相互行為を巡る様々な出来事が複雑化し、それに応じて異なる分析理論や手法が必要になることはよく知られているが（坊農・高梨 2009）、それと同様に、異なる二つの（相互）行為が同時並行することでもやはりその様相は複雑化し、それに適した分析理論と手法が必要となる。本稿が分析対象とする活動は後者の意味で複雑なマルチアクティビティであり、その複雑さに埋め込まれた「見る」振る舞いの分析もまた有意義な試みであることを確認しておきたい。

　本稿における議論には、潜在的な問題があることも否めない。客や理容師が正面の鏡を見ている場合に、具体的に鏡の中の何を見ているのかを明らかにすることは、本データからは難しい。本来であれば、鏡面を対面から撮影するビデオカメラを設置するべきであったが、諸般の事情によりそれは実現できなかった。そこで、本稿では各参与者が「今どこ／何を見ているか」を「今何をしているか」との関連から見極め、議論を進めていくことにしたい。

4. 事例の分析

4.1 理容活動中に起こる会話志向の共同注意

　まずは、鏡を介した「見る／見せる」振る舞いを利用する典型的な例として、鏡越しに共同注意が成立する様相を確認する。断片（2）は、Aの頭髪上部の散

断片（2）：会話志向のジェスチャー（再掲）

```
01  A: いや::久々に硬式球打つかってh
02  S: @@@@(7.0)
03     けど、ほんとなんであんなに軟式ボールっ
        s ——▶
04     てこんなにね、
05  A: [あ::::、そうなんですよね::
06  S: [薄くなるだけ、潰れんのかな:って思う
        ——▶ /s
07     くらい(1.0)
08  A: いや、硬式サークルがあればよかったの
09     にって思うんですよね:
10  S: @@@@
```

図2：断片（2）03-06行目[s]

髪が進められる中、Aが最近の軟式野球の試合で打撃の調子が悪いことについて、その原因が、打った球が潰れてしまうこと、さらにはそれ以前に帰省先のバッティングセンターで硬式球を打ってしまったことにあるのではないかと、SA間で話している場面である。

　断片（2）の02行目における7秒間の沈黙では、散髪を行うSの様子をAが鏡越しに見つめている。その後Sは一旦髪を切る手を止めて、左手に持っていた櫛を右手に持ち直し、Aの頭髪を軽く梳かしながら、足でペダルを踏んでシートを少し下げる。この動作と同時に03行目から発話を開始したSは左手で「潰れた軟式球」の形を示し（s: **図2**）、自らもその左手を見る（－06行目）。このSの左手とそれを見つめるSの姿は、直前から鏡（large mirror: LM）を見続けているAにも当然観察可能なものであり、Sによる04行目の発話「こんなに」が指し示す対象として認識され、当該の発話がAにとっても理解可能になるように情報を補完する役割を果たしている。こうしたSA間の共同注意、すなわち、ある対象に両者が注意を向け、それを互いに確認することは、相互行為の組織化には欠かせない手続きである（cf. Nishizaka 2000）。その意味でAが鏡を介してSの左手を見る（または、「左手を見るS」を見る）ことは、ここでの会話の組織化に貢献する振る舞いであると言える。

　こうした理容活動中の共同注意が通常の会話と同様に成立するのには、

シート正面に配置された大きな鏡の存在が欠かせない。理容活動中の理容師と客はこの鏡を介してお互いを見る。ただし、客が鏡の中に見る理容師は、通常は理容活動を行なっている。その光景は、それまでに何度か理容室を利用したことがある客にとっては、特に珍しいものではなく、鏡越しに見る理容師は逐一反応を返す必要のある存在ではない。Goodwin(1996)でも指摘されるように、特定の活動の場には、その活動に熟練した実践者たちが、その場ではよくある局面(habitual scenes)に係る経験の積み重ねをもとにその場の出来事を捉え現行の活動に関連づける「社会的で履歴的な過程(social and historical process)」が見受けられる。理容室における客もまた、それまでに積み重ねてきた被理容者の経験をもとに、鏡の中に見えている多種多様な出来事からその時見るべきものだけを区別して見ることができるに違いない。断片(2)でSが「潰れた軟式球」を左手で作るジェスチャーは、現行の理容活動とは関連のない情報を示すものとして鏡の中に現れた。それは、これまで背景の一部のように見えていた理容活動の流れからは予期し難い出来事として区別され、より際立って見えることだろう。つまり、理容活動に状況づけられることで、理容師による会話志向のジェスチャーは常に客の注意を引き、見逃されることがないことをある程度保証されている。少なくとも理容活動中の理容師は、その前提で振舞うことが状況的に許容されている。鏡に映る範囲の自己が常に他者から見られているという理容活動に係る環境的、状況的な前提が、並行する会話のインタラクティブな組織化への「見る」の利用を支えていると言えるだろう。

4.2 理容師による視線配布の管理

　4.1では、現行の理容活動とは関連のない会話に資するジェスチャーを鏡越しに理容師Sが「見せ」、それを客Aが「見る」という構図を確認した。ここでは理容師が鏡を「見る」様相について確認する。3節でも触れたように、理容師の視線は主に理容活動を行う自己の手元に向けられており、理容師の「見る」振る舞いは現行の理容活動に関連づけて管理されていると言える。以下、断片(3)の分析を通してその具体的な様相を見ていく。

01 S: どういう風な練習してたの
        s1 ——→
     a:　　　　　LM　　　 ……

02 A: ［チ、チームが？
     S: ［ま、
     a: …… LM　　　 ……

04 S: チーム、 うん
        ——→/s1 s2 ——→
     s:　　　LM　　 ……
     a: ……　　LM ——→

05 A: チームは：：
        ——→/s2 s3 ——→/s3
     s: ……　 LM ——→

06 S: 人数もいたの？やっぱり
        s4 ——→　　　　　 ——→/s4

07 A: なんか、3つに分かれてるんですよね、
           s3 ——→　　　　　　 ——→/s3
     s:　　　　　　　　　LM ——→
     a:　　　　　　　　　 LM ……

08 A: ［チームが

09 S: ［あ：
        s4 ——→
     a: …… LM ……

10 A: ABCみたいな感じ［で

11 S:　　　　　　　　 ［あ：人数いるんだ
        ——→/s4 s3 ——→/s3 s4 ——→/s4
     s:　　　　 LM ——→
     a: …… LM ——→　　　 LM ——→

12 A: なんですけど、ひとチームはだいたい20人

13 　　 ぐらいで

14 S: ああ
     a: ■ LM ……

15 A: やってて(1.0)
     a: …… LM ——→
        （中略）

16 A: バッティングは：
           s3 ——→
     s:　　　　 LM ……

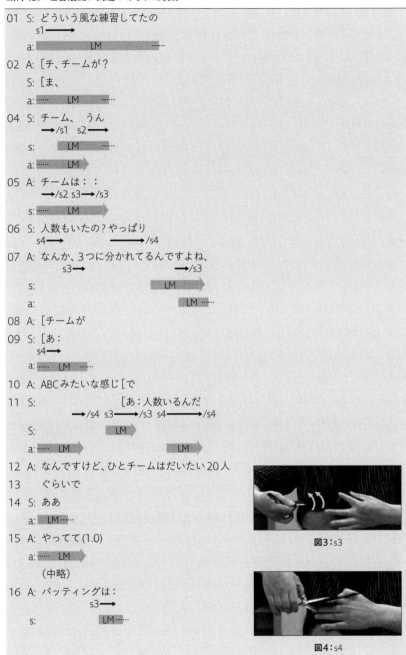

図3：s3

図4：s4

17 S: うん　(2.0)
　　　　　　→/s3 s4→/s4 s3→
　　　s: ┈┈LM▶
18 S: バッティングは：どやいコーチ投げて？
　　　　　　→/s3 s4→/s4 s3→　　　　　　→/s3
　　　s:　　　　　　▰▰▰▰▰LM▰▰▰▰▰▶
19 S: それとも、チームのエースとか、二番手が
　　　s4━━━━━/s4
20　　投げて

　断片（3）は、前から頭頂部にかけての散髪を行いながら、Aが少年時代に実践していた野球の練習について会話をしている場面である。この直前まで、SはAの頭部側面を中心に散髪を行なった後、ハサミとともに右手に持ち直した櫛で頭部前方から上部の髪を前から後ろに撫で付けるように梳かし始めた（s1）。それが04行目まで続き、その後再び前髪だけを櫛で軽くとかす（s2: 04－05行目）。その流れのままかき上げた前髪を、左手人差し指と中指で挟んで固定し（s3: 05行目、**図3**）、櫛だけを左手親指に持ち替え、左手指で固定した前髪をハサミで切る（s4: 06行目、**図4**）。断片（3）の場面では20行目まで、この「櫛でかき上げた髪を左手指で固定（s3）」してから「櫛を左手に持ち替えて固定した髪を切る（s4）」といった2つの工程を休みなく繰り返し、徐々に頭部後ろへと散髪が進められていく。その間にSが5回、Aが4回正面の鏡（LM）に視線を向けるが、両者が同時に正面の鏡を見て目を合わせる様子は観察されなかった。04行目と07行目に表記上では一瞬両者の視線が重なっている部分があるが、04行目ではAの視線が鏡から離れ始めた頃にSの視線が鏡に向かい、07行目ではその逆のすれ違いが起こっており、むしろ互いに視線を逸らしているかのようにも見える。先述の通り、理容師や客が正面の鏡に視線を向けているとき具体的に何を見ているかは、本データの観察から明らかにすることは難しいが、互いの視線が合っていないことから考えると、ここでの「見る」振る舞いは、SA間の相互行為を巡る意思疎通を意図して行われたものではないようだ。

　一方、Sの振る舞いのみに注目してみると、Sの視線が鏡に向いているのは、櫛で髪をとかしている間だけであることがわかる。例えば07行目におけるAの発話中に、Sは一度鏡を見るが、それまでAの髪をかきあげていた櫛を左手

図5：断片（3）11行目［s3］

図6：断片（3）11行目［s4］

に持ち替え、左手指で固定した髪にハサミを入れる直前に、Sの視線は自己の手元へと移る（s4: 09行目）。続く10行目で再び右手に櫛を持ち同様に髪をかきあげ始めると、Sの視線もまた鏡へと移り（s3: 11行目、**図5**）、さらに櫛を左手に持ち替えて髪にハサミを入れようとする時に、Sの視線もまた鏡へと移り（s3: 11行目、**図5**）、さらに櫛を左手に持ち替えて髪にハサミを入れようとする時に、Sの視線は再び自己の手元へと移る（s4: 11行目、**図6**）。こうした一連の現象から、この場面におけるSの「手元を見る」振る舞いには現行の理容活動、より具体的には「髪にハサミを入れる」行為との連携／協調が見受けられる。つまり、ここで言えるのは、Sは髪にハサミを入れている間は鏡を見ることができないということと、それでも時折鏡に映る範囲の何かを見ることが必要になると、櫛で髪をとかすのに合わせて視線を鏡に向けているということである。換言すれば、現行の理容活動の進行中、Sは自己の「見る」振る舞いを、常に理容活動に関連づけて管理しているということになり、理容活動と直接関連のない会話に関与する「見る」は、ハサミや剃刀など扱いに注意が必要な道具を使う局面以外の、現行の理容活動が見ることを要請しない（理容活動が視線を解放する）期間にのみ実行可能であるものと考えられる。

4.3 「見る」振る舞いを互いに「見る／見せる」

ここまでの分析では、主に理容活動に従事して「見る」理容師Sの姿が映る鏡を客Aが「見る」という構図が確認された。この構図を踏まえつつ、ここで

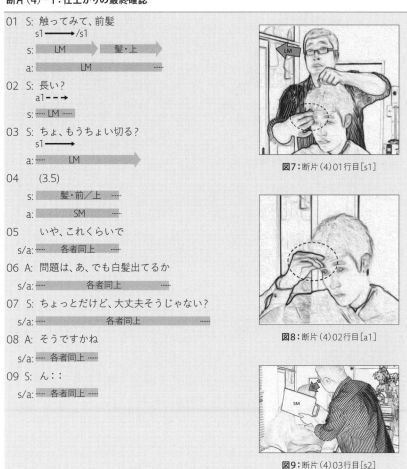

01 S: 触ってみて、前髪
　　　s1 ——→ /s1
　　　s:　LM　　⇒　髪・上　⇒
　　　a:　　　LM　　　……

02 S: 長い？
　　　a1--→
　　　s: …… LM ……

03 S: ちょ、もうちょい切る？
　　　s1 ——→
　　　a: …… 　LM　 ⇒

図7：断片（4）01行目[s1]

04　　（3.5）
　　　s:　髪・前／上　……
　　　a:　　SM　　……

05　　いや、これくらいで
　　　s/a: …… 各者同上 ……

06 A: 問題は、あ、でも白髪出てるか
　　　s/a: …… 　各者同上　 ……

07 S: ちょっとだけど、大丈夫そうじゃない？
　　　s/a: …… 　各者同上　 ……

図8：断片（4）02行目[a1]

08 A: そうですかね
　　　s/a: …… 各者同上 ……

09 S: ん：：
　　　s/a: …… 各者同上 ……

図9：断片（4）03行目[s2]

　はさらに複雑な交渉場面の分析に組み込まれた「見る／見せる」様相を分析してみたい。断片（4）は、理容活動の最後の工程である整髪が完了したところから始まる場面である。SはAの頭部両側面から後部の髪を両手で軽く掻きほぐし、その後両手の指で毛先を摘むようにしながら整える。続いて頭頂部よりやや前方の髪を左手で軽く掴み上げ、前髪だけを右手で摘むようにして額の前に垂らした（01行目）。

　01行目でSがAの前髪を摘むように触りながら（s1: 図7）、「触ってみて」とA

10　　(2.5)
　　　→　/s2　　s3 →/s3
　　s: 髪 ⇒ LM ⇒ 髪/A
　　a: SM 　　　LM

11　A: うしろ：###
　　　　　　　　s4 →
　　s: 髪/A　　　LM
　　a: 　　　　　LM

12　S: うん (2.0)
　　s/a: LM

13　A: あ：：これくらいで、(1.0)
　　　　　　　　→/s4 s5 →
　　s/a: LM

14　A: いっかな (2.5)
　　　　→/s5 s6 →
　　s/a: LM

15　A: そですねこれぐらいで
　　s/a: LM

16　S: だいじょぶ?
　　　　→/s6
　　s: 髪・上
　　a: LM

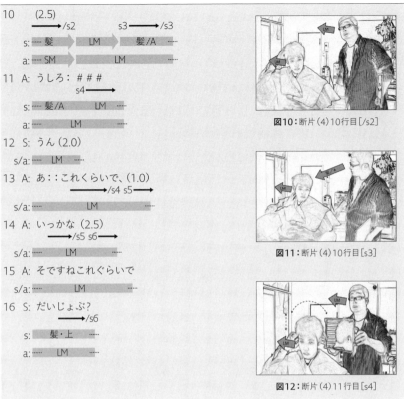

図10：断片(4)10行目[/s2]

図11：断片(4)10行目[s3]

図12：断片(4)11行目[s4]

05

日常会話を伴う理容活動に状況づけられた「見る」　名塩征史

にも同じように前髪を触ることを促すと、Aは02行目でケープの中から右手を出し、自分の前髪を触り始める（a1: 図8）。その間、Sは後方のワゴンから小さい鏡（small mirror: SM）を持ち出し、Aの顔の前に掲げる（s2: 03−11行目、図9）。その小さい鏡を見ながら、Aは髪全体を右手で多様に触り、しばらく全体の仕上がり具合を確認する（04行目）。01行目でSが促し、02行目からAが始める「髪を触る」行為は、仕上がりに問題がないかを探索する行為であり、理容活動の最終段階に当たる「仕上がりの確認」が行われていることを明示している。理容師も01行目でAの前髪を触ると同時に、発話をこの確認作業に言及するものに切り替え、さらに小さい鏡でAの視野を調整し、Aの活動をサポートしているのがわかる。理容活動の他の段階に比べ、特に相互行為的な側面が前景に

出ている場面と言えるだろう。

　1行目でAの前髪を摘むように触りながら「触ってみて」とAに声をかける
Sの振る舞いは、理容活動の全工程とそのうちのどの工程がこれまでに行われ
てきたかを十分に把握しているであろうAにとって、仕上がりの最終確認が開
始される合図として理解可能なものであるに違いない。Sacks(1974)では、こ
うしたある特定の状況下で参与者間に共通の次なる展開を予期させるような
発話(振る舞い)を「予期的指標(prospective indexical)」と呼んだ。この予期的指標
はその後に展開される一連の行為連鎖に係る認識や判断の枠組み(framework of
interpretation)を提供し、その行為連鎖にどのように参与すべきか、どのような出
来事が期待されるか、その中のどの出来事をもって終了(climax or termination)と
なるのかなどを投射(project)する(Sacks 1974、Goodwin 1996)。理容活動における
仕上がりの確認は客による仕上がりの承認をもって終了することが期待され
るため、断片(4)では、この承認に関連する振る舞いを見る(知覚する)ことが
SA間の相互行為の組織化に特に影響を及ぼすものとなる。05行目でAが一旦
仕上がりを承認しかけるが、一部に白髪が見えていることに気づき(06行目)、
承認が保留される。これに対してSは「大丈夫そうじゃない」と仕上がりに問
題がないことを主張し、Aもそれに賛同する(07－08行目)。その後、Sとしては
一旦保留されたAからの仕上がりの承認が再度明示されることを期待するに
違いない。実際、SはAの前に掲げていた小さい鏡を自分の左脇に下げ(/s2: 10
行目、図10)、Aの視野を切り替えることにより現行の確認作業に一つの区切り
を付けているように見受けられる。しかし、それにもかかわらず、Aは正面の
大きい鏡を利用することで確認作業を継続し、自分の髪を触り続けた。その時
Sは、小さい鏡を左脇に抱えると同時に一旦正面の大きい鏡に視線を移し、確
認作業を継続するAを鏡越しに見ると、すぐさまAの頭部へと視線を向ける
(s3: 10行目、図11)。この場面はSが自ら区切りを付けようとした確認作業に、改
めて参与し直す瞬間として捉えることができるだろう。または、Aによる確認
作業の継続にSが賛同した瞬間と言ってもいいかもしれない。いずれにして
も、Aの確認作業はここで終わらず、11行目でSに対して小さい鏡を用いた合
わせ鏡を要求し、さらに後部の仕上がりを確認する作業へと移行する。Sもそ

断片（4）−3：仕上がりの最終確認

17 S: トップ長くない？　このへん、どうだい
```
        s7
  — — →/a1 a2 — — →/a2 a3 — →
s: ┈┈                髪・上
a: ┈┈                 LM
```

18 　(1.5)
```
  s8
s/a: ┈ LM ┈
```

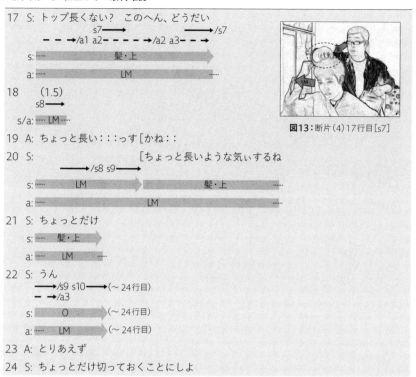

図13：断片（4）17行目[s7]

19 A: ちょっと長い：：：っす[かね：：
20 S: 　　　　　　　　　　　　　[ちょっと長いような気いするね
```
        —→/s8 s9—→
s: ┈    LM            髪・上
a: ┈        LM
```

21 S: ちょっとだけ
```
s: ┈  髪・上
a: ┈   LM
```

22 S: うん
```
  —→/s9 s10—→（〜24行目）
  — →/a3
s: ┈  O     （〜24行目）
a: ┈  LM    （〜24行目）
```

23 A: とりあえず
24 S: ちょっとだけ切っておくことにしよ

れに賛同し、まずはAの背後左側に小さい鏡を掲げ（s4: 11行目、**図12**）、正面の大きい鏡に映るAの視線と頭部の動きを見ながら、13行目で右側へ（s5）、14行目で再度左側へと小さい鏡の位置を動かし（s6）、Aの視野を調整している。

　ここまでのインタラクティブな確認作業が一段落したところで、いよいよAが仕上がりの承認を明確に発話し（15行目）、そこでSも掲げていた小さい鏡を再び下げて「だいじょぶ？」と再確認の発話を行う（/s6: 16行目）。ところが今度はSが頭頂部（トップ）の髪がやや長いことに気づき、Aに再確認を促した（s7: 17行目、**図13**）。この直前にAは、自ら確認作業に終止符を打ったこともあり、02行目からずっと継続していた髪を触る探索行為をやめて右手を下げ始めていたが（/a1）、Sから頭頂部の髪の長さを確認するように促されたことで再度右手を頭頂部まで上げ直し（a2）、確認作業を再開した（a3）。その後しばらくAは頭頂部の髪を触り、Sはその様子をAの背後右へと移動して鏡越しに眺めてか

ら(s8)、再びAに近寄って頭頂部の具合を確認した(s9)。最終的にAがSの指摘を認め、Sとの合意が明らかにされたところで(21－22行目)、Sが持っていた小さい鏡を左後方のワゴンへとしまいながら(s10)、24行目で頭頂部の髪を「ちょっとだけ切っておくことにしよ」との判断を下し、一連の確認作業は、いわば条件付きの承認を得て終了する形となる。

　SとAの「見る」振る舞いについて、特に注目すべき局面をもう一度捉え直してみよう。まずは07－08行目で、白髪を気にするAに対してSが「大丈夫そうじゃない?」と声をかけ、Aもそれに「そうですかね」と半ば同意するように返答した。これは確認作業の終了を意味するAからの承認を予感させるようなやりとりにも思える。そこでSは、09行目まで確認作業に用いられていた小さい鏡を下ろして左脇に抱え、正面の鏡を見た(/s2: 10行目、**図10**)。視座を変えれば、このとき正面の鏡には、小さい鏡を左脇に抱えることで確認作業に区切りをつけ、仕上がりの全体像を見ようとするSの姿が映し出されていることになる。しかし、その時同時に鏡に映っていたのは、自分の髪を右手で触りながら見続けているAの姿だった。つまり、Aはまだ確認作業を継続する意向を鏡に映し出していたのである。そこですぐさまSは、Aの頭部をもう一度見る(s3: 10行目、**図11**)。これは、断片(2)で観察されたSが見る左手をAも見るといった共同注意とは逆の方向、すなわち、Aが見る髪(または髪を触る右手)をSも再度見直すといった共同注意の成立である。これによりSは承認を得て区切りがつくことを期待していた確認作業にもう一度参与し直した。その直後、Aは後頭部の仕上がりを確認するために、「うしろ:＃＃＃」とSに合わせ鏡を要求する発話を行っている(11行目)。小さい鏡を差し出し、自らもAの頭部に視線を向け、積極的に確認作業を補助していたSが、その鏡を下げて視線を正面に向ける10行目の振る舞いは、積極性の低下と区切りがつくことへの期待をうかがわせる。その隣で丁寧に確認作業を続けているAの髪に再び視線を戻すSの様子は、何か決まりの悪さを取り繕っているようにも見える。

　11行目以降の確認作業でSは再び積極的な姿勢を取り戻し、正面の鏡に映るAの見えを手元の小さい鏡を左右上下に動かしながら調整していた(－16行目)。このとき、Sは正面の鏡に映る小さな鏡の鏡面(ここにAの後頭部が映る)を見

ながら手元の鏡の位置を調整しているものと考えられるため、視線は正面の鏡に向けられているが、その真剣な眼差しからも確認作業への積極的な姿勢がうかがえる。その様子はまるで自己の積極性を訴えるパフォーマンスであるかのようにも見える。理容活動の最中にあって理容師は常に理容活動に積極的であることが期待され、また鏡を介して常に客に見られている。そのため理容師は、理容活動を実践しながら、実践する自分を鏡に映し客の期待に適う自己を見せていなければならない。休みなくハサミと櫛を動かす手はもちろん、その手元を見ること、客の髪を見ることを適宜組み込み、それが客に見えていることが肝要である。この局面ではそうした理容師のパフォーマンスを垣間見ることができる。

5. 考察

　断片（2）の分析では、Sの理容師としての実践が、鏡越しに客から常に見られているという前提的事実に改めて着目した。人は見る時にだけ見えるわけではない。常に見えている視野の中から見るべきものを探し出すのである。理容師は、自己の振る舞いが常に客から見えていることを前提に、その見えにおける無標の行為連鎖（理容活動）の中に時折有標の行為（会話志向のジェスチャーなど）を組み込むことで、客にその時見るべきものを明示し、客の視線を適宜誘導しながら、その場の相互行為／マルチアクティビティーを実践している。こうした「見る」を巡る前提条件は、他の活動を伴わず、特別な制限が課されていない普段の何気ない会話においても同様に成立しているものであるが、理容室という特定の環境、理容活動中という特定の状況の下で捉え直すことにより、それが円滑な相互行為の組織化を支える重要な基盤であることを改めて確認することができる。

　続く断片（3）の分析からは、理容師Sの見る振る舞いが主に現行の理容活動に関連づけて管理されているということが確認された。相手に何かを伝えるために見る場合、本来ならその相手を正面から（少なくとも相手を見ていることが、相手からも見えるように）見ることになるが、理容活動中はそれを正面の鏡を見る

ことで行なっているものと考えられる。しかし、Sの視線は主に理容活動を行う自己の手元に向けられ、理容活動の実践を補助する役割を果たしている。特にハサミを入れる局面のように、ある程度の危険を伴う作業を行う場合には、文字通り、手元から「目が離せない」状況であることは言うまでもない。Sの視線は、理容活動中に度々訪れるそうした目が離せない局面から、その時見るべきものを状況的に制限されていると言えるだろう。したがって、理容師が正面の鏡を（客に何かを伝える意図で）見ることができるのは、危険性が低い作業（櫛で髪を梳かす、など）をしている時や、理容活動の進捗状況を全体像から確認するために鏡を見ている時など、視線が理容師の手元から解放される局面だけである。もしその他の局面であえて鏡を見る場合には、それは手元の理容活動を中断するか、急遽危険性の低い作業に切り替えるなどの若干の調整を余儀なくされることになるだろう。

　ここまでの分析から考えてみると、理容活動を相互行為フレームで捉えた場合、理容師は、見ることよりも、むしろ見せることに積極的な参与者として捉えるほうが妥当であるように思われる。無論、理容師は、理容活動中に多くのものを見ているが、そのほとんどが調髪の対象を巡る一方向的な行為の一環として見ているのであり、相互行為の相手である客に対する伝達意図をもって見ることは稀である。これは客の視座をとった場合にもほぼ同様のことが言えるだろう。つまり、理容師も客も、理容活動中は互いの姿を含め多くのことが鏡越しに見えているが、積極的に相手を見ることはない。両者が見るのは、鏡を介して共有される互いの漠然とした見えの重なりの中に、時折際立ってくる記号の現れである。常に見えている無標の見えの中に現れる有標の事物事象を、現行の理容活動、もしくは会話の中に適宜埋め込んで意味付ける。こうした仕組みの中で、互いにその時相手が見るべき振る舞いを鏡に映し出し、相手に見せることは、自ずと現行の相互行為の協調的な達成を促すものと考えられる。断片（4）の分析では、鏡に映るいくつかの特定の振る舞いを、「仕上がりの確認作業」に状況づけられることで際立ち、確認作業のインタラクティブな手続きを組織する記号として捉え直した。実際にそれらの振る舞いを意図的に見せていたかどうかは明らかではないが、見られることを前提に鏡

に映し出された各振る舞いは状況に応じて自ずと際立ちを放つ。確認作業の流れの中では、小さい鏡を下ろして左脇に抱える理容師の振る舞いも、それにもかかわらず正面の大きな鏡を利用して髪を触り続ける客の振る舞いも、それぞれ確認作業の各工程を境界づける（またはそれを避ける）際立った記号として見ることができる。理容師は髪を触り続ける客の様子を見て、自らも確認作業に参与し直した。そうした「やり直し」も、その後しばらく続くAの確認作業を合わせ鏡で積極的に補助する振る舞いも、客の要望に答える理容師の望ましい姿として鏡に映し出され、客もそれを見て利用している。その意味で、理容活動はある種の規範性を持ったパフォーマンスと言えるかもしれない。理容師は常に相手にとって利用可能な自己を見せていなければならない。最終的に至極当然の前提に回帰するようだが、そうした客が期待する理容師としての望ましい姿が常に見えていることが、日常会話を伴う理容活動の円滑な実践を支えており、理容室に設置された鏡の最たる意義をそこにも見出すことができるのではないだろうか。

6. まとめ

　本稿では、日常会話を伴う理容活動において理容師と客が鏡を介して行う「見る」振る舞いを分析し、その特殊な環境下での知覚－行為サイクルにヒトを有意な行為主体として結びつける仕組みの一端を明らかにした。シート正面に設置された鏡は、理容活動中に課せられる様々な制限によって直接対峙することができない理容師と客に互いに共有された見えを提供し、常に相手を見ることができる（相手に見られている）という前提的基盤の構築に不可欠な役割を果たしている。この共有された見えは、理容活動中に起こる多種多様な出来事の中で、あるものを無標の出来事として見過ごし（聞き流し）、あるものを有標の出来事としてピックアップする知覚の支えとなる。理容師が理容活動に従事する当たり前に望ましい自己の姿を常に鏡に映し出すことは、自ずと客に無標の見えを提供することになる。そうした前提的な見えが、現行の理容活動やそれに伴う会話のインタラクティブな組織化に資する特定の振る舞いを有標の記号として際立たせ、それが共同注意を成立させ、ある活動の開始や

終了を予期させる。また一方で、理容活動に参与する理容師と客が、それぞれの立場から行為主体として熟達している（または、その行為を熟知している）という経験的基盤や、「今ここに至るまでに、その時その場で何が行われてきたか」という「今ここ」に関連づけられる範囲での「出来事の履歴(local history)」(Nishizaka 2000)を参照枠とすることで各出来事の「状況的な関連性(conditional relevance)」(Schegloff 1968、Goodwin 1994)が浮かび上がるような認知的な仕組みも想定される。そうした回顧的(retrospective)な手続きが相互行為の認知的基盤として機能している可能性を示唆した。

　今後も多くの研究で、「見る」に限らず、「聞く／触る／嗅ぐ」などの他の知覚が相互行為の組織化にどのように貢献し、またどのような行為－環境システムを前提とするのかが、個々の相互行為に状況づけられた中で多様に論じられることだろう。その際には、本稿における理容活動のように特殊な条件下で実践される行為の分析をもとに、普段の何気ないやりとりからは見えにくい事実を明らかにしようとする試みが重要な貢献を果たすことが期待される。

注

1　　　　ラトゥール(2007: 234-235)によると、ある行為連鎖の中で利用される人工物(道具／資源)が、その連鎖の中の一点としてあるのが当たり前のものとされ、完全にその機能によって決定された「静かで無口な中間項」となった場合、その人工物が当該行為連鎖の中でアクターと為す共同生産の様子は完全に不透明にされ、その人工物の媒介的役割を測定することが難しくなる。同書ではこのような状態を「ブラックボックス化」と呼んでいる。

書き起こしの記号

S:/s:	理容師Sの発話/視線
A:/a:	客Aの発話/視線
、	発話が続く音声的な区切り(1秒未満の短いポーズを含む)
?	上昇調(問いかけ)のイントネーション
#	聞き取り困難な発話
@	笑い声
＊➡	＊へ視線を向けている
·····➡	前行から続く視線
·····➡	後行へと続く視線

s →	Sの身体動作の開始時点（動作の詳細は本文の記述を参照）
→ /s	Sの身体動作の終了時点
a - →	Aの身体動作の開始時点
- → /a	Aの身体動作の終了時点

謝辞

データ収録にご協力いただいた皆様に感謝いたします。本研究は、科研費（17H00914、18KT0085）の助成を受けたものです。

参考文献

坊農真弓・高梨克也編（2009）『多人数インタラクションの分析手法』オーム社

榎本美香・伝康晴（2011）「話し手の視線の向け先は次話者になるか」『社会言語科学』14(1): pp.97−109.

Gibson, James J. (1979/1986) *The Ecological Approach to Visual Perception*. Psychology Press.

Goodwin, Charles. (1994) Professional Vision. *American Anthropologist* 93(6): pp.603−633.

Goodwin, Charles. (1996) Transparent Vision. In Ochs, Elinor, Schegloff, Emanuel A., and Thompson, Sandra A. (Eds.) *Interaction and Grammar*, pp.370−404. London: Cambridge University Press.

Haddington, Pentti, Keisanen, Tiina, Mondada, Lorenza, and Maurice Nevile. (Eds.) (2014) *Multiactivity in Social Interaction: Beyond Multitasking*. Amsterdam: John Benjamins.

Kendon, Adam. (1967) Some Functions of Gaze Direction in Social Interaction. *Acta Psychologica* 26: pp.22−63.

菊地浩平（2011）「二者間の手話会話での順番交代における視線移動の分析」『社会言語科学』14(1): pp.154−168.

ラトゥール・ブルーノ　川崎勝・平川秀行訳（2007）『科学論の実在──パンドラの希望』産業図書（Latour, Bruno. (1999) *Pandora's Hope: Essays on the Reality of Science Studies*. London: Harvard University Press.）

三嶋博之（2000）『エコロジカル・マインド──知性と環境をつなぐ心理学』日本放送出版協会

村田純一（2013）「知覚・技術・環境──技術論の生態学的転回」村田純一編『技術──身体を取り囲む人口環境』pp.1−27.東京大学出版会

名塩征史（2017）「理容室でのコミュニケーション──理容活動を〈象る〉会話への参与」片岡邦好・池田佳子・秦かおり編『コミュニケーションを枠づける──参与・関与の不均衡と多様性』pp.243−262.くろしお出版

Nishizaka, Aug. (2000) Seeing What One Sees. *Mind, Culture, and Activity* 7(1&2): pp.105−123.

Nishizaka, Aug. (2017) The Perceived Body and Embodied Vision in Interaction. *Mind, Culture, and Activity* 24(2): pp.110−128.

Reed, Edward. (1996) *Encountering the World: Toward an Ecological Psychology*. New York: Oxford University Press.（リード・エドワード　細田直哉訳（2000）『アフォーダンスの心理学──生態心理学への道』新曜社）

Sacks, Harvey. (1974) An Analysis of the Course of a Joke's Telling in Conversation. In Bauman, Richard, and Sherzer, Joel. (Eds.) *Explorations in the Ethnography of Speaking*, pp.337−367. London: Cambridge University Press.

Sacks, Harvey, Schegloff, Emanuel, and Jefferson, Gail. (1974) A Simplest Systematics for the Organization of Turn-Taking for Conversation. *Language* 50(4)-1, pp.696−735.

Schegloff, Emanuel. (1968) Sequencing in Conversational Openings. *American Anthropologist* 70(6), pp.1075−1095.

Schegloff, Emanuel, and Sacks, Harvey. (1973) Opening Up Closings. *Semiotica* 8, pp.289−327.

06

相互行為の中の共視

平本毅

要旨

　人と人とが環境内の同じ事物を眺めることを共視という。本稿では北山修らの共視論や発達心理学の共同注視の議論を導きの糸に、共視の実践──社会生活の具体的な場面において実際に人が行っていること──としての側面を、エスノメソドロジーの立場から分析する。分析するのはジュエリーショップにおける接客の録画データである。ジュエリーショップではグループ客が商品を共視する場面がしばしば観察されるが、この状態は、店員が顧客に声をかける機会として利用される。店員は接客の仕事を首尾よく遂行するために、グループ客が商品を共視するタイミングを見はからって声をかけ、セールストークにつなげる。この実践の詳細を明らかにするとともに、実践としての共視の諸相を調べることにエスノメソドロジー研究がどう貢献しうるかを論じる。

1. 共視論

　かつて精神科医の北山修は、人と人とが環境内の同じ事物を眺めることと、その人々の間で心を通わせることとの密接な繋がりについて論じた。彼は二万点近い浮世絵を調べ、その中に母子が共に何かを眺める交流の構図が繰り返し描かれていることに着目したのだった。ここから、彼とその共同研究者たちは、共視を行う母子の情緒的交流の描かれ方を、日本文化のありようと結びつけて論じる（「共視論」）方向へと進んだ（北山編 2005）。本稿では北山らの「共視論」および発達心理学の共同注視（joint attention）（Tomasello 1993）の議論に手がかりを得つつ、そこで十分に考慮されてこなかった、共視の実践──社会生活の具体的な場面において実際に人が行っていること──としての 側面に、エスノメソドロジー（Garfinkel 1967）の立場から光を当てたい。これは共視概念を応用した多様な経験的研究に道を拓くものである。

　共視が何を意味する動作か、まずは例示するのがよいだろう。**図1**は喜多川歌麿の浮世絵『風流六玉川　陸奥』である。

　陸奥（みちのく）野田の玉川は、歌枕として著名な六玉川のひとつである。この絵ではそのほとりに佇む美人とその子（後に述べるように、この子が実際に美人の

図1：喜多川歌麿『風流六玉川　陸奥』（原典カラー）The Museum of Fine Arts, Boston（www.mfa.org）所蔵

子かどうかはわからない）が、群れをなして飛び立つ千鳥を眺める様子が描かれている。北山らによると、この絵のように母子間の身体接触を伴うものとそうでないもの、対象を横並びで眺めるものと母子間で対面して眺めるものといったヴァリエーションこそあれ、母子が同じ事物を眺める構図が、浮世絵には繰り返し描かれているという。図1の絵からは母子間に情緒的な交流があることも伝わってくる。飛び立つ千鳥の群れの様子を面白がっているのか驚いているのか、表情からその正確なところを読み解くことはできないが、子は対象を指差しながら母と関心を分かち合い、その心を通わせている。

　乳幼児が発達過程で他者との注意の共有を身につけること自体は、発達心理学の分野で、共同注意（注視）(joint attention) の概念の下1970年代から注目され (Scaife and Bruner 1975)、研究が積み重ねられてきた (Bruner 1995; Butterworth 1991; Butterworth and Jarrett 1991など)。その中で他者との注意の共有がはじまるのは生後9ヶ月あたりからであること (Tomasello 1993: 1995)、共同注視が乳幼児の言語発達と大きなかかわりをもつこと (Bruner 1983) などが明らかにされてきた。Tomasello (1995: 105-124) が強調しているように、共同注視はただ複数人が同時に何かを見ること (simultaneous looking) とは区別されなければならない。なぜなら、同時に何かを見るだけなら諸個人の独立した行動の結果でもありうるが、共同注視は、同じ物を見ていることを当事者同士が知っていること (knowing together) を成立の要件とするからである。そしてこの相互理解が成り立つためには、親だけでなく乳幼児も、相手を意図を持った行為主体として捉えている必要がある (Tomasello 1995)。すなわち共同注視は他者との心の出会い (Bruner 1995) なのであって、乳幼児が人とのふれ合い方を学ぶ過程と密接に結びつく社会的、ないし社会－認知的現象 (Tomasello 1995: 106) である。もちろん乳幼児が実際に親の意図を理解して共同注視を行っているかどうかを見極めるのは難しい。たとえば、乳児が親の視線移動に追従して対象に目を向けたとしても、それは生得的な反応かもしれないし、それによって何度か面白いものを見つけられたからという、学習の効果に起因するものかもしれない (Moore and Corkum 1994)。共同注視の論者たちは、環境内の同一の対象に視線を向けるという行動的あるいは知覚的な現象と、他者の意図理解や心の交流といった

社会－認知的、あるいは情緒的な現象とが結びつく証拠を手に入れることに腐心してきた。

　他方で北山をはじめとする共視論の論者は浮世絵を題材にとり、また分析者の「主観」（北山 2005: 16）に頼った読解を行うことによって、この種の同定の問題を回避しているようにみえる。Tomaselloが重視するような共同注視状態の相互理解が成り立っているかどうかは、絵から確認しようがない。だが共視論では、描かれている子どもの年頃が不明瞭であることも大きく寄与してはいるだろうけれども、浮世絵に描かれた母子の間に「信頼感、温かさに加えて、悲しみ、恨み、悔しさまで、ポジティブな情緒、ネガティブな情緒、複雑な情緒の交流」（北山 2005: 20）をみてとる。そもそも、浮世絵に描かれた母子（らしき二者）の視線がどこに向けられているかはしばしば曖昧であって（北山 2005: 17）、複数人が同時に何かを見ることが成立しているかどうか自体、じつは明確でない。たとえば傘の生地に空いた穴を眺めているようにみえる歌麿の『風流七小町 雨乞』の場合、二人が本当に穴を見ているのかどうかは、絵からはよくわからない。そのために「母と子が共に傘にあいた穴を見、あるいは穴の向こうで展開される景色を楽しんでいると思うのは、この絵を見る側の期待」（三浦 2005: 135）だということになり、あるいは論者の「主観」（北山 2005: 16）による解釈の賜物だといわれる。言い換えれば共視論は、視線の先の同一性と心の相互理解とを分析者の「期待」や「主観」に頼って母子像から読み取り、それを前提に議論を進めているのである。

　論者の「期待」や「主観」に頼る分析の進め方は、たしかに一つの方法ではあるだろう。共視論は日本人のコミュニケーションの取り方や情緒的交流の行われ方（遠藤 2005）、日本の場や共同体の文化（田中 2005）、語り合いのありよう（やまだ 2005）などの多様な社会・文化的側面へと考察の範囲を広げていくが、これらは浮世絵に描かれたものを、同じ事物を眺める母子間での情緒の交流と読み解く、その解釈を分析の資源（Zimmerman and Pollner 1971）として成立する議論である。この読解を分析の資源として使うことによって、共視論は、何らかの具体的な場における母子間での情緒の交流という、一定の社会関係を取り結んだ人々（母子）が社会生活を送る中で行っていること（何らかの社会・文化的

事物を共に眺めること)に大きく踏む込んだ批評を行うことができている。

　だが共視論は分析者の「期待」や「主観」に頼った読解を行うことによって共視現象の社会・文化的側面に光をあてる一方で、そもそもそのような読解や理解は、研究者のみならず日常生活者も行っていることであり、それゆえ共視を見てとり自分で行うこと自体、人々が具体的な場面で社会生活を送る中で行っていることの一部であるという事実には目を向けていない。浮世絵は研究者の資料である以前に、当時の人々が具体的な社会生活の中で楽しむ娯楽である。一定の能力と知識を備えた者であれば常識的に母子間での情緒の交流を読み取れると期待できるからこそ、絵師は同じ事物を眺める母子の像を繰り返し描く。この日常生活者の常識的な理解可能性に頼って浮世絵が流通したという意味で、母子の視線の先の同一性と心の相互理解の読解は、日常的な実践として秩序立っている (cf. Garfinkel 1967)。そして共視をみてとることができる者は、相互行為の中で自分でそれを行うこともできるだろう。浮世絵を離れた生活の中でも、我が子の手を引いて共に打ち上げ花火を見上げたり、道端に咲く花を眺めている親子がいたのでその前を横切らないように立ち止まったりといったことを、人々は行っているはずだ。

2. 社会生活の中の共視

　共視を実際に人々が社会生活の中で具体的に行っていること——実践——の文脈の中で捉え直すことは、大きな可能性を秘めた試みであるように思う。たとえば本稿ではジュエリーショップにおける接客場面のデータを用いるが、消費者行動や接客サービスの文脈において、顧客の視線はもっぱら知覚や認知の側面から一般化されて扱われ、品や店員に目を向けることによって顧客が具体的に何を行っているかという点まで踏み込んだ分析が行われることはほとんどなかった。小売店において顧客の視線が届きやすい範囲はゴールデンゾーンと呼ばれ、商品陳列の参考にされる。接客サービスにおいては店員と顧客との視線交差が、信頼関係の形成や顧客満足の知覚に影響を与えると考えられてきた (Sundaram and Webster 2000)。しかし実際の店舗において、顧客はざっ

と棚を見回して興味を引く商品を探したり、手にとった品をじっくりと見て考えたり、店員に目配せしてテーブルに呼んだり、目を逸らすことによって話しかけられることを回避したり等々、視線を使って具体的な行為を、相互行為の中で様々に行っているはずである。共視も、ある社会的な間柄にある人々が共に何らかの社会・文化的事物を眺める仕草であるという意味で、人が視線を使って行う具体的な行為である。

　本稿で依拠するエスノメソドロジーは、日常的な実践がそれ自体として秩序立っている性質に着目し、その成り立ちを、行為や出来事の常識的な理解可能性に即して経験的に解明する研究プログラムである。視覚を用いた実践も、当然のことながらエスノメソドロジー研究の射程に入る。たとえばKidwell (2005) は、1歳〜2歳半の子どもと養育者のやり取りを分析する中で、子どもが何かをしている状態を見る養育者の視線に二種類あることを見出している。何か叱られるおそれがあることをしている時に子どもが養育者の顔色を伺うと、養育者が自分のことをじっと見ていたとする。このとき、子どもはしばしば自分が行っていることをやめる。他方、養育者が自分をさっと見ただけなら、子どもは自分が行っていることを続ける。このように、エスノメソドロジー研究は日常に生起した具体的な相互行為のデータを使い、行為や出来事の常識的な理解可能性に照準して分析を進めることによって、人が視線を使って何をやっているのか（注意してじっと見ているのか、ただ目で捉えただけなのか）を、他者が具体的な社会生活の場面の中で見分ける様子を明らかにすることができる。共視の存在を所与のものとみなして他の事柄を分析するための資源とするのではなく、社会生活の具体的な場面における共視の成り立ち自体を主題（Zimmerman and Pollner 1971）として取り上げ、その詳細を明らかにする分析を、本稿ではエスノメソドロジーに依拠し行いたい。

---

3. 共視の実践学

　共視論が成立するうえでは、ある浮世絵に描かれている行為を「共視」として同定できることが不可欠である。より正確には「母子が、何か特定の事物を

共に眺めている」という出来事あるいは行為が浮世絵から記述（Sacks 1972）できなければ、共視論は成り立たない。ここで「視る」ことと「眺める」ことが同一ではない（Coulter and Parsons 1990: 262）ことに注意しよう。「視る」ことの中には「凝視する」ことや「一瞥する」こと、「睨みつける」ことなども含まれよう（ibid. 261）が、これらの視覚実践のあり方を共視論は対象としないはずだ。面白いものや興味深いもの、風流なもの等々を「眺める」からこそ、母子が心を通わせるのである。

「母子が、何か特定の事物を共に眺めている」の中には、「眺める」の他に少なくとも三つの同定が含まれている。「母子」「特定の事物」「共に」がそれである。なぜ二人は「女性と男性」や「友人同士」「他人」等々ではなく「母子」だといえるのか。ただ虚ろに宙を見つめているのではなく、なぜ「特定の事物」を眺めているようにみえるのか。あるいは、絵の中に配置される様々な事物の中で、なぜほかならぬ「特定の事物」が視線の対象であるとわかるのか。母子はなぜ、「ばらばらに」ではなく「共に」何かを眺めているといえるのか。こうしたすべての記述の選択は、共視論の根幹を支えるものであるという意味で、瑣末な事柄であるようにみえてそうではない。

『風流六玉川　陸奥』（図1）を再び例にとり、「共視」の成り立ち自体を主題とし、「母子が、何か特定の事物を共に眺めている」という記述がいかに成立するかをみてみよう。まず前提として、絵の舞台である野田の玉川は、能因法師が「ゆふさればしお風こしてみちのくののだの玉河千鳥なくなり」（新古今和歌集）と詠んだ、千鳥の名所である。絵中に千鳥が鳴く様子は明確に描写されてはいないけれども（群れの先頭の個体を筆頭に、数羽が嘴を開けているのを確認できる）、千鳥の淋しげな、あるいは物悲しげな鳴き声は古くから歌の題材となってきた。これらの（あるいは、まだ抑えることができていない）背景情報を鑑賞者が読み込むように絵が描かれているとみなせるのは、画面右上に書き込まれた「風流六玉川　陸奥」の詞書（ことばがき）によるだろう。詞書が読み手にこの歌枕の物語を想起することを求める。

二人が「千鳥の群れ」という「特定の事物」に視線を向けているようにみえるのは、一つにはこのためである。二人の視線のその先を忠実に追ったなら、じ

つは画面の外に届くのかもしれない。しかしながら、この川の風情をあらわす千鳥が、ちょうど飛び立つその瞬間を切り取った場面が描かれているからこそ、二人の視線はそこに向けられているようにみえる。ところで、このように言うためには、二人の視線が「視る」ことのうちに何を行っているかがすでに、ある程度絞り込まれている必要がある。すなわち二人はたまたまそれに目を向けたのでも、飛び立つ音がしたので一瞥したのでもなく、千鳥の群れを「眺めて」いるのである。眺め、味わう対象であるからこそ、やはりそれは風流なものだろう。この視線の滞留は少し不思議なことかもしれない。浮世絵は登場人物が過ごす（設定の）時間のうち一瞬を切り取って描かれるわけだが、読み手はそこに視線の滞留を、すなわち一定の時間の幅を読みとることができるのである。

　この「特定の事物」と「眺める」の関係のように、「母子」「特定の事物」「共に」「眺める」等々の記述の選択は、互いに支え合う形で成立する。他の支え合い方を駆け足でみていこう。画面左側の二人が「母子」であることは、「千鳥の群れを眺める」という記述と支え合っている。さらに二人のとる身体姿勢もまた、この支え合いと結びつく。つまり二人は玉川の「千鳥の群れ」の風情を楽しむのに適した姿勢で描かれている。成人女性が小さな子を抱え、頬を寄せるようにして、目線をほとんど同じ高さにあわせて、二人は画面右方向を視ている。そして子どもはそちらを指差し、注意の先を顕にしている。この身体姿勢で千鳥の様子を眺め楽しむ二人の関係は「母子」であろう。同時に、二人が「母子」であることによって視線の先が「千鳥の群れ」であることや視線により行われていることが「眺める」ことであることの記述も支えられる。他方、二人の関係が「母子」であることは、二人が「共に」千鳥の群れを眺めているという記述と支え合っている。つまり、二人はたまたま視線が並んだのではなく、また互いに同じ対象を眺めていることを知らないのではなく、「母子」として「共に」、つまり歩調を合わせ、互いにそれと知りつつ、千鳥の群れを眺める。そして「共に」眺めるからこそ、やはり二人は「母子」なのである。

　次の二点を確認しておきたい。第一に、上記の記述の選択は、まさに共視を論じる人々自身が（彼らの表現を借りれば「期待」や「主観」のうちに）行い、その議論の前提としていることである。この記述が常識的な理解として適切であるか

らこそ共視論は成り立つ。第二に、この記述の選択の適切性と、その絵に事実として何が描かれているかは同一ではない。つまり、もし画面左側に描かれた二人が事実としては「母子」でなかったとしても、この二人を「母子」としてみることができるという記述は適切なものであり続ける。実際に、じつは美人の腕に抱かれて、あるいは美人にまとわりつくように描かれる浮世絵の中の男子は本当に子どもなのではなくて、二者の間柄は性的な関係の暗喩なのではないかと言われることがあるらしい（北山 2005: 29-30）。しかし、そもそも両者がふつう（つまり常識的な理解として）「母子」にみられることを知っているからこそ、性的な関係の暗喩が暗喩として成立するのである。言い換えれば、二人を「母子」と記述することの適切性が揺るがないがゆえに、この構図は性的な関係の暗喩として使うことができる。同じことが他の記述の選択についてもいえる。たとえば母子が眺めているものがじつは千鳥の群れなのではなくて、画面の右に見切れている食べ物か何かであったとしよう。おそらくその構図は「花より団子」とでも表現できそうな面白さを生み出すだろうが、その面白さもやはり、母子が千鳥の群れを眺めるべきであるという適切性の確かさのうえにもたらされるものなのである。

　言い換えれば、上で行った（そして共視論の論者も暗黙のうちに前提としている）記述の選択は、個別事例の事実を言い当てるものではなく、むしろ個別事例がどのようにみられるべきかを決める規範的な事柄なのである。エスノメソドロジーの立場から視覚実践の研究を行ったCoulterとParsonsは、これを視ることの「概念に依存するconcept-bound」性質と呼んだ（Coulter and Parsons 1990）。ある絵から「母子が共に千鳥の群れを眺めている」構図をみてとるとき、それは母子という関係がどんな存在か、眺めるという行為は何をするものか等々の概念と、それらの概念間の結びつき（西阪 1997）を参照することによってなされている。以上をふまえた上で、具体的な共視実践の検討に進もう。

4. データ

　本稿では宝石・宝飾小売店の接客場面の録画データを用いる。この会社は

創業80年以上の歴史をもつ老舗企業であり、中四国、近畿、中部に広く店舗を展開している。ジュエリー専門店3店で1営業日（各日ほぼ終日）ずつ収録を行った。そのうち店員が顧客に話しかけることから接客が始まる場面を選び、27の接客事例を抽出した。

5. 接客開始時の店員の推察

　サービスエンカウンターの既存研究において、サービス内容を顧客にあわせて個別化（personalization）（Surprenant and Solomon 1987）していくことの効用は様々に論じられてきた。店員はしばしば、最初に相手がどんな類の顧客かを探り、それに基づいて接客を行う（平本・山内 2017）。なかでも顧客の仕草や外見からその属性（年齢、国籍、雇用状態等々）を推察すること（Llewellyn and Hindmarsh 2013）は、顧客のニーズを掴んで個別化を行ううえで重要である。ジュエリーショップにおいても店員は客の身なりや仕草から相手の属性を推察するが、とりわけ、グループ客の関係性——親子なのか、恋人同士なのか、友人同士なのか等々——を見極めることが重要になる。誕生日、結婚記念日、婚約、結婚などの節目に贈るジュエリーを探しに来ている客が多いからである。本稿で主張したいのは顧客同士の「共視」がその推察の資源となるということだが、まずは推察自体がどのように行われるのかを確認するために、他の種の推察をみよう。

　以下二つの断片では、ケースを覗き込む男性客の様子から記念日のプレゼントであろうと推察し、店員が「記念日が：お近くですか」（断片1の01行目）「プレゼントですか:?」「記念日ですか?」（断片2の07行目と09行目）と尋ねている。

　この二つの断片は、どちらも店員が接客を始めようと声をかける場面からとられたものである。どちらのケースとも店員は、壮年ないし中年の男性に見える容姿の客が、女性客を伴わずに女性向けの宝飾品を見ている様子から、彼らが妻帯者（あるいはパートナーがいる者）である（なお、断片1の客は単身で来店しているが断片2の客は子連れである）という属性を読み取り、記念日のプレゼントを探しているというニーズを推察している。客がケースを覗き込んでいる間に店員が声をかけていることに注意しよう。店員が客の属性やニーズを推察し声を

[断片1]

((客(男性)がケースを覗き込んでいる))
01 店員: -> 記念日が:お近くですか
02   (0.6)
03 客: 明日なんだ(よ)
04 店員: え:>そう<なんですか:((弾んだ声で))
05 客: これって何
06   (0.5)
07 店員: これは:,(0.3)先ほども(0.2)お客さんこれ見ていただいたんですけど,

図2:男性客への話しかけ

[断片2]

((客(男性)がケースを覗き込んでいる))
01 店員: こんにちは:.
02   (0.3)((客が一瞬店員を見る))
03 店員: huhuhuhuhu
04   (0.3)
05 客: .hh
06   (1.5)
07 店員: -> プレゼントですか:?
08   (1.8)((客が少しだけ頷く))
09 店員: -> 記念日ですか?
10   (0.5)
11 客: はい.
12 店員: ↑あ(.)>そうなん<ですか:.((弾んだ声で))

図3:男性客への話しかけ

かける事例(8ケース)ではいずれも、客が品を眺めている瞬間に声かけがなされていた。

　こうした推察が頻繁に行われる理由は、客のニーズを聞き出しながら接客することが具体的な購買につながりやすいからである。断片2の店員がまず「プレゼントですか:?」(07行目)と尋ね、客の肯定(08行目)を受けて「記念日ですか?」(09行目)とより詳細な情報を求めていることに表れているように、店員は客がどんなオケージョンの品を求めているか、どのくらいの価格帯なのか、素材は何か、誰が身につける品か等々の事柄についての質問を繰り返し、そのニーズを把握しようとする。話しかける際の推察はその第一歩である。

　客が一人(あるいは断片2のように小さな子連れ)の場合、店員はその場にいない

パートナーとの関係を読み込んだうえで、「記念日」の「プレゼント」のためなどのニーズを推測する。他方で、客が集団の場合、店員はその集団の内部に関係性（親子、夫婦、カップルetc.）とニーズを読み取る。このような集団に対する推察の資源の一部として、客同士の「共視」が使われうる。次の断片3では、結婚指輪が陳列されているケースを男女（客1と客2）が覗き込んでおり、店員がその様子をみて「ご結婚指輪ですか？」（09行目）と声をかける。

［断片3］

| ((客1（男性）と客2（女性）がケースを覗き込んでいる。
なお01－03行目では二者が「結婚指輪」に
言及しているが、店員はその背後数メートル離れた
位置におり、これを聞いてはいないものと思われる)) | 
図4：店員と客の距離 |

01　客1：　　この辺結婚指輪ちゃう

02　　　　　　（0.2）

03　客2：　　ほんまやなあ．このあたりやんなあ．

04　　　　　　（2.8）

05　店員：　　おはようございま：す ─────────

06　　　　　　（0.3）　　　　　　　　　　　　　　　

07　客1：　　（°・・）す°

08　　　　　　（1.7）

09　店員：->　.hhご結婚指輪ですか？　　　　　**図5：**ペア客への話しかけ

10　　　　　　（0.8）

11　客1：　　うん．

12　店員：　　あ(0.2)おめでとうございま[す

13　客1：　　　　　　　　　　　　　　　[>いやいや<=

14　客2：　　=>いえいえ< [hahh

15　店員：　　　　　　　　[あっ

16　店員：　　↑あっ=

17　客1：　　=>あ[の<に(.)に(.)にじゅうごね[んなんで：

18　店員：　　　　[>違うんですか<　　　　　　[↑あっ

19　店員：　　あ：↑そうなんです[ねおめでとうござい[ます

20　客1：　　　　　　　　　　　[で　　　　　　　　[あん

21　客1：　　でちょ[っと

22　店員：　　　　　[お作り直しみたいな[かたちですか

23　客2：　　　　　　　　　　　　　　　[はい

24　客1：　　　　　　　　　　　　　　　[そうそうそ

［断片4］

01	店員：	-> ご結[婚指輪でs-
02	客1：	[(・・・)どこなん指輪((客2に対して))
03		(0.2)
04	客2：	知らん
05		(.)
06	客1：	(・・)ない
07		(0.3)((客1が歩き出し、店員の方を見る))
08	客1：	だ[いじょぶです::.
09	店員：	[ha hu
10		(0.3)
11	店員：	ごゆっくりご覧ください

図6：ペア客への話しかけ

　断片4でも、結婚指輪が陳列されているケースを覗き込んでいる客の様子を
みて、店員が「ご結婚指輪でs」(01行目)と声をかけている。

　一方、次の断片5では、母娘が共にジュエリーを眺めていることが、声かけ
の際に利用される。店員は母娘の斜め後方から近づき、側面から回り込むよう
にして客の視界に現れて「>今日はでも<娘様:用ですかね」(01行目)と声をか

［断片5］

((09行目の「ギオン」はショッピングモールの名称))		
01	店員：	->>今日はでも<娘様:用ですかね
02		(0.3)
03	客1：	>いや<なんかピンキーリングが欲しい(.)っていうんで,
04	店員：	は[い
05	客1：	[ちょっと:
06		(0.5)
07	店員：	ちょっとみよう[かなって>感じですk<
08	客1：	[あの:
09	客1：	ギオンに行く途中だったんですけど,
10	店員：	ああそうなんですかありがとうござい[ます
11	客1：	[向こうよりは品揃えがあるかなあ
12		[(と思っ)て,
13	店員：	[°あ°(.)ありがと[うございます　　　　[はい
14	客1：	[で見にきた(h)んです[けど
15	店員：	.hhピンキーリングですと:,((別のケースに向けて歩き始める))

図7：ペア客への話しかけ

けている。

　これらの事例では客二人がケースを覗き込んでいる最中に、店員が二人の間柄を読み込みつつ、そのニーズ（結婚指輪、娘に贈る品）を推察して声をかけている。いずれの断片でも客二人は横並びで、また、店員が声をかけているのは、客二人がケース内の同じ箇所を見ているようにみえるタイミング――すなわち共視を行っているとみなせるタイミング――である（図5、6、7）。ここで店員が行っている推察が、第2節でみた共視論における浮世絵を対象とした記述の選択と、性質的に変わらないものであることを強調しておこう。共視論では絵の中の「母子」が「共に」「特定の事物」を「眺めて」いることを読み取る。他方でジュエリーショップの店員は、断片3でいえば「夫婦（あるいはそれに類する関係）」が「共に」「結婚指輪」を「眺めて」いることを読み取る。それだけでなく、店員は客同士がジュエリーを眺めつつ心を通わせながら行っていることをも読み取っている。すなわち断片3では客が結婚指輪の「購入を検討している」のである。これが読み取れるからこそ店員は客のニーズを推察できる。共視論において浮世絵に描かれたものが本当に「母子」なのか、二人の視線の先が本当に同一のものに注がれているかわからないのと同様に、断片3の客も本当に「夫婦」なのか、二人が「共に」「結婚指輪」を「眺めて」いるかどうかはわからない。もちろん、二人が本当に結婚指輪の「購入を検討している」かどうかもわからない。そして、二人の間柄とニーズは、顧客の側の事情に属する事柄である。だからこそ、それをみて店員が行うことは推察なのであり、「ご結婚指輪ですか？」（09行目）という疑問文の使用にその態度が表されている。これらの例が示すように、一定の社会関係を取り結んだ者同士が、その社会関係に関連をもつ仕方で共に何かを眺めることや、それをみた者が常識的な理解として「夫婦（あるいはそれに類する関係）」が「共に」「結婚指輪」を「眺めて」いるといった記述を選びとることは、日常生活の中で人が実際に行っていることなのである。

　店員の推察にどれだけ客の共視が効いているのか、疑問をもつ向きがあるかもしれない。どんな品が陳列されているケースを眺めているのかという情報は確かに重要である。たとえば断片6では、客が一人で来ているにもかかわらず、結婚指輪のケースを眺める様子をみた店員が「ご結婚指輪ですか？」（03

[断片6]

01	店員:	こんにちは:.
02		(1.8)
03	店員: ->	ご結婚指輪ですか?=
04	客:	=uhuhu
05	店員:	hu[huhuhu
06	客:	[(°そうなんです°)((小さく頷く))
07		(4.3)
08	店員:	<下>見ですか?
09		(0.2)
10	店員:	uhu[hu
11	客:	[(そうなんです)色々見てるんですけど.
12	店員:	↑あ::>そうなん<ですか:.((華やいだ声で))
13		(.)
14	店員:	気に入ったデザインとか見つかりました:?
15	客:	あの:(0.4)いいなと思うやつ>全部<高いんですよね:

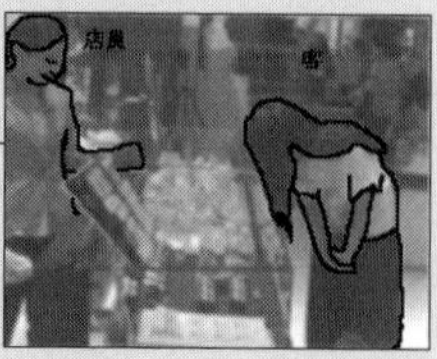

図8:女性客への話しかけ

[断片7]

図9:ペア客への話しかけ(斜め正面(左)及び斜め後方(右)から)

01	店員: ->	色々デザイン合わせてみてくださいね:.たくさんございますので.
02		(2.7)
03	客1:	<何が>あ[る-
04	店員:	[こちらもあのダイヤモンドの:,女性側に入っているダイヤモンド
05		の中心に↑ピンクダイヤモンドが入ってる珍しい指輪になってます.
06	客1:	へえ::[:
07	店員:	[は:い.
08		(0.2)
09	店員:	普通透明のダイヤモンドが(.)一番多いんですけ↑ど,はい.
10		(0.2)
11	店員:	こっちがピンクダイヤが入ってて,こっちが<ブルー>ダイヤ.
12		(0.2)

13 店員:	水色のダイヤモンドが入ってるのが特徴になってま[す.	
14 客1:		[ほんまや.
15 店員:	は:い.	
16 客1:	水色や.	
17	(.)	
18 店員:	綺麗ですよすごく.	

行目)と声をかけている。

　つまり夫婦ないしカップルの共視がなくとも、結婚指輪が陳列されている
ケースを客が眺める様子から、店員は客が結婚指輪を探していることを推察
することができる。だが、結婚指輪のケースを眺めているだけで常にこの類の
推察が行われるわけではない。断片7では断片6と同様に客が結婚指輪のケー
スを眺めているが、店員は声かけの際に推察を行わない（01行目）。

［断片8］

18 店員:	綺麗ですよすごく.	
19	(8.1)	
20 店員:	指輪お好きなんですねたくさんつけてらっしゃる[から.	
21 客1:		[uhuhuhu
22 店員:	ねえ.	
23	(0.2)	
24 店員:	指が綺麗からね.たくさん付けていただいても似合われますね.	
25	(0.4)	
26 客1:	うん	
27	(0.7)	
28 店員: ->	ご結婚指輪ですか?s	
29	(0.9)	
((店員が客1から客2へと視線を移す))		
30 客1:	huhh	
31	(0.3)	
32 客2:	(とりあえず)(.)(そんな感じ)hu	
33 店員:	huhuそんな感じの.は:い.	
34	(0.2)	
35 店員:	色々ね(.)デザインございますのでたくさんの中から選んでいただければ	
36	と思います:.	

図10:ペア客の接近

((客1（女性）と客2（男性）がパートナー。
この断片以前に二人が一緒にいるところを、
店員は遠目に見ていた。))

01 店員： ->>よかったら<お伺いいたしますので::

02 　　　　(0.3)((客1が店員の方を見る))

03 店員： おっしゃってください°ね°

04 　　　　(18.2)

((客1と客2が別のケースに集まり品を見始める))

05 店員： 今ちょうど品じまいの::(0.4)セールをしてるので::,(0.3)

06 　　　　前とかも半額になってます((店舗前方のケースを指し示す))

07 　　　　(0.3)((客1が指し示された方を見ている))

08 客1： ああ(.)(°・・・°)=

09 店員： =ネックレスですか:?

10 　　　　(.)

11 客1： いや[:(.)ちょっと

12 店員： 　　[あっ

13 店員： u[huhu

14 客2： 　[指輪(だよ)

15 客2： [指輪で:,

16 店員： [指輪::ですか?

17 客1： (うん)

18 店員： 記念日ですか:?=

19 客1： =↑あ:[:(違います)

20 客2： 　　　[いえいえ

21 店員： huhu .hh

図11：女性客への話しかけ

図12：ペア客の合流

　興味深いことに、断片7では女性（客1）と男性（客2）が訪れ、二人が同じ場所にいるにもかかわらず店員は結婚指輪を探しているのかどうかを問いかけない。その理由は、客1が身を屈めて指輪を眺める一方で、客2は少し後方からその様子をみていること（図9）にあるように思われる。つまり客1と客2は「共に」指輪を見ているようにはみえない。店員がもっぱら客1を相手に話しかけていること（01-13行目）は、この観察を裏付けるものだろう。

　さらに、この断片の続き（断片8）をみれば、共視が推察の資源になっていることがより明確にわかる。店員と客1とが話していると、少し離れて見ていた客

［断片10］

((客二人が並んで商品を見ていたが、店員が近づいていったところ別れて見るようになった))

図13：並んで商品を見るペア客

図14：一人で商品を見る客1

01 店員： -> おしゃれなバッグですね.
02 　　　　(.)
03 店員：　huhuhu 綺麗ですねこのバッ[グ
04 客1：　　　　　　　　　　　　　[iy(h)huhuhu

2が寄ってきて、二人で指輪を覗き込む状態になる（27行目、**図10**）。すると店員は、ちょうど二人が共に指輪を眺める状態になったタイミングを見計らったかのように「ご結婚指輪ですか?」（28行目）と尋ねる。

　店員が客の答えを待つ際に客1と客2とを順番に見ていること（29行目）と、答えるにあたって客2も応じていること（32行目）は、店員が「共に」指輪を見ている客の状態を利用して推察を行っているという主張を支持するものだろう。

　断片7－8が示すように、男女の組で来店している客を相手にする場合でも、共視状態がなければ店員は二人の間柄とニーズの推察に基づく話しかけを行わないことが多い。断片9でも女性（客1）と男性（客2）が訪れており、店員も遠目にそのことを確認していたが、二人が別々に回遊しているのをみて店員は、声をかける際に間柄の推察は行っていない（01－06行目）。

　断片10も同様である。店員は男女の組が品定めしていることを遠目にみて知っていた（**図13**）が、二人が別々にジュエリーを見るようになったので（**図14**）、客1のバッグを褒めることを話しかけるきっかけにしている（01行目）。

　断片11では男女の組が同じ対象を眺めてはいるけれども、その視線の先は指輪やネックレスなどの品ではなく手元の広告チラシである。しかも店員が二人に近づいた瞬間、女性客（客2）はチラシから目を逸らす（**図15**）。すると店員は声かけの際に二人の間柄とニーズの推察を行わず、チラシに「気になる」

［断片11］

((客1（男性）と客2（女性）がチラシを眺めている))

01 店員：　　こんにちは:.
02　　　　　　(.)
03 店員：-> huhh .hh[気になるものがあればおっしゃっ[てくださ:い
04 客1：　　　　　[あ:　　　　　　　　　　　　　[あ:ありがとうございます
05 店員：　は:い=
06 客1：　=なんか今日まで>なんか<セールやってるんですか:?
07 店員：　あ(.)そうなんで[す=あの(.)明日までなんですけど,=
08 客1：　　　　　　　　　[(そう)
09 客1：　=あ:あ[:あ:そうか
10 店員：　　　　[は:い

図15：チラシを眺めるペア客への話しかけ

((休日中は日付を間違いやすいという話の後、客1が安価なペアリングはいくらぐらいなのかを尋ねる))

品があるかどうかを尋ねる（03行目）。

　以上断片7、9、10、11でみてきたように、指輪やネックレス等々の品への共視がなければ、店員は声かけの際に二人の間柄の推察を行わない。事例の数は少ないが、男女や親子（にみえる）グループの顧客が来店した9ケースへの話しかけ方を整理すると表1のようになる。

　客の状態は二人が別の場所にいたり、同じ場所にいても品を一緒に眺めているようにはみえない状態（「別々に品を見ている」5ケース）と、共に品を眺めている状態（「共視している」4ケース）に分けられる。それに対する店員の話しかけ方

表1：グループ客の状態と店員の話しかけ方

	間柄とニーズの推察に基づく話しかけ方	それ以外の話しかけ方
別々に品を見ている	0	5
共視している	4	0

は、「結婚指輪ですか?」「ペアリングですか?」などの、二人の間柄とそのニーズの推察に基づくもの(「間柄とニーズの推察に基づく話しかけ方」4ケース)と、探し物が何かを直接尋ねたり、よい品が見つかったかどうか尋ねたりする声かけ(「それ以外の話しかけ方」5ケース)に分かれる。一見して明らかなように、共視状態の二人には二人の間柄とニーズの推察に基づく話しかけが行われ、そうでない場合はそれ以外の話しかけ方が用いられている。

　なぜ店員は客の共視状態を利用してニーズの推察を行うのか。共視が効いていることの別の証拠は、それを推察の資源に使うことが、店員の業務の遂行における合理的な手立てになっていること(cf. 串田・平本・林 2017: 第3章)に求められる。それは、共視状態を利用した社会関係の推測がもつ、規範的な強さを利用できることにある。第3節で述べたように、常識的な理解可能性に基づいた記述の選択の適切性は、個別事例の事実如何によって揺るがされるものではない。たとえば同じくらいの年頃の男女の組が指輪を共に眺めていたなら、その二人はカップル(あるいはそれに準ずる関係)で、その種の品の購買を検討しているとみられるべきであって、もし事実としては二人の関係がそうでなかったとしても、もしくはカップルが欲しているものがその種の品でなかったとしても、その推察が適切に行われたこと自体は否定しえない。その意味で共視状態を利用した推察は、客のニーズを聞き出すうえで(客のプライバシーに関わる事柄を言い当てようとする点でリスクも高いけれども)強力な手段である。

　次の断片12では女性(客1)と男性(客2)の組が共に指輪を眺めていると、店員が「ペアリングですか:?」(08行目)と尋ねる[1]。

　じつは客が探していたのは正確には「ペアリング」(08行目)ではなかった。だが客1はこの推測を(たとえば「いいえ」のような否定の感動詞を使うなどして)直接否定することなく、「結婚指輪」(10行目)という正解[2]を与える。人はしばしば、返答の候補を具体的に挙げつつ問いかけられた時に、その推測が誤っていたとしても、返答に際して正解を与える(cf. Sacks 1992: 21-23)。ここでは店員による、客の共視状態を利用した推察の(規範的な)適切性のゆえに、客は正解を返すことが動機付けられる。今回のデータのなかで、推測の誤りを主張するだけで正解を与えないケースはみられなかった。

[断片12]

(客1(女性)と客2(男性)が商品を眺めている))

図16：ペア客への話しかけ

```
01 店員：    ごゆっくりご覧くださいませ
02         (2.5)
03 客1：    指輪や
04         (0.3)
05 店員：    uhuhu .h[h 指輪の中もみてみてください(h) huhuhu .hhh
06 客2：          [(なんや)
07 客2：    なんや：
08 店員： -> .hh ペアリングですか：?
09         (0.6)
10 客1：    結婚指輪.
11         (1.3)
12 店員：    欲しいですよね：.
13 客1：    欲[↑しい：：：
14 店員：      [女の子の憧れですから：((客2が別の方向を向き歩き出そうとする))
15 客1：    け[っこん指輪(h)：.
16 店員：      [えみてってください((客2に対して))
```

6. 相互行為の中の共視

　本稿では複数人が共に環境内の何かを眺めている状態（＝共視）を他者がみてとることが、ただそれを行う者の主観に閉じた事柄であるだけでなく、秩序立った実践として相互行為の中で行われるものであることを示そうとした。ジュエリーショップの接客場面のデータの分析から、グループ客の共視が、店員による客の間柄およびニーズの推察と、その推察に基づく話しかけの資源として使われていることをみた。どんな状態を共視としてみることができるか──いかなる物理的環境と社会的文脈の下での、どのような人びとの協調的振る舞いを共視と理解し、それを行う人びとの間での心の交流を読み取るか──は、人が具体的な社会生活の場面において、その場で直面する相互行為

上の課題に取り組む中で、問題にしている事柄なのである。

　ジュエリーショップに訪れたグループ客が、本当に共視を行っているのかどうか、その実際のところはたしかにわからない。しかしそのことは、店員が客に声をかける実践とその分析的記述にとって、実質的な弊害をもたらさない。というのも、店員と分析者が利用しているのは、あくまでグループ客の振る舞いがどのようにみられるべきかに関する規範であって、この規範を運用して紡がれる相互行為自体は、店員と分析者にとって直接的に観察可能だからである。店員は推察を行っていることを自らの発話の形式に顕わし、またグループ客が同じ品に視線を注ぐタイミングを逃さぬよう、話しかけるポイントを注意深く見極める。そして客からすれば、第5節の最後に論じたように、そうして慎重になされた推察の適切性自体は、たとえ事実としては尋ねられたことが誤っていようとも——たとえば「結婚指輪ですか?」と訊かれた時に探していたものが結婚指輪ではないとしても——揺るがない。このように共視をめぐる人びとの相互行為は、共視を行う人の本当の意図や心的状態とは独立して、それ自体秩序立っているのであり、エスノメソドロジー研究はその秩序の成り立ちを、具体的な相互行為の細部に証拠を求めつつ記述していく。

　本稿ではまた、接客における客の視線を分析に組み入れるひとつの方向性を示した。それは、客が何かを視ることを通じてどんな行為を遂行しているかを、相互行為参与者にとっての理解可能性に寄り添いながら記述していく方向性である。小売店という環境の内部において、回遊する客の視線は主に商品に向けられる。店員が商品に視線を向けている客に声をかける機会が自然と多くなるわけだが、その際に客がその商品を視ることを通じて何を行っているかがわかれば(たとえば「値札を読んでいる」)、それに応じた声をかけることができる(「今お求めやすくなっております」)。本稿で扱った声かけもこのタイプのものである。この研究方針をとることは、従来「視線」の一語でまとめて扱われてきた顧客行動の内実を、より、店員と顧客とが相互行為の中で実際に利用している物事に即した仕方で詳らかにしていくことに役立つだろう。

注

1————より正確には、客の様子をみて店員が声をかけようと近づくと、客1の方から店員に「指輪や」(03行目)と話しかけてくる。店員が「ペアリングですか:?」(08行目)と推察するのは、そのやりとり(連鎖)が閉じた位置である。

2————紙幅の都合もあり詳しくは述べないが、この発話は正解を与えるだけでなく、客1が客2に結婚指輪をねだる効力を得ているようにみえる。12行目以降、店員は[女の子]カテゴリー(串田・平本・林2017:第10章)を使い、客1とチームを組むような形で客2に結婚指輪を検討するようはたらきかけていく。

謝辞

調査にご協力いただいた宝石・宝飾会社の方々、コンサルティング会社の方々に感謝したい。なお本研究は科研費(20H01531)の助成を受けたものである。

参考文献

Bruner, Jerome. (1983) *Child's Talk: Learning to Use Language*. New York: Norton.

Bruner, Jerome. (1995) From Joint Attention to the Meeting of Minds: An introduction. In Moore, C. and Dunham, P. J. (eds.), *Joint Attention: Its Origins and Role in Development*, pp. 1–14. Hillsdale, NJ: Erlbaum.

Butterworth, George. (1991) The Ontogeny and Phylogeny of Joint Visual Attention. In Whiten, A. (ed.), *Natural Theories of Mind: Evolution, Development and Simulation of Everyday Mindreading*, pp. 223–232. Cambridge, MA: Basil Blackwell.

Butterworth, George. and Jarrett, Nicholas. (1991) What Minds have in Common is Space: Spatial Mechanisms serving Joint Visual Attention in Infancy. *British Journal of Developmental Psychology*, 9(1): 55–72.

Coulter, Jeff. and Parsons, E. D. (1990) The praxiology of perception: Visual orientations and practical action. Inquiry, 33(3): 251–272.

遠藤利彦 (2005)「発達心理学から見た共視現象」北山修編『共視論――母子像の心理学』pp.90–12. 講談社

Garfinkel, H. (1967) *Studies in Ethnomethodology*. Englewood Cliffs, NJ: Prentice-Hall.

平本毅・山内裕 (2017)「どんな店か、どんな客か――江戸前鮨屋の注文場面の応用会話分析」水川喜文・秋谷直矩・五十嵐素子編『ワークプレーススタディーズ――働くことのエスノメソドロジー』pp.35–53. ハーベスト社

Kidwell, M. (2005) Gaze as Social Control: How very Young Children Differentiate "the Look" from a "mere Look" by their Adult Caregivers. *Research on Language and Social Interaction*, 38(4): 417–449.

北山修編 (2005)『共視論――母子像の心理学』講談社

北山修 (2005)「共視母子像からの問いかけ」北山修編『共視論――母子像の心理学』pp.8–46. 講談社

串田秀也・平本毅・林誠 (2017)『会話分析入門』勁草書房

Llewellyn, Nick. and Hindmarsh, Jon. (2013) The Order Problem: Inference and Interaction in Interactive Service Work. *Human Relations*, 66(11): 1401–1426.

三浦佳世 (2005)「視線の構造」北山修編『共視論――母子像の心理学』pp.129–158. 講談社

Moore, Chris. and Corkum, Valerie. (1994) Social Understanding at the End of the First Year of Life. *Developmental Review*, 14(4): 349–372.

Mundy, Peter., Fox, Nathan., and Card, Judith. (2003). EEG coherence, joint attention and language development in the second year. *Developmental Science*, 6(1), 48–54.

西阪仰 (1997)『相互行為分析という視点――文化と心の社会学的記述』金子書房

Sacks, Harvey. (1972) An Initial Investigation of the Usability of Conversational Data for Doing Sociology. In Sudnow, D.

(ed.), *Studies in Social Interaction*, pp.31−73. New York: The Free Press.

Sacks, Harvey. (1992) *Lectures on Conversation*, Vol.1. Oxford: Blackwell.

Scaife, Michael. and Bruner, Jerome. (1975) The Capacity for Joint Visual Attention in the Infant. *Nature*, 253(5489): 265−266.

Sundaram, Dorai. and Webster, Cynthia. (2000) The Role of Nonverbal Communication in Service Encounters. *Journal of Services Marketing*, 14(5): 378−391.

Surprenant, Carol. and Solomon, Michael. (1987) Predictability and Personalization in the Service Encounter. *The Journal of Marketing*, 51(2): 86−96.

田中優子(2005)「場の江戸文化」北山修編『共視論──母子像の心理学』pp.48−71. 講談社

Tomasello, Michael. (1993) On the Interpersonal Origins of Self-concept. In Neisser, U. (ed.), *The Perceived Self: Ecological and Interpersonal Sources of Self-knowledge*, 174−184. Cambridge: Cambridge University press.

Tomasello, Michael. (1995) Joint Attention as Social Cognition. In Moore, C. and Dunham, P. J. (eds.), *Joint Attention: Its Origins and Role in Development*, pp. 103−130. Hillsdale, NJ: Erlbaum.

やまだようこ (2005)「共に見ること語ること──並ぶ関係と三項関係」北山修編『共視論──母子像の心理学』pp.74−87. 講談社

Zimmerman, Don. H. and Pollner, Melvin. (1971) The Everyday World as a Phenomenon. In Douglas, J. (eds.), *Understanding Everyday Life: Towards a Reconstruction of Sociological Knowledge*, pp.80−103. London: Routledge and Kegan Paul.

同定・観察・確認行為の構成における「見ること」の相互行為的基盤

黒嶋智美

要旨

　ある対象を「見る」という達成が、相互行為の基盤となるのは、視覚を伴う行為の記述において、参与者らがその都度、互いに何をどのように「見ている」のかが、理解可能であることによってである。本稿では、対象物を特定する「同定」や、視覚的になされる「観察」、および、視覚的判断の必要となるような「確認」などの行為への反応の際、繰り返し観察される受け手に帰属可能な沈黙が、反応の遅延としてではなく、反応のための時間としてたち現れる事例を検討する。参与者らは、互いに何をどのように「見ている」のかがわかる形式を用いてそれぞれの行為を構築しており、それによって期待される反応の構築に、対象を「見ている」ことの帰属が利用されている。このように参与者たちは、相互行為の環境において、身体や道具、ことばを介して、他者に対して開かれた形で「見ること」を提示し、その社会的基準および妥当性のもとにこれらの活動を達成している。

1. はじめに

　本稿は、相互行為中の人々の「見る」という行為に着目するものである。具体的には参与者たちが目の前のものについて見ていることを他者に示す「観察」や、2人以上の参与者が同じものを見ていることにもとづく「同定」や「確認」が行なわれる現象を扱う。特に参与者が誰も話していない、いわば沈黙の間に、参与者がそれぞれの立場で、「見ている」ことを提示し、またそれがどのように相互行為の資源となっているかを、事例を通じて概説する。

　断片（1）では、4人の友人（ユウジ、ミドリ、カヨコ、レイナ、うちユウジとミドリは夫婦）が鍋を囲んでいるところである。ユウジは1歳児の自分の赤ちゃんを膝に乗せて抱いていたが、この断片の直前で首を前に曲げ自身の首の背面に赤ちゃんを座らせるような格好で乗せる。このためユウジには赤ちゃんの様子は見えない。その状況で1行目の質問（「どう.(0.2)どもない」）を他の3名に向かって行う。この時、ユウジはうつむいているが赤ちゃんを両手で支え他の3人には見えるようにしていることから、この質問は赤ちゃんの様子についてであることがわかる（**図1**）。この質問を受けてまず、母親であるミドリがすぐに赤ちゃんを見る（2行目）。そして、問題がないことを主張する（3行目）。次に、ユウジは赤ちゃんを支えたまま、左右にゆっくりと揺れてあやす。その動作に反応しレイナ、カヨコも赤ちゃんに視線を向け、やはり問題がないことを確認している

断片（1）[hotpot2; 19:16]

01	ユウジ:	どう. %(0.2)>ど'もない.<
	ユウジ:	%赤ちゃんを3人に見せるような少し前傾姿勢を取る
02		*(0.8)
	ミドリ:	*赤ちゃんを見る((**図1**))
03	ミドリ:	ん↑ん.((ほおばりながら))
04		%(2.0)
	ユウジ:	%赤ちゃんを支えながら左右にゆれる
05		#(1.2)
	レイナ:	#赤ちゃんを見る
06	レイナ:	どう::もない. (.) hehheh [.shh
07	カヨコ:	[んん::なんか嬉しそうだね.

図1：2行目

（6、7行目）。この一連のやりとりで顕著なのは、ユウジの質問に対する他の参与者の反応がいずれも、対象を見てから行われている点である。また、その「見ること」をする間、誰も発話していないことにも注目したい。こうすることでユウジの質問にすぐに応答するのではなく、「見ること」を経てから参与者それぞれが反応しているという理解が可能になる。もう少し詳しくみていこう。

1行目でユウジは、首を前傾させ赤ちゃんを抱き上げそのまま自分の首をまたがせる格好で首の根っこに置くと、「どう」という対象の様子についての記述を相手に促すような質問をする。そしてその体勢のまま前傾し、「ど゜もない.」[1]と確認を聞き手に要請する。この確認の間、ユウジはうつむいた姿勢を維持していることから、子どもを他の3人が見るべき対象として提示しているといえるだろう。また、「ど゜もない.」という言い方は、対象の様子を記述するような発話形式になっており（「どうもない」）、先の質問（「どう」）に対する答えの候補という理解が可能になっている。形式的には赤ちゃんの様子を記述する候補でありながら、ユウジ本人にとっては対象が見えておらず、対象を明言せず動作することで言及対象を受け手にわかるように示している。すなわち、ユウジはことばと姿勢、また赤ちゃんの空間的配置を通して発話を組み立て、聞き手に、赤ちゃんの様子を見ることを促し、そうすることで「ど゜もない」という自身の記述が適切かどうか、聞き手に確認を求めている。そして実際に、ミドリとレイナ、カヨコはそれぞれにとって適切なタイミングで赤ちゃんを見て、確認をしているのである。

話し手が確認を求めたことに対して、受け手が確認を与えることは、その人が達成しようとする行為の実現を促進する同調的反応[2]である。会話分析が明らかにした人々の実践の一つに、こうした相手の開始した行為を実現するための同調的反応は、遅滞なく行われるというのがある（Pomerantz 1984b; Sacks 1987)。いわば、「産出しやすい」反応という特徴を持つ。一方、非同意や断りなど、相手が達成しようとする行為の実現を阻止する非同調的な反応は、「産出しにくい」反応として産出が遅延される。ここでは、反応の直前の沈黙（2行目や4、5行目）の時間的な遅れは「産出しにくい」反応としてではなく、確認対象を、まさに確認するため、すなわち、見るために必要な時間であることが参与者た

ちにとって（またビデオを見ている分析者にとっても）、明らかなものとなっている。そのような状況では、この最初の行為と次に来るべき行為の間に生じる切れ目（gap）[3]（Sacks, Schegloff and Jefferson 1974）は遅滞として認識はされない。このように、ある行為に対する反応が産出される前の沈黙（切れ目）であっても、具体的な場面において、異なった種類の沈黙であると理解できるのはなぜか。本稿では、遅滞とみなされない沈黙内で起きていることに着目することで、参与者らがどのような「見ること」を達成しているのかを明らかにしていきたい。

2. 相互行為の中で行われる「見ること」

　具体的な分析に入る前に、ある行為とそれに対する反応との切れ目に生じる「見ること」はどのような現象として捉えることが出来るか、先行文献を交えながら本稿の議論の依って立つ考え方を概観しておきたい。まず、見るという行為は、すでに多くの研究者たちが経験的研究で示しているように、文脈から独立した個人の脳内で行われる視覚的信号の処理によってなされるものではない。むしろ、「見る」という行為は、具体的な活動に埋め込まれ、それゆえ様々な概念が結びついた社会的な行為である。本節では、Goodwin（1994、2003、2018）、Heath（1986）、西阪（2001、2008）、Nishizaka（2017、2021）などにならい、参与者が対象物へ視覚的志向を向けることが、どのように進行中の活動を達成する資源として利用されているのかを解説する。

　例えば、海底でサンプルを採取している海洋学者や地質学者は、実験装置やコンピュータースクリーンといった媒体を通して共通のグラフを見ていることを前提とすることで、同僚の具体的なふるまいを「気づき」として扱うことを達成している。また、法律の専門家は、犯行が行われている模様を映した映像について特定の見方を提示し、被告に有利な証言をしている（Goodwin 1994）。このように私たちの様々な活動における「見ること」は、様々な活動の手続き上の基盤として、その都度の行為を構築する資源となっている。

　さらに、このような日常的な活動の中で「見ること」が有意味な形でなされることは、すなわち、その都度の「見ること」にまつわる「文法」を知っていると

いうことであり、その概念を理解しているからに他ならない(Wittgenstein 1953、土屋 2009)。たとえば、J. クルター(1979=1998)は、ある絵画を見て「それは贋物みたいだ」と発言することは、話し手があらゆる証拠にもとづき、視覚能力および判断能力を用いた結果であることを私たちは端的に理解すると述べている。また、この発言は、ある対象が自分にとってどうあらわれているのかという主張であり、他者からの反駁の可能性に開かれているということも理解可能である。すなわち、私たちの視覚にもとづく主張は、見方の違いという問題をはらんでおり、社会的な規準や妥当性にさらされているというわけである。このように、実際の状況で様々に「見ること」は、その都度の活動の持つ社会的規準に照準され資源として利用されている。

　ある対象について「見ること」が社会的規準を持っているのであれば、視覚を伴う行為において、「見ること」にかかわる概念は、だれが何を見ているのかについての様々な帰属可能性を持つということも意味する。西阪(2016)やNishizaka(2017)では、G. ライルの「見る(seeing)」という動詞が達成動詞であることを引用しながら、相互行為の中で、参加者たちが「見る」という概念をどのように使用し、何を見たのかを他者や自己に帰属している様を記述している。例えば、バイオリンレッスンにおいて、生徒は自分が演奏する際に自分の腕の角度を見ることで、教師の実演を「見た」上で、同じ動きが出来ているのかを確認すること、すなわち教師の実演に従おうとしていていることを達成している。こうして、教師の実演を生徒が見たことの帰属可能性の規準である「実演と同じようにやること」がどのような両者の志向の提示によって達成されているのかを記述している。また、Nishizaka (2021)では、知識にもとづいて構成される行為と、知覚にもとづいて構成される行為の区別を参与者は明確に行っていることを、助言や非同意などの具体的な行為の産出のされ方の分析を通して経験的に示している。帰属可能性のもとで、参与者の知覚による志向は、行為を構成する基盤となっており、記述可能なのである。

　本稿でも、先行研究の分析方針に倣いつつ、ある行為を構成する際の「見ること」を分析してみたい。ここで具体的に焦点を絞るのは、巣箱や術野といった、目の前にあるものを見てそれが何であるかを判断するような「同定」や「観

察」、視覚的判断を要する「確認」をしている場面である[4]。いずれも、グッドウィンの主張する、「文脈に埋め込まれた活動体系(situated activity system)」の中で行われており、「見ること」による視覚的資源の使用とその立ちあらわれ方の過程を記述するのに最適な「明確な場面(perspicuous setting[5])」(Garfinkel and Wieder 1992)であるといえる。これらの活動において顕著に観察される現象は、前節の断片(1)で確認したとおり、発話による反応に先立ち「見ること」が時間的に記述可能な形で行われるということで、そのため反応自体の産出が切れ目を挟んでなされるというものである。そのような現象について詳しく記述することで、多様になりえる「見ること」が、どのような視覚的資源をその都度の活動に結びつけ提供しているのかについて知見をさらに提供できればと考えている(牧野1章; 須永4章; 名塩5章; 平本6章も参照)。

　本稿で取り上げる会話データは、ある大学附属病院消化器外科で行われた手術中の外科医による、血管や臓器の「同定」および「観察」を行っている際の相互行為と、福島県の山間部の町の文化祭の工作(巣箱作り)体験での「確認」行為の相互行為である。両者の視覚的な行為は、いわゆる専門家としての知識や経験を実演する意味で、Goodwin (1994)の「専門家の視覚(professional vision)」(1994)が立ちあらわれる場面といえる。それぞれのデータの具体的な転記方法は巻末に示す。

---

3. 視覚的同定・観察・確認の連鎖組織

　はじめに、この分析の論証したいことを確認しておきたい。冒頭で述べたように、視覚的に行われる「同定」や「観察」、「確認」が行われる過程において、押さえておきたいのは以下の3点である。第一に、第一話者が自分の視覚にもとづいた観察や、判断を提示する。第二に、それは視覚的になされていることがわかるような提示になっている。第三に、この提示を受けて、第二話者は、第一話者の提示したものと同じ対象を実際に「見る」ことを反応に先立って行う。このため、しばしば第一の行為の直後に切れ目が生じる。その構造はAのように組織される。

〈A〉視覚的同定・観察・確認の連鎖
- 順番1：第一話者の視覚的観察や判断の提示
- 第二話者が同じ対象を見る（順番1が終わる前に開始されることもある）
- 順番2：第二話者の視覚的観察や判断の結果としての第一話者に対する
　（非）同意の提示

　順番1と順番2の間に生じうる切れ目は、非同調的な反応を遅滞させた結果としては認識されない。実際、同調的反応の場合でもこのような切れ目は生じている。これはつまり、第一話者の行為が視覚的に構築されるのと同様に、第二話者に視覚に基づく行為の産出が期待されていること、そして視覚的知覚が第二話者に帰属可能になっていることが、これらの相互行為にとって重要な基盤となっているということに他ならない。

4.「同定」活動での視覚的資源の用いられ方

　まずは、外科医たちによる血管や内臓組織を同定する活動に目を向けたい。たとえば、次のような事例である。まず、第一話者がある対象物の同定を視覚的資源にもとづいた形でおこなう。受け手は、それに対し、同じ対象を見て判断をするため、反応の前に対象を「見ること」を行う。その間に、前節で述べた、反応の前の切れ目が生じる。この切れ目は、先に断片（1）でも確認したように、反応の遅れとしてではなく、「見ること」をするための時間として立ちあらわれる。具体的にみていこう。

　次の断片（2）は、肝臓の一部を切除するための開腹手術が行われている場面からのものである。手術開始からすでに2時間あまりが経過しており、このやりとりの直前で、切除予定の重要な血管にようやくたどり着いたところである。そしてここでは、その血管についての同定が行われている。まず、第一助手であるD2が執刀医であるD1に対して、指示語とメスによる指し示し（Mondada 2011; Goodwin 2003）と固有名による特徴付けによって、見ているものの同定を行う（1行目）。このメスによる指し示しは、それを見ながら何回か軽く

01	D2:	でこれが::6だよ*ね.
	d2	*グリソン6をメスで何回か軽く触れる
02	→	%(1.0)
	d1	→ %覗きこむ体勢（図2）
03	D1:	そう'っすね.(0.2)[%ここ-
	d1	%グリソン6をキューサーで一瞬指す
04	D2:	[(これ::)6(で),
05	D2:	このまえ(の部分),
06	D1:	°ん.°
07	D2:	でこの枝が5だから.
08	→	*(0.8)
	d2	→ *グリソン5を2回メスで軽く触れ
09	D1:	⇒ >そう, そう, そう, そう.<
10		(1.5)
11	D1:	やっと出てきました,

図2：D1 D3 D2

触れることでなされており、相手が対象を見ることが適切な行為として組み立てられている。それだけではない。「よね」という終助詞は同意を求める言語形式であり、これによっても相手からの承認を要請している (Sacks 1987)。

　次の瞬間、D1が覗きこむ体勢を取る（図2、2行目）。この時点でのこの身体の動きはやはり、環境と組み合わせることで (Goodwin 2007)、D2の示した同定対象を自身も見て確認していることを身体的に示すものになっている。つまり、D1はこの1秒間に、自分の姿勢や頭の向きを維持することで、D2の同定内容への同意の求めに対して、今何をしているのかを示している。ここに私たちは、視覚的に行われる同定に反応することは、受け手も同じ対象物を「見ること」が期待されるという参与者の理解を見て取ることが出来る。すなわち、2行目の切れ目は、D1が反応するために見るための時間として、D1へ帰属させることが可能であり、そのことは、続く反応の仕方を見ても明らかである。3行目で、D1はまず端的に承認をする（「そうっすね」）。そして続けて同じ対象を指し示すことで、自分が何にもとづいて承認しているのか、つまり視覚的に確認を行ったことを具体的に立証しようとする（3行目）。このような反応の仕方からも、参与者は、視覚的に行われるべき同定の同意の求めに対しては、受け手

も同じものを視覚的に確認しなければその規準を満たさないということに志向していることがみて取れるだろう。

　まったく同様のやりとりがそれに続けて7行目以降も展開されている。7行目でD2は、発話冒頭の「で」で、先の活動が継続していることを予示する。この発話の組み立ては、先の1行目と似たやり方が採用されており、指示対象（「この」）と固有名（「5」）によって視覚的対象が記述されている。少しだけ違うのは、この時、受け手であるD1は、直前のやりとりから継続して既に対象物を見る体勢を取っている点であろう。そのことを踏まえるように、D2は「5の枝」に相当する血管にメスで2回軽く触れるのである（8行目）。この切れ目で、指し示しをするということは、相手がこの瞬間その対象を見ていることを前提としているといえる。実際に、D1は映像で確認出来る限り、体勢をまったく変えていない。そのような切れ目でやはり指し示された対象を見ることが想定されるならば、この直後9行目のD1による承認は、3行目と同様に、同じ対象を視覚的に確認したうえでの承認であることが主張されているといえるだろう。また、「そう」という承認を示す表現を繰り返すことで、先ほどの3行目の承認の際に行った、指し示し（「ここ-」）による承認の根拠は、今回提示する必要のないものとして扱われている。これは、D2による7行目の同定が、すでに自分が対象物を見ていることを前提とした産出の仕方になっているとD1が捉えているためだといえる。つまり、承認にあたり、D1はその根拠を説明する必要のない同定であったという自身の理解を示している。

　断片（2）では、第一話者の示した同定に対して反応する際は、反応する側も同じ対象物を見たことを実証するような身体の動きや発話のデザインが用いられ反応が組み立てられていることをみてきた。反応の直前で切れ目が生じているが、その間に起こっているのはいずれも、受け手が第一話者の同定と同じ対象物を見ることであった。相互行為の参与者たちはこの切れ目を、非同調的反応によく観察される反応の遅滞としてみなしていない。それはむしろ、視覚的な対象の同定という活動に対して、視覚的に確認を行った上で反応するという「見ること」に関する社会的な規準に照準したやり方として立ちあらわれている。

5.「観察」活動における視覚的資源の用いられ方

　前節では、外科手術場面における血管の視覚的同定を行っている場面を中心に、いかに受け手が見て確認、判断することが適切になるように、話し手が行為を組み立てているのか、また、そのように組み立てられた行為に対して反応する時には、受け手も同じ対象を十分に見たことが説明可能になるようなやり方を用いていることを確認した。本節では、別の活動においても同様に、行為の受け手が対象物を見て判断することが適切になるように行為が組み立てられる事例を確認したい。

　次の断片（3）では、胆嚢癌の胆嚢摘出開腹手術が行われている。開始から30分程度が経過し、次の切除部分に入っていくタイミングである。D1は執刀医であり、指導的立場にある。D2とD3は執刀医の助手をしている専門医である。J1は研修医で手術においては周辺的な仕事を行う立場にある。D1が術野の吸引を宣言しそれがおおむね完了したところで、D2が4行目で、見ている対象を特徴づける記述を開始する。この4行目の発話は、「ここ」という指示語によって対象が指示され、それに対する特徴付けとして固有名（「胆嚢管」）が述部に用いられていることから、指示対象についての同定を行っていることがわかる。しかし、この発話はこれだけで完了するものではないことが示され（文末の「で」）、胆嚢管を起点として何かを視覚的に行うことが予示される。話し手の身体によってもそれは示されている。4行目を発話しながら、D2は視線を術野に向けている。映像では確認できなかったが、恐らく、受け手となる他の参与者らもこの胆嚢管に当たる部位を見ている。また、そうした視線を指示語と組み合わせることで、受け手に対して対象を見ることの誘いとしても組み立てられている（Hindmarsh and Heath 2000）。以上により、この発話は、特定の相手に宛てる形で組み立てられておらず、今この場に居合わせる参加者全員に向けられている。実際、D1が6行目で受け手として先を促すと、D2はゆっくりと正面モニターの3D画像を見上げ続けて8行目を産出する。

　この3D画像には、8行目でD2が述べているように、D1が患者の臓器のCT画像とMRI画像にもとづいて構築した胆嚢や肝臓の画像が3Dで表現された

ものが、映しだされている (Oshiro et al. 2015)。8行目でその画像が言及され、さらに話し手が視線を術野からゆっくりとモニターに移すことによって、参照点が変わったことが身体的に示される。このような身体の動きは、その動き単独では意味をなさないが、この特定の発話がおかれている文脈、すなわち手術中に行われている「同定」に続くスロットで産出された行為という枠組みと、それに従事している互いの身体や道具を含む環境に配置されることで意味をなすものである (Goodwin 2018)。このような身体の動きを組み合わせることで、D2 は参照する対象を導入し、胆嚢動脈の生え方の記述を自身の観察として行っていく。この視線の誘いを受けて、D1 と D2 も同じく正面モニターに視線を移動させる (図3)。D1 はさらに、D2 に先に進むことを促している (9行目)。J1 は唯一、D2 と同時に視線の移動を開始したため、別のモニターを見るのだが、他の3名が正面のモニターを見ていることが十分明らかになった時点で、やはり同じ正面モニターを見る (10行目)。いずれの場合も、D2 がここで行おうとしている視覚にもとづく観察を、受け手が理解していることがわかる。

　D2 は、3D画像という、患者の臓器を再現したものを参照し、この観察が画像との対比によることを予示した上で、観察対象である「胆嚢動脈」を導入していく (8行目)。さらに、対照を示す助詞の「は」を用い、先に言及した胆嚢管との位置関係において、胆嚢動脈について記述をしていく。まず「あっちの方」という相対的な指示表現から、「上の方」(患者の頭部がある方)という絶対的指示表現へと自己修復することで、受け手の理解と「見ること」にも志向した言い方で胆嚢動脈の生え方を自身にとっての見え方として提示する。話し手自身による対象をどう見ているかの提示は、それが受け手の視覚にも開かれていることに志向していることのあらわれであろう。さらに D2 は、「入ってくる」(10行目)「奥から入ってくる」(11行目)という動詞の使用によって、手前に向かって動脈が生えている構造を説明し、また、「感じ」(10、11行目)によって、自分が見ている構造の「あらわれ」を記述していることを明示的に示す。さらに、10行目の発話の途中で D2 は再び術野に視線を戻し、「この」(11行目)によって、参照点が再び画像ではなく、術野になることを明示化する。この D2 の視線の移動に合わせて、他の3人も術野を見る (12行目)。D2 による視覚的な観察が11行

目で可能な完了点に達した時点で、D1は同じ対象を見たことを身体的に示し、観察への同意を示す（13行目）。

　ここで起きていることを、まとめておこう。視覚的観察を行っている者にとって、その社会的基準を満たすには、まずその前提として受け手に自分がどの対象物を見ているのかが帰属可能にならなければならない。そのため、D2は、身体と言語でその記述対象を提示することで、自分が今まさに「見ている」ものを記述していた。また、そのような対象物の視覚的な記述は、それがどのように見えているかといった構造の記述になっており、こうした観察行為が、手術に参加している他者にとっても関連のある活動となっている（Kuroshima 2018）。また、例えば、同じ血管を表現する場合でも、「長細い構造のものが生え

断片（3）[OPE3-1; 39:35]

01	D1:	じゃサクション, ちょっと. ((to J1))
02	J1:	はい. ((J1がD1に吸引器具を渡す))
03		(7.0) ((D1が血液を吸引))
04	D2:	ここが<胆嚢管で, >
05		(.)
06	D1:	°う::ん.°
07		(.)
08	D2:	*%先生の, スリーディーから[(いくと,) 胆嚢動#脈は, (.)結構::
	d2	*ゆっくりと正面モニターの3D画像見る**(図3)**
	j1 →	%左のモニターを見る
	d3 →	#正面モニター見る
09	D1:	[#お, いいこと言うねえ:::,
	d1 →	#D2を一瞬見てモニターの3D画像を見る-->
10	D2:	>あっちの%方から, <*上の方から入ってくる感じなん↓で::,=
	d2	*術野を見る
	j1 →	%正面のモニターを見る
11	D2:	=この, [奥から入ってくる感じですね::
12	D1:	[*う::ん.
d1/d3/j1 →		*術野を見る
13	D1:	⇒ そうな(の/ん), そんな感じだよ°ね°.

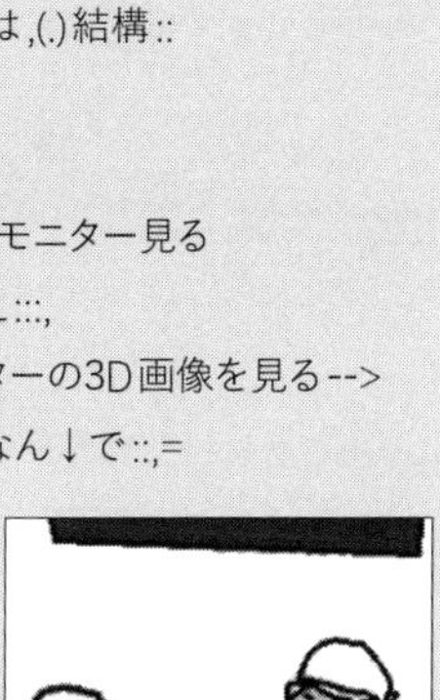

図3：D1　D2　D3　J1

ている」と記述するやり方とはまったく異なるやり方として認識が可能になっている（cf. Goodwin 1994）。また、観察という行為が、ここでは視覚的に行われていることが、受け手に認識可能なやり方で記述され、この活動の基準を満たすものとなっている。このような話し手自身にとっての「見る」という個別の経験を、特定のやり方で公に記述することは、その記述が社会的基準を満たし、根拠を持つものであるという主張にもなっているといえるだろう（Pomerantz 1988）。すなわち、それは他者からの反駁にも開かれていることに志向したやり方になっているといえる（Kuroshima 2018）。

　一方、受け手の側（D1、D3、J1）も、D2の開始した観察に合わせる形で、D2の記述対象を共に見ることを行っている（8～12行目）。すなわち、D2の観察の対象を追って見ることを達成し、D1は13行目でD2の提示した観察に対して独自に視覚的観察を行なった上で同意している（Pomerantz 1984b）。D1の13行目の発話だけに注目していても、同意であることはわかっても、それが、実際は、同じ対象物を見た上で同様の観察をするという行為になっていることはわからないだろう。しかし、身体的にD1の行っていることを観察すると、D2が行っていることが視覚的観察であることが認識可能になった時点で（8行目）、9行目でD2と同じくモニターを見て、10行目でD2が術野に視線を戻してもまだモニターを注視するなど、十分な時間を費やして見ていたことが明らかである。恐らくこのため、断片（1）、（2）で観察されたような切れ目は生じていない。また、これが同意として理解可能になっているのは、Goodwin（2018）が述べた、受け手は、話し手の行為が認識可能になる時点でその話し手の行為を基質として変形させ、新たな行為を組み立てるという累積的な行為の産出方法が用いられていることにも依拠している。

　この事例では、第一話者が聞き手となる複数の受け手に対し、何を見ているのかを発話の産出と同時に示すことで、自分の観察対象を見ることへの誘いになっていた。前節で扱った、同定活動では、同定というある対象物を何であるか特定するという行為の性質上、受け手もそれを見て承認するか否かが問題になっていた。同様にここでも、話し手の行った観察に対し、受け手も同じ対象を観察することで、同意するかどうかが問題となっていたといえる。いずれ

も、第一話者の行為の産出の基盤として見ることがなされ、受け手にとっても同じ対象を見ていることがさらに反応のための基盤となっていた。これに対し、そのような見るべき対象が、また少し異なったやり方で提示される事例を最後に見ておきたい。

6. 視覚的トラブルの提示と助言の求め

　沈黙があるべき反応の不在とならないように、話し手が複数の解決策を提示し、聞き手が十分観察の時間がとれるように配慮している例をみてみよう。断片（4）は、福島県のある山間の町で開催された文化祭で、巣箱作りを子どもたちに体験させる体験会での一場面である。NP1 は復興支援のNPOの職員としてこの巣箱作りの指導を手伝っている。RE1 は本体験会を提案した人物であり、指導的役割を担っている。NP1 と RE1 はこの時並んで巣箱作りをそれぞれ小学生の女子生徒に教えていた。すると、NP1 のほうの生徒が打った釘がゆがんで箱の外側にはみ出してしまった。NP1 はそれを代わりに修正しようと試みるのだが釘は斜めにささったままである（図4）。何度か釘を反対から打ち込んだりしたが、NP1 はついに断念し、巣箱を持ち上げながら RE1 の方に身体を傾けてある確認を行っていく。

　1行目で NP1 は巣箱を RE1 の方に傾けて問題の釘の刺さった一辺を指差しながらトラブルの提示を行っていく。NP1 は注意をひくためのフィラー（ちょっと）、指示語（こう）、指し示し、また視線を対象に向けているが、その指し示す方向にトラブルがあること自体は明言されていない。しかし、言語的に一見不十分にみえる形式は、言語と身体、道具を互いに彫琢させる形ではみ出した釘という対象物を提示することで、それにより、受け手が今この場でその対象物を視覚的に確認することが適切になっている。また、相手の作業中に中断する形で話しかけることによっても、話しかけるに値する十分な理由（たとえば、トラブルがある）ことも説明可能となっている。すなわち、釘のはみ出しは、そのような相互行為上の位置取りと行為の産出の仕方によって、トラブルとして理解可能になっている。

((NP1がはみ出た釘を反対から打ち込んでいるのを止める))

((NP1が巣箱を持ち上げながら立ち上がる))

```
01  NP1:    ％ちょっとこう:::なって*て:::,
    np1     ％巣箱をRE1の方に傾け巣箱の底の一辺を見ながら指す-->
    re1  →                        *NP1の巣箱を見る(図4)-->
```

02   (0.2)

```
03  RE1:    ああ％::,
    np1        ％RE1を見る-->
```

```
04  NP1:    変えたほうがいい'すかね::>こっち<*使え％そうですかね:?
    re1  →                      *体をやや左に傾け巣箱を見続ける-->
    np1                          ％巣箱を見る
```

```
05  NP1:    [％こっち.
    np1     ％巣箱の下を確認-->
```

06 RE1:   [あs:::-

07   (1.8)

```
08  NP1:    ％*行けると思います?
    np1  → ％巣箱を机においてRE1を見る(図5)-->
    re1     *徐々に体勢を戻しながら巣箱を見る-->
```

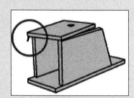

図4：釘がまがってしまった巣箱

09   (0.2)

10 RE1:   あ::はい.

```
11  RE2:    これ,こうやって+(  )
    re2             +NP1から巣箱を取る
```

12 NP1:   ああ,ああ,はい.(置きます.)

図5：8行目

　このようなトラブルの提示を受けたRE1は、NP1ではなく、NP1の示す巣箱を実際最初に見る（1－2行目）。すなわち、NP1の行為が巣箱に関する何らかの訴えであることに志向し、RE1も同じ対象を見ているといえるだろう。それを十分な時間見たところで（2行目の切れ目）、RE1はNP1が訴えていることをまずは認識したことを主張する（3行目）。すなわち、NP1が記述している対象（釘のはみ出し）を自分もそのように見たことを主張するのである。それが主張されたところで、NP1はRE1を見て確認要求を行っていく（4行目）。すなわち、NP1が失敗として見ている釘のはみ出しを、トラブルとしてRE1も見たということ

が帰属可能になったことをふまえて、次の活動を開始している。この確認要求は、自身の取るべきトラブル解決の手段候補について、より専門的知識があるとされる相手に確認を求めていることから、助言の求めとして聞くことが可能であろう。4行目の間、RE1は巣箱を、自身の身体の角度を変えながら見続け、観察していることを他者が見て理解できる形で示している。この助言の求めの発話を産出する間、受け手がトラブルとなっている対象をじっくり見て観察することは、助言の求めに対して反応するために必要な観察を行っていると捉えることが可能である。NP1もそのように理解したことを、RE1から視線を再び巣箱に戻し（4行目）RE1に観察のための時間を提供することで示す。1.8秒の切れ目をはさみ（7行目）、ようやく、8行目でNP1は再びRE1を見て、再度助言の求めを行う（8行目**図5**）。興味深いのは、この助言の求め（「行けると思います?」）は、4行目の助言の求め（「変えたほうがいい゜すかね:: >こっち<使えそうですかね:?」）とは異なる解決策（すなわち釘を変えないこと）を確認していることである。NP1は先の助言の求めに対してRE1が観察を行っていることが明らかな状況で、そうするための時間を確保していた。すなわち、期待される助言の求めへの反応が、顕著な不在となることのないように、その間、助言の求めを続けたり、別の観点から助言を求めたりすることで配慮していたのではないだろうか。反応の顕著な不在のために、相手がより反応しやすいように先の発言の方向性を逆にする（たとえば、「変えないほうがいい゜すか」と否定形にする）（Pomerantz 1984a）のではなく、あくまでも別の解決策候補を提示することで、RE1が反応するために観察をし続けていることに志向しているようにみえる。実際、RE1は、9行目でもまだ巣箱を見続け、10行目でNP1の提示した解決策にただ同意を示すのみの反応をする。しかし、私たちはこの同意を示すことが、助言ではないものとして理解するだろう。まさにこの局面で、このやり取りを見ていた別の住民RE2が、具体的な助言によって介入してくるのである（11行目）。そしてNP1もそれを受け入れる（12行目）。このように生じた切れ目を、RE1が解決策の検討のために釘というトラブルを見ていることが帰属可能になった時、10行目の同意による反応はまだ十分な助言になっていないことを示唆しうる。

　断片（4）でも先の事例と同様に、視覚的に行われる行為（この場合は、知覚可能

なトラブル解決についての助言の求めとしての確認要求としておこう）を開始する側は、言語と身体と道具を使ってそれらを環境に組み合わせることで認識可能な自身の視覚に基づいている行為として組み立てると同時に、受け手も確認対象を視覚的に確認することを適切にしている。実際、この事例でも、受け手であるRE1は、NP1ではなく、NP1が記述しているトラブルの対象である巣箱にすぐさま視線を向けていた。そのように対象物を見ることは、NP1の行為が認識可能になった時点から始められており、十分に見ることを経てから、反応が産出されているため、遅延として立ちあらわれていない。また、第一話者NP1の行った助言の求めに、必要な観察をしてから反応を産出しており、その観察の仕方が社会的な基準に応じて扱われている事例でもある。ここでは特に、同定のような、見ている対象が何であるかを判別しないと反応するべきではない行為と同様に、話し手の提示する、視覚的確認の必要な対象（トラブル）が何かを十分に把握し、吟味したうえで、適切な助言を与えることが適切になるよう助言の求めが組み立てられている。そしてまた、そうした観察による反応の産出について、社会的基準に照らし、判断されることで、十分観察を行った上で産出された行為となっているかどうかが受け手に分析されているといえるだろう。

7. おわりに

　本稿では、ある対象を「見る」という達成が、どのような一連の行為を認識可能にする資源となっているのか、またそのことによって視覚的行為はどのような相互行為の手続きにとっての基盤となっているのかを検討してきた。例えば、「同定」の場合、見ている対象をどのように捉えているのか構造的な記述が選択され、「観察」や「確認」では、対象をどのように視覚的に捉えているのかが記述されることで「見ること」が達成されている。いずれの場合も、第二話者は、視覚対象を自分も見て、そのことを身体的・時間的に記述している。すなわち、反応の前の「切れ目」が、あるべき反応の「不在」として顕在化されるのではなく、その切れ目を利用して対象を「見ること」が見るべき人により達成されていることが説明可能になっている。このように、相手の発話に反応する

以前に発話の途中でも直後でも、同じ対象物を見ることを身体的に示すということは、その都度適切で、次に来るべき行為の社会的規準、妥当性があることの証拠であり、他者に対してそれが開かれた形で、これらの視覚的な行為の類型が構造化されている点は非常に興味深い。

注

1————標準的な言い方ではないが、「どうもない」かの確認であることは参与者には理解可能になっている。

2————例えば、確認要求に対して確認を行うことや、依頼に対してそれを受け入れることなどが同調的反応である。

3————サックスらは、会話における沈黙をその出現位置によって分類しており、「切れ目」はある順番が完了してもいい場所で生じる沈黙である。これに対し、発話順番内の沈黙は「間合い」として会話をしている当人たちによって区別されていることが示されている。

4————Nishizaka（2017）によると、見ること（looking）、観察すること（observing）、吟味すること（examining）、凝視すること（gazing）などは、具体的な活動であり、見ること（seeing）を互いに帰属可能にするための手続き上の基盤によるものである。そのため、その手続きこそ明らかにするべきだと述べている。

5————Garfinkel and Wieder（1992）によると、a perspicuous settingは、組織だった対象が実践の中で探求や説明の対象となることで、局所的に産出されるやり方や説明可能性にとっての物理的な開示を提供するものである。

本文で用いられていた記号

*,+,%,#	身体的行為の開始時点
*--->	当該行為が後続の発話以降も継続する
.....	行為の準備
,,,,,	行為の撤退

謝辞

本研究はJSPS科研費 JP 17K04092、JP 14J12491の助成を受けたものです。

参考文献

Garfinkel, Harold and Wieder, D. Lawrenc. (1992) Two incommensurable, asymmetrically alternate technologies of social analysis, In Graham Watson, Robert M. Seiler, eds. *Text in Context: Contributions to Ethnomethodology*, Newbury Park, Sage Publications, pp. 175-206.

Goodwin, Charles. (1994) Professional Vision. *American Anthropologist* 96(3): 606-633.

Goodwin, Charles. (2003) Pointing as Situated Practice. In Sotaro Kita. (ed.) *Pointing: Where Language, Culture and*

Cognition Meet, Mahwah, NJ: Lawrence Erlbaum, pp. 217−241.

Goodwin, Charles. (2007) Environmentally coupled gestures. In S. D. Duncan, J. Cassell, & E. T. Levy (Eds.), *Gesture and the dynamic dimensions of language* (Issue 1, pp. 195−212). John Benjamins. https://doi.org/10.1075/gs.1.18goo

Goodwin, Charles. (2018) *Co-Operative Action*, Cambridge University Press. Cambridge, UK.

Heath, Christian. (1986) *Body movement and speech in medical interaction*. Cambridge University Press. https://doi.org/10.4324/9781315025445

Hindmarsh, John and Heath, Christian. (2000) Embodied reference: A study of deixis in workplace interaction. *Journal of Pragmatics* 32, 1855−1878.

Kuroshima, Satomi. (2018) Evidencing the experience of seeing: A case of medical reasoning in surgical operation. *Co-operative engagements of intertwined semiosis: Essays in honor of Charles Goodwin*. University of Tartu Press. 208 −222.

Mondada, Lorenza. (2011) The organization of concurrent courses of action in surgical demonstrations. In Jürgen Streeck, Charles Goodwin, Curtis LeBaron. (eds.) *Embodied Interaction language and body in the material world*, Cambridge, Cambridge University Press, pp. 207−226.

西阪仰訳(1998) J・クルター『心の社会的構成』新曜社（原書の第三章・第六章は削除）

西阪仰 (2001)『心と行為──エスノメソドロジー の視点』岩波書店

西阪仰 (2008)『分散する身体──エスノメソドロジー的相互行為分析の展開』勁草書房

西阪仰 (2016)「身体の構造化と複合感覚的視覚──相互行為分析と『見ること』の社会論理」荒畑靖宏・山田圭一・古田哲也編『これからのウィトゲンシュタイン──刷新と応用のための14篇』リベルタス出版(pp. 202−219.)

Nishizaka, Aug. (2017) The perceived body and embodied vision in interaction. *Mind, Culture, and Activity*, 24(2): 110−128.

Nishizaka, Aug. (2021) Seeing and knowing in interaction: Two distinct resources for action construction. *Discourse Studies*.

Oshiro, Yukio, Yano, Hiroaki, Mitani, Jun, Kim, Sangtae, Kim, Jaejeong, Fukunaga, Kiyoshi and Ohkohchi, Nobuhiro. (2015) Novel 3-dimensional virtual hepatechtomy simulation combined with real-time deformation. *World Journal of Gastroenterology*, 21(34), 1−11.

Pomerantz, Anita. (1984a) Pursuing a response. In J. M. Atkinson & J. Heritage (Eds.), *Structures of Social Action: Studies in Conversation Analysis* (pp. 152−163). Cambridge University Press.

Pomerantz, Anita. (1984b) Agreeing and disagreeing with assessments: Some features of preferred/dispreferred turn shapes. In J. M. Atkinson & J. Heritage (Eds.), *Structures of social action: Studies in conversation analysis* (pp. 57−101). Cambridge University Press.

Pomerantz, Anita. (1988) Giving evidence as a conversational practice. In D. T. Helm, W. T. Anderson, A. J. Meehan, & A. W. Rawls (Eds.), *The interactional order: New directions in the study of social order*. New York: Irvington Publishers, Inc.

Sacks, Harvey. (1987) On the Preferences for Agreement and Contiguity in Sequences in Conversation, In Graham Button, John R.E. Lee, eds *Talk and Social Organisation*, Clevedon, Multilingual Matters, pp. 54−69.

Sacks, H., Schegloff, E. A., & Jefferson, G. (1974) A simplest systematics for the organization of turn-taking for conversation. *Language*, 50(4), 696. https://doi.org/10.2307/412243

土屋俊 (2009)『心の科学の可能性』くろしお出版

Wittgenstein, Ludwig. (1953) *Philosophical investigations*. Oxford, UK: Blackwell.

即興演奏は
いかに教えられるのか

蓮見絵里

要旨

　教授学習のなかでも即興演奏の指導は、演奏音の交渉が求められるとともに、活動における環境が相互行為の展開に大きく影響を与える。本稿では、ジャズのピアノによる即興演奏の指導場面において参与者が環境を資源としていかに利用し組織しているのかを明らかにするとともに、指導で何が目指されているのかを検討した。指導は物理的環境であるピアノの配置をもとに、社会的環境である言語、演奏、身振りを資源として組み合わせ、視覚と聴覚の両方のモダリティを利用して行われていた。また、ジャズらしい演奏ができること、指導者の抽象的な模倣ができること、演奏のために必要な資源を選択し適度な方法で使用できることが指導で目指されていた。

1. はじめに

1.1 状況的行為としての即興演奏の指導

　学習には、有能な他者との協働が重要となる (Vygotsky 1934)。教授学習場面における協働過程の研究では、学校の授業、課外活動、日常生活など、有能な他者が参加する場面での言語使用に分析の焦点が当てられてきた (cf.Cole 1996; Wood, Bruner and Ross 1976; Wertsch et al. 1980)。

　学習場面に限らず、様々な相互行為では言語のみならず非言語的資源も重要な役割を果たす。特に、視覚は相互行為で必須な資源であることがわかっている (名塩5章; 平本6章; 黒嶋7章)。本稿で取り扱う音楽の教授学習場面でも、アイコンタクトや身振りなどの視覚的な資源が利用されるが、同時に、演奏音による交渉が活動の焦点であることから、聴覚的な資源も参与者にとって重要である。また、聴覚・視覚的資源に加え、音楽の即興芸術の教授学習では、楽器やそれが配置されている空間的な資源も考慮されると予想される。

　これらを検討するために、本稿ではジャズのピアノでの即興演奏の指導場面を「状況的行為 (situated action)」(Suchman 1987) としてみる。状況的行為のアプローチでは、行為の経過を「物質的・社会的な周辺環境 (circumstances) に依存したもの」(Suchman 1987: 49 (邦訳)) としてみることで、行為の達成のための周辺環境の用いるありかたを研究する。有能な他者である専門家は、言語に限らず物理的環境を組織することで専門領域に特有の出来事の見え方を相互行為で作りあげ、学習者がその見え方を習得する機会を作り出している (cf.Goodwin 1994; Mondada 2014)。即興性が重視される芸術 (以下、即興芸術) では、パフォーマーは即興を生み出す場面で他者や環境との非言語的なやり取りを重視している (清水9章; Berliner 1994)。その即興芸術の教授学習活動においても、言語や非言語的資源に限らず環境にある様々なものを利用し、教授学習場面における相互行為を組織している (Berliner 1994; Haviland 2011; de Bruin 2018)。ジャズの演奏では場所や演奏者間の位置といった物質的環境、演奏者の音や振る舞い、観客の反応といった社会的環境が演奏の展開に大きく影響を与える。従って、ジャズ

は状況的行為を顕著にあらわしている場面といえる。ジャズの即興演奏の指導においても、物質的環境と社会的環境が相互行為の展開に大きな影響を与えるだろう。本稿では、ジャズの即興演奏の指導場面において参与者が環境を資源としていかに利用し組織しているのかを記述することにより、その指導で何が目指されていたのか検討する。

1.2 フィールドの特徴

この節では、ジャズとクラシック音楽の演奏の指導の相互行為に関するこれまでの研究を概観し比較することで、ジャズの即興演奏の指導の特徴と研究の課題について確認する。

ジャズの演奏指導では複数の資源を組み合わせている。具体的には、楽器や歌による演奏音、楽器の物理的特性、楽譜、曲、身体動作、そして言語ではジャズの慣習と様式と理論がみられる (Berliner 1994; Haviland 2011; de Bruin 2018)。しかし、これらの資源がどのようなタイミングで組み合わされているのか、また演奏内容がどのようなものであるのかは、まだ十分には検討されていない。

音楽の指導場面における資源の利用を微視的に分析したものとしては、クラシック音楽の演奏指導において主に調査されており、オーケストラのリハーサル場面 (Weeks 1990, 1996)、レッスン場面 (西阪 2008; Stevanoic et al. 2014) の研究が行われている。クラシック音楽の指導者はジャズと類似した複数の資源を利用し組み合わせている。歌と複数の資源の組み合わせにより、生徒に問題解決の手助けとなる情報を伝えたり、次に生徒がすべきことを要請する (Staevanonic et al. 2014)。複数の資源により、修復すべき箇所の位置を決め、前の演奏を評価して指導するが、そのとき声による描写表現と言語表現を組み合わせたり、描写表現同士を組み合わせて対照ペアをつくることで、演奏をどのように聴くべきかを示す (Weeks 1990, 1996)。相互行為の展開に依存しつつ楽器の構造・発話・身振りの近接によって環境の新たな構造をつくることで、学ぶべきものを焦点化する (西阪 2008)。

ジャズとクラシック音楽の指導場面での資源を比較すると大きな違いが二

点ある。第一に楽譜に書かれていることに違いがある。クラシック音楽の楽譜では演奏すべき音高、長さ、強さが音符や記号で記されている。ジャズの楽譜では、音符により曲の旋律があらわされ、その旋律が演奏されるときの和音を記号化したコードが記されている。第二に、ジャズの指導ではコードや音階名をあらわす専門用語がみられる。

　これらの資源の違いはジャズとクラシック音楽の演奏での目標の違いと関係しているだろう。クラシック音楽では、楽譜に書かれた曲の解釈を共有し再現することが目指される (Weeks 1996)。一方ジャズは演奏を変化させることが目指され (Duranti and Burrell 2004)、演奏者は楽譜に書かれた旋律を表記通りの音の高さ、長さ、強さで演奏するのではなく変化させる。あるいは、楽譜の旋律の参照もせず曲の和音をもとにしながら、音階名などの専門用語を援用し演奏に変化をつけていく。両者の演奏の目標と資源の違いは相互行為の組織化にも違いをもたらす可能性がある。

　また音楽の演奏指導のこれまでの研究から、演奏音が他の資源と組み合わされていることが示されてきたが、これらの資源がどのようなタイミングで組み合わされるのかを微視的に分析したものでは、指導者による歌の使用がみられるものの、楽器の音の利用がみられていない。このような資源の違いに伴って組織化も異なるものになると予想される。

　楽器による即興演奏を表記したものは、ジャズの演奏指導の相互行為の研究でもみられる (Haviland 2011; de Bruin 2018)。しかし、演奏が他の資源とどのようなタイミングで組み合わされているのか、複数の演奏が行われたとき、演奏内容にどのような類似や相違がみられ、どのような関係にあるのかについては、まだ十分には検討されていない。これらは教授学習活動の参加者にとって重要な資源となっているだろう。

　以上のことから本稿では、ジャズのピアノでの即興演奏の個別指導における指導者と学習者の資源の利用のあり方を明らかにするために、発話、身体動作、楽器による演奏のタイミングを詳細に記述するとともに、演奏内容の分析を行う。

2. 方法

2.1 データ

　分析を行う事例は、ジャズのピアノでの即興演奏の個別指導の場面である。指導者は成人男性1名、学習者は成人女性1名であった。指導者はジャズのピアノ演奏のレッスン講師として複数の生徒に指導を行うとともに、演奏活動を行っている。学習者は、この指導者のレッスンを継続的に受けており、ジャズの演奏にかかわる専門用語をある程度理解している。

　指導は個別指導を日常的に行う部屋で行われた。指導者と学習者の配置は**図1**のように、それぞれの前に電子ピアノが置かれ両者が演奏できる環境であった。記録はビデオカメラ2台を設置して行われた。収録は参加者の許可を得て実施された。

　収録は2017年10月から2018年3月の6か月間にわたって実施し、12回分、総時間11時間のデータが得られた。このデータのなかから、旋律を創作することがジャズのピアノでの即興演奏で重要な課題であることを踏まえ、事例として学習者が演奏する旋律の改善を試みた場面を選択した。そのなかから、さらに発話、身体動作、楽器による演奏がみられ、学習者の演奏に対して指導者が肯定的に評価するようになった場面をここでは検討する。

　本稿で検討する事例は、Antônio Carlos Jobim作曲の《The Girl From Ipanema》を使った指導である。この曲はボサノヴァではあるがジャズで頻繁に演奏さ

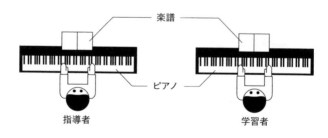

図1：指導者と学習者の位置関係

れている。

　指導者と学習者は楽譜を参照しながら演奏した。楽譜には「テーマ」とよばれる旋律が五線譜に音符で書かれ、五線譜の上には旋律に伴う和音をあらわす記号である「コード」が書かれている。ピアノを演奏する基本的な方法として、左手はコードを参照し和音を弾きながら、右手はテーマを楽譜どおりではなく変化をつけて演奏したり、テーマとは関係のない旋律を創作したりする。テーマは演奏の最初と最後に演奏され、その間に和音の流れに乗ってテーマにとらわれず旋律を演奏する。今回、焦点を当てるのはテーマにとらわれず旋律を演奏する場面である。

　指導者は電子ピアノによって、通常コントラバス等が演奏する低音のパートと、ギターやピアノが演奏する和音を演奏することがあった。実際のパフォーマンスでピアノがこのような演奏をすることは頻繁にはみられないが、ここでは学習者がバンド形式で演奏する状況を擬似的に作り出している。

2.2 記述方法

　会話分析の記述方法を援用し微視的な分析を行った。表記方法については西阪(2008)の発話の記述方法とMondada(2012)の身体動作の記述方法を基にしつつ一部変更を加えた。

　本稿では、「トランスクリプト」と「詳細トランスクリプト」の2種類を作成した。トランスクリプトにおける今回の事例の分析に合わせた記述方法の変更点について、一部抜粋して述べる。

　まず、「トランスクリプト」について**図2**を用いて説明する。発話前のアルファベット大文字のTは指導者、Sは学習者を示す。非言語的なやりとり(楽器

01	T: もう一回行ってください.じゃあねえっと :::>もう一回行こう.<
02	T: ワ∧ントゥ:スリ:フォ:
	t:　∧plays1~4->

図2：トランスクリプト抜粋

演奏、相手への顔向け、頷き）では、アルファベット小文字のtを指導者、sを学習者とした。「plays」は演奏の開始点と終了点と曲の小節を示す。記号「∧」は「plays」直前にある場合は指導者の演奏の開始点、後にある場合は終了点となっており、発話のどの時点で演奏が開始、終了するのかを示す。演奏の終了点は、楽器から手を離した時点とした。なお、ペダルを使用し音を引き延ばしている場合は、音を出した時点から「fades out」とした。「plays」のあとに続く数字は、演奏された曲の小節を示す。小節が特定できない場合は「plays?」、複数の小節が該当する可能性がある場合は「or」と記した。したがって、02行目下部の「∧plays1〜4」は指導者が1〜4小節目を演奏しており、その演奏は指導者の発話「ワントゥ：スリ：フォ：」の「ワ」の後に開始したことをあらわしている。

　次に、「詳細トランスクリプト」について**図3**をもとに説明する。演奏された音の高さとタイミングを五線譜により記述している[1]。音符は実際に発音されたタイミングをもとに配置した。五線譜の小節左上の数字は演奏している曲の小節の順番を示す。32-1行目は指導者が5〜6小節目を演奏していたことをあらわしている。指導者が学習者に顔を向けている間を「+」、学習者が指導者に顔を向けている間を「˙」、頷いている間を「/」、指導者に顔を向けながら頷いている間を「╱」で示した。顔の向きは顔を相手に向け始めたときを開始点とし、相手から別の場所へと顔を向け始めたときを終了点とした。この開始点と終了点は五線譜と対応している。32-1行目では、指導者の演奏の6小節目で、まず学習者が指導者に顔を向け、次に指導者が学習者に顔を向けたことをあらわしている。

図3：詳細トランスクリプト抜粋

3. 事例分析

3.1 事例の全体の流れ

　はじめに、**図4・5**のトランスクリプトをもとに事例の大まかな流れを確認
し、次項以降で微視的な分析を行う。

```
01   T: もう一回行ってください.じゃあねえっと:::>もう一回行こう.<
02   T: ワンヘントゥ:スリ:フォ:
     t:    ^plays1~4->
03      (0.3)*(0.7)
     s:       *plays1~4->
04   T: ゆったりゆったり.
05      (3.5)^
     t:    ->^
06   T: えっともっ*ととばして*み　*て？
     s:          ->*        *plays?*
07      (0.4)^(1.0)*(0.3)    *(0.3)^
     t:    ^plays?--------------^
     s:          *plays1or2*
08   T: >な-なんか(.)ちょっとこう:,なに？<
09      (0.6)
10   T: コンディミなり[(.)えっと::シャープイレブンなり意識して
     S:            [う:ん
11   T: >コードトーンだ(ったり)するんだけど<(.).h多分ね:
12      (0.3)
13   T: コンディミ感？
14      ^(1.2)*(0.2)    *(3.4)^(3.3)
     t: ^plays3or4-----------^fades out
     s:       *play1or2*
15   T: なんかそういう,(.)なんか(.)*こうへ-変な,(.)
     s:                      *plays3or4->
16   T: とび方してみて？わざと.*
     s:                  ->*
```

図4：事例のトランスクリプト(1)

17		(0.3)
18	S:	はい.
19	T:	そうすっとね:イメージ湧く∧とおもう.
	t:	∧plays?->

```
20        (0.3)*    (1.0)*(0.1)∧(0.5)*(0.3)     *(0.2)*(0.1)
   t:                       ->∧
   s:     *plays3or4*            *plays1or2*     *plays3or4->
```

21	T:	>もう一回いこうかだから<お行*儀よくこう
	s:	->>*
22	T:	並べていくんじゃなくって わざと(.)ここも(.)あっちも
23	T:	行ってみてそ+ん<u>で</u>:[次(.)自分がどう弾きたくなるか(.)っていう
24	S:	[う:ん
25	T:	>とこだと(思うん)ですよね,<うん.
26		(0.1)∧(3.8)
	t:	∧plays3~8->
27	T:	ほら,
28		(0.3)
29	S:	うんうん.
30	T:	なんか生まれるでしょ?
31	S:	うんうん.
32		(11.7)
33	T:	みたいなそう[いう,
	S:	[へ::
34		(0.3)
35	T:	こ∧ういう感じ(.)お行儀よく並べない方がいい
	t:	->∧fades out
36	T:	多分.[うん.(.)ワントゥ:スリ:フォ:
	S:	[うんうん.
37		∧(0.3)*(17.2)
	t:	∧plays1~17>
	s:	*plays1~18>
38	T:	>そうそうそうそう<

図5:事例のトランスクリプト(2)

指導者による合図「ワントゥ：スリ：フォ：」(02行目)のあと指導者と学習者が曲の1小節目から二重奏を行う。4小節目で指導者は演奏をやめ(05行目)、「えっともっととばしてみて？」(06行目)と述べ、この発話の最中に学習者は演奏をやめる。その後、指導者は発話を続け、3〜4小節目と3〜8小節目を演奏することで学習者に演奏を例示する(14行目、26〜35行目)。この間、学習者は「う：ん」(10、24行目)、「はい．」(18行目)、「うんうん．」(29、31、36行目)、「へ::」(33行目)という応答や、1または2小節目、もしくは3または4小節目を演奏する(07、14、20行目)。指導者の合図「ワントゥ：スリ：フォ：」(36行目)により、指導者と学習者は曲の1小節目から二重奏を行う。演奏中に指導者は「>そうそうそう<」(38行目)と評価し、問題となっていた小節以降も演奏が続いた。

3.2 曲の中で問題となる小節の共有

曲の中で問題となる小節はいかにして共有されたのだろうか。

03行目から二重奏が始まるが、4小節目で指導者は先に演奏をやめ(05行目)、「えっともっととばしてみて？」(06行目)と述べ、この発話の最中に学習者も演奏を止める。指導者の「えっともっととばしてみて？」の「もっと」は学習者の演奏を基準にして、さらに「とばす」ことである。したがって、問題となる小節は直前に演奏された二重奏のなかにある。この発話後の学習者の07行目での1または2小節目の演奏は、直前の演奏に問題があることの理解を示している。

その後、指導者は「コンディミ」「シャープイレブン」(10行目)というジャズで使用される専門用語を述べる。「コンディミ」[2]は音階をあらわす専門用語で、「シャープイレブン」は演奏される和音にたいして緊張感を与える非和声音の1つであり、和音に関する専門用語となっている。この2つの専門用語の両方をよく使用するのは、セブンス・コードという和音が演奏されるときである。《The Girl From Ipanema》の1〜4小節目のうち、セブンス・コードはG7のコードを演奏する3〜4小節目である。

しかし、専門用語が述べられた時点では学習者は1または2小節目の演奏を続けていた(14行目)。学習者が問題となる小節である3〜4小節目の演奏を始

めたのは15行目で、指導者が14行目で3〜4小節目の例示を行った後である。したがって、学習者は14行目の指導者の例示を資源として、指導者が言及している問題となる小節を特定したことになる。

　学習者は、問題となる小節の特定のために、直前の二重奏、指導者の発話と例示を資源として利用していた。指導者による「えっと<u>も</u>っととばしてみて?」から始まる発話と例示は、問題の解決方法の提案のための資源でもある。問題解決の提案と同一の資源により問題となる小節が共有されていた。

3.3 問題の解決方法の提案

　問題となる小節の共有とともに問題の解決方法が提案される。指導者は「<u>も</u>っととばしてみて?」(06行目)、「コンディミなり(.)えっと::シャープイレブンなり意識して>コードトーンだ(ったりする)んだけど<(.).h<u>多</u>分ね:」(10〜11行目)「コンディミ感?」(13行目)と述べたあと、3または4小節目の演奏を行う(14行目)。ピアノの音が伸ばされ徐々に小さくなると「なんかそういう」(15行目)と発話で後ろから枠付けて例示として示したのち「変な,(.)とび方してみて?わざと.」(15〜16行目)と再び「とぶ」ことを求め、「そうすっとね:イメージ湧くとおもう.」(19行目)と、提案した演奏をすることにより、演奏自体に触発された演奏ができると述べる。

　まず発話に着目すると、3種類の言語が使われている。第一に、空間表現がある。「とばして」(06行目)、「とび方」(16行目)は物体の動き、つまり空間的な側面をあらわすもので、ここでは隣り合う音の距離を離すこと、つまり音程を広く取ることを意味する。

　第二に、ジャズで使用される専門用語がある。ここでの専門用語は「コンディミ」「シャープイレブン」「コードトーン」で鍵盤からどの音を選ぶかを知ることができる。10行目の指導者の「コンディミなり(.)えっと::シャープイレブンなり意識して」は、「コンディミ」や「シャープイレブン」を推奨するものである。続く11行目で「>コードトーンだ(ったり)するんだけど<」と「コードトーン」の使用を留保し、13行目の「コンディミ感?」により再び「コンディミ」の

使用を提案する。「コンディミ」と「シャープイレブン」は和音の構成音である「コードトーン」にたいして不協和をもたらす音が含まれていて響きの緊張感が増す。したがって、これらの専門用語は響きの緊張感を高める音を選択することを提案するものとなっている。

　第三に、ジャズにおける価値基準表現がある。「変な,(.)とび方してみて？わざと.」の「変な」は、ジャズにとっては異常と感じられるように「とぶ」ことを求めるものである。

　このような3種類の言語によって、指導者は隣り合う音を離し、緊張感のある響きとなる音を選択し、通常から逸脱した印象となるように演奏することを提案した。

　次に例示に着目すると、その前後に先で述べた3種類の言語が使用されている。発話と例示の組み合わせは、例示をどう聴くべきかを明確にする (Weeks 1990, 1996)。さらに、例示は発話内容を具体化するものとなっている。発話からは音が「とぶ」ことが示されるが、その程度は例示が伴うことで知覚できる。**図6**は14行目から始まる指導者の例示の3または4小節目の演奏と、演奏で使用された音を鍵盤に示したものである。灰色の鍵盤が「コンディミ」の構成音を示しており、＊が記された鍵盤は不協和をもたらす音である[3]。演奏は丸で囲われた数字の順番に行われた。演奏された鍵盤をみると、隣り合う音では3〜11個ほど離れた鍵盤を演奏していることがわかる。また、1〜5音目で上行し、5〜6音目で下行し、6〜7音目で再び上行するというように音が上下している。不協和をもたらす音は7個のうち3個であった。このように、例示は発話からは知ることができない「どの程度音程を広く取るのか」「どの程度不協和となる音を選ぶのか」「音は上行するのか下行するのか」といったことを

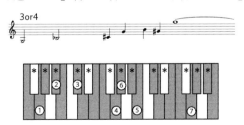

図6：14行目から始まる指導者の例示の3または4小節目

示すものとなっていた。

3.4 学習者の理解の確認

　1回目の例示のあと指導者は学習者が試みた演奏を聴き、それをもとにさらに問題の解決方法の提案を始めた。この過程を以下で確認する。

　19行目から指導者が演奏を開始する。学習者は指導者からの演奏開始の指示はないが、3または4小節目を演奏する（20行目）。学習者が演奏をやめたあと指導者も演奏をやめる。その後、学習者は1または2小節目を演奏し、3または4小節目を演奏する。このとき学習者の演奏開始によって指導者が演奏をやめ、学習者の演奏を聴いているようである。このことは発話にもあらわれている。指導者の「＞もう一回いこうかだから＜お行儀よくこう並べていくんじゃなくって」（21〜22行目）の「だから」は、学習者が同じ過ちを行ったことへの非難を含意する。つまり、非難の対象は03〜06行目の二重奏での演奏ではなく、以前と同様の演奏を行った20行目の学習者の演奏であると聞くことができる。

　このように、学習者は問題の解決方法の提案の最中に自主的に演奏し、その演奏を指導者が聴くことがみられた。そこでの学習者の演奏をもとに、指導者は問題の解決方法の提案を継続した。

3.5 2度目の問題の解決方法の提案

　20行目の学習者の演奏を聴いた指導者は「＞もう一回いこうかだから＜お行儀よくこう並べていくんじゃなくってわざと(.)ここも(.)あっちも行ってみて」（21〜23行目）と提案し、「そんで:次(.)自分がどう弾きたくなるか(.)っていう＞とこだと（思うん）ですよね,＜」（23〜25行目）と、前に行われた提案と同様に、演奏自体に触発された演奏ができると述べる。26行目で演奏を始めると、その途中で「ほら,」（27行目）「なんか生まれるでしょ?」（30行目）と述べる。その後、「みたいなそういう,」（33行目）「こういう感じ(.)」（35行目）と発話によって演奏を例示として枠付けるとともに、ピアノの音を伸ばしたままにする。そして

「お行儀よく並べない方がいい」(35行目)と再び「お行儀よく並べない」ことを提案する。2回目の例示は1回目と同様に「お行儀よく並べない」という発話を例示の前後に配置することで、例示をどう聴くべきかを明確にする。

　まず発話に着目すると、「並べていくんじゃなくって」「ここも(.)あっちも」は空間表現である。先で行われた問題の解決方法の提案と同様に、音程を広く取ることを意味する。また、価値基準表現として「お行儀よく」が使われることで、控えめな印象を与えてはならないことが示されており、前の解決方法の提案でみられた「変な」とほぼ反対の意味を持つものとなっている。

　ここの提案では新たに身体動作を利用している(図7)。23行目で指導者は「ここも(.)あっちも行って」という発話と同時にピアノの鍵盤に2回、中央と右側で指差しをする(図7のFigure1、Figure2)。「ここも(.)あっちも」という発話と指差しにより、「ここ」と「あっち」の間の距離が大きく開いていることが示される。それだけでは何の「ここ」「あっち」であるかわからないが、指差しがピアノ

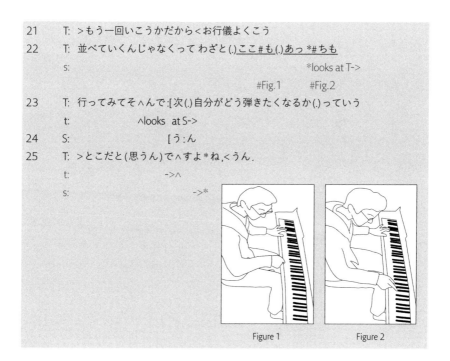

```
21    T:  >もう一回いこうかだから<お行儀よくこう
22    T:  並べていくんじゃなくって わざと(.)ここ#も(.)あっ*#ちも
      s:                                      *looks at T->
                                       #Fig.1        #Fig.2
23    T:  行ってみてそへんで:[次(.)自分がどう弾きたくなるか(.)っていう
      t:               ∧looks  at S->
24    S:               [う:ん
25    T:  >とこだと(思うん)でへすよ*ね,<うん.
      t:                    ->∧
      s:                         ->*
```

図7：事例のトランスクリプト(21〜25行目の抜粋)

の鍵盤と接近することでピアノの鍵盤上の「ここ」と「あっち」であると知覚可能になる「環境に連接された身振り」(西阪2008)となっている。このような身振りによって、ピアノの鍵盤でどの程度の距離を取るのかが示されている。

このとき指導者は、先の例示のようにピアノの音を鳴らすことはなかった。演奏音の不在は視覚へと注意を絞り込むものとなる。実際に指導者が身振りを始めた直後、学習者は指導者の方に顔を向ける(22行目)。1回目の例示のあとに行われた学習者の演奏が不十分であったことを踏まえ、視覚的な側面を強調した例示が行われた。

3.6 他の小節への解決方法の拡張

その後に行われた例示を**図8**をもとに検討する。指導者は最初の例示では3または4小節目を演奏したが(14行目)、26行目からの例示では3〜8小節目を演奏した(26〜35行目)。曲の中で問題となる小節は3〜4小節目であるにもかかわらず、その後も演奏したことになるが何が行われたのだろうか。

指導者は26行目からの例示を開始し、3または4小節目の途中で演奏を引き延ばし「ほら,」(27行目)と学習者の注意を喚起しつつ以前と同様の提案であることを示す。そのとき、指導者は顔を学習者の方に向けた「身体ひねり(body torque)」(Schegloff 1998)の状態となり学習者に宛てた演奏であることを強調する。それに対して学習者は29行目で「うんうん.」と聞き手として反応する。例示は学習者の理解を確認しながら進められている。

その後、指導者は演奏を再開し6〜7小節目、8小節目で学習者の方に再び顔を向ける。指導者の発話は5〜8小節目にはなく、例示後も「お行儀よく並べない方がいい」(35行目)と21行目と同様の内容であることから新たな情報は提供されていない。しかし、指導者が顔を向けたとき学習者が頷いたということは何かを理解したことを示している。

図8の演奏内容を見ると、指導者によるフレーズの例示である五線譜上段の単音での演奏は、音程が広く取られ上行下行を繰り返している。これらは、これまでの解決方法の提案と対応していると考えられる。5小節目以降の演奏

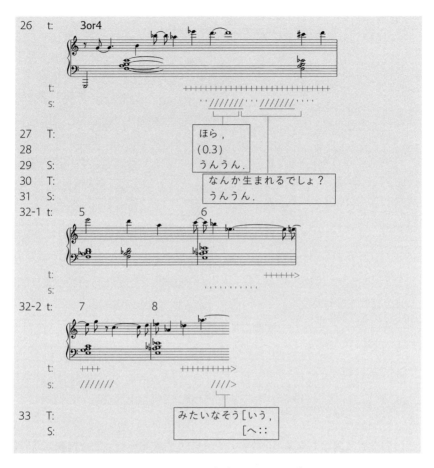

図8：詳細トランスクリプト（26〜33行目の抜粋）

は、学習者に顔を向けることで同じ提案が続いていることを強調し、これまで
の問題の解決方法の提案を他の小節へと拡張するものであったといえる。

3.7 複数の望ましい演奏の例示

　指導者は例示として行った2回の演奏により、学習者に何を示そうとしたの
だろうか。このことを検討するために、指導者の14行目と26〜35行目に行
われた例示の3〜4小節目の演奏内容を**図9**をもとに比較する。

図9：指導者による3〜4小節目の例示

　まず相違点を見ると、共通する使用音が1音しかなく、リズムも演奏開始から異なっていることから、2つの演奏は大きく異なっているといえる。また、共通点を見ると、使われる音の長さは2分音符から4分音符ほどが多く、まれにそれより長い音が挿入されている。使用される音域を見ると、14行目はどちらも2オクターブ程度あることから、広い音域であるといえる。音程の広さをみると、隣り合う音同士では14行目は3〜11個、26〜35行目では1〜11個ほど離れた鍵盤を演奏しており音程を広く取ることがあった。

　音の進行は、どちらの演奏も低い音から始まり上行下行しながら高い音へと向かう。使用されている音高を見ると、この小節で強い不協和をもたらす音は、14行目は7音のうちシ♭、ド♯、ソ♯の3音、26〜35行目は8音のうちシ♭、ラ♭、ミ♭、ド♯の4音で、不協和の程度が類似している。

　Weeks（1990, 1996）はオーケストラの指揮者は、望ましい演奏と望ましくない演奏を並置して両者の演奏の違いを際立たせていることを指摘した。それに対して、ここでの例示は、同じ問題の解決方法の提案のなかで、どちらも望ましい演奏として示されたものである。このことは、例示間の共通点を際立たせ、両者に共通するパターンの知覚を可能にする。また、望ましい演奏の例示を複数行うことは、例示は唯一の解ではなく可能性のひとつとして聞くものだと示すことにもなる。

3.8 演奏の変化による理解の提示

　指導者は二重奏の8小節目で「＞そうそうそうそう＜」（38行目）と学習者の演奏を肯定的に評価する。この時点で教師は「学習者が提案を理解した」とみな

したことになる。学習者の理解は演奏にどのように現れているのかを**図10**をもとに検討する。

　問題の解決方法の提案前と提案後の二重奏を比較すると、音域は提案後により広くなっている。提案前の演奏では使用される音はシとドのみで鍵盤では隣り合う音であった。提案後では、下はソ、上はシ♭の音で1オクターブ以上離れている。隣り合う音の音程の広さをみると、提案後では鍵盤で隣り合う音は見られず、1〜4個離れた鍵盤を演奏している。これらの変化は、音域と音程を広く取るという解決方法の提案と対応している。

　また提案後の二重奏では不協和をもたらす音が増加している。不協和となる音は提案前は0個であるのに対して、提案後はシ♭とミ♭の2つである。この変化は、指導者の演奏での例示2回で3〜4個の強い不協和をもたらす音を使用していたこと、発話による「コンディミ」「シャープイレブン」といった不協和をもたらす音の選択の提案と対応している。

　以上のことから、学習者は指導者の提案に沿うよう演奏を変化させたと考えられる。しかし、学習者の提案後の演奏は、指導者の2回の例示と同一ではない。この事実は、指導者の例示をそっくりそのまま繰り返すのではなく、参考にしつつ変化させるという前提が両者間で共有されていたことを示している。

提案前（03〜05行目）

提案後（37行目）

図10：学習者の解決方法の提案前後の二重奏の演奏

4. 考察

　この節では、本稿で扱った事例の各局面における資源の利用のあり方を振り返り、なぜそのような相互行為の組織化を行ったのかを検討するとともに、ジャズの即興演奏の指導で何が目指されていたのかを見ていきたい。

　曲の問題となる小節の共有は、問題の解決方法の提案と同一の資源が利用されていた。学習者は、直前の二重奏、指導者の発話と演奏を資源として、曲の中の問題となる小節を特定した。ここでは、問題となる小節の特定のための資源の組織化があり、それとは別に問題解決の提案のための資源の組織化があるというように、課題と資源の組織化が一対一で対応しているのではなく、ある資源の組織化が同時に複数の課題の達成に役立っていた。

　なぜ2つの課題を同時に行うことができたのだろうか。直前に演奏された二重奏が4小節しかなかったことが大きく影響しているだろう。4小節という規模であれば、問題解決の提案で使用される資源を手がかりに、問題となる小節を絞り込むことができる。これまでの相互行為の展開が、2つの課題を同一の資源の組織化により行うことを可能にしていたといえる。

　問題の解決方法の提案では、はじめに楽器の演奏音を伴った提案がみられた。楽器の演奏音による例示は、空間表現、専門用語、価値基準表現という3種類の言語とともに示された。3種類の言語から、どの音を選び、どのように配置すると、ジャズではどのように聞こえるのかを知ることができる。これらの言語はジャズにおける価値判断と、それを実現するための方法とを関連づけるものとなっている。

　このとき、なぜ例示を行ったのだろうか。即興演奏の場合には、空間表現、専門用語、価値基準表現によって使うべき音、音の並べ方、それによりもたらされる印象に関する情報が得られることから、演奏による例示がなくてもフレーズを作ることはできそうである。それにもかかわらず演奏による例示を行ったのは、指導者と学習者の言語の解釈の違いがあるからだろう。価値基準表現である「変な」や「お行儀よく」の解釈が指導者と学習者で大きく異なっていた場合には、「コンディミ」からどの音を選ぶのか、どの程度「とばす」のかに

ついての解釈も異なってくる。学習者がジャズらしい演奏を聞き分ける能力の発達の途上にあることからすれば、とくに価値基準表現において、両者間で大きな解釈の相違が生じる可能性が高い。そのような言語の解釈の違いを埋めるものとして例示が機能していたといえる。このことは、演奏するために利用する資源を知るだけではなく、ジャズらしい演奏となるように、これらの資源の適度な使用が学習者に求められていることを示している。

　その後の提案では、指導者は楽器の音を使用せず、環境に連接された身振りにより鍵盤の距離という視覚的な側面を強調していた。ピアノの即興演奏において鍵盤の布置は資源となっているが(Sudnow 1978)、指導でも同様の資源が利用されていた。このような視覚的な資源が指導で重要であることは、聴覚を主とする指導から視覚を主とする指導への滑らかな移行からもうかがえる。本稿の事例では、ピアノ2台が横並びであるという物理的環境に支えられることで、学習者は歩いて移動することなく顔を向けるだけで指導者による環境に連接された身振りを見ることができた。聴覚と視覚の焦点化の移行がスムーズにできるよう物理的環境がデザインされていることは、即興演奏を指導する上で聴覚と視覚が資源としてどちらも重要であることをあらわしている。

　環境に連接された身振りによる問題の解決方法の提案のあと、楽器の演奏によって問題となる小節以降も例示を続けるとともに、身体ひねりが繰り返されることで提案が拡張された。楽器の演奏音と身体ひねりという社会的環境を資源として解決方法の提案を行うことができたのは、先ほどと同様にピアノ2台が横並びとなった物理的環境の支えがあったことによる。どのような社会的環境を資源として選択し組織するのかは、物理的環境に依存していることがわかる。

　解決方法の提案の他の小節への拡張は、何を意味するのだろうか。ある小節を演奏する際に利用される資源が、別の小節でも使えると示されることは、演奏をする際に用いられる資源の汎用性や有用性を強調する。このことは、演奏をするために利用する資源の学習が重要であることをあらわしているだろう。

　楽器の演奏による例示は、望ましくない演奏と望ましい演奏の対照ペア(Weeks 1990, 1996)ではなく、望ましい演奏が複数みられ、さらにそれらの演奏

は異なっていた。複数の望ましい演奏は、演奏間の共通点を際立たせ、より抽象的なパターンの知覚を可能にする。抽象化は、学習者が抽象的な次元で指導者の演奏を模倣することを可能にする。つまり、学習者は指導者の提案に従いつつも例示とは異なった演奏ができる。実際に、指導者により評価された学習者の演奏は、指導者の演奏をそのまま再現したものではなくパターンが類似していたことから、抽象的な模倣であったといえる。

　指導において学習者が理解を示す方法は2つに分けることができる。第一に、学習者の楽器の演奏による理解の提示である。そのとき、指導者による演奏開始の指示がなくても演奏し始めることもあった。第二に、指導者の例示の最中での頷きや「うん」といった承認の発話による理解の提示である。指導者も学習者が自らの判断で始めた演奏を聴いたり、例示で身体ひねりを繰り返したりすることで、学習者による理解の提示に注意を払っていた。

　このような理解の確認は、指導を効率的かつ効果的なものにする。学習者は理解したと思った時点で演奏することができた。指導者の例示での身体ひねりは繰り返し学習者が理解したかを確認するものであった。これらは、学習者の理解を確認する機会を指導者と学習者双方が作りだすことが可能であり、またその機会が頻繁にあったことをあらわしている。繰り返し理解を確認することは指導が冗長になることを避けることができる。確認したものの理解が不十分となった場合であっても、その時点での学習者の理解が示されるため、その理解に基づいて指導を組み立てることができる。指導者と学習者は、双方に理解の確認をする機会を作り出し頻繁に理解を確認することによって、効果的・効率的な指導を協働で作り出していた。

　ジャズの即興演奏の指導において何を学ぶことが目指されていたのだろうか。これまでの考察から次のようにまとめることができるだろう。第一に、ジャズらしい演奏ができるようになることが目指されていた。響きや音の配置の仕方などが、ジャズらしいと知覚される範囲内であることが求められる。第二に、学習者が指導者の抽象的な模倣ができるようになることが目指されていた。学習者は指導者の提案に応じつつ演奏を変化させることが求められる。第三に、演奏のための資源として何を選ぶのかを知り、適度な方法で使用できる

ことが目指されていた。適切な資源の選択と、その適度な利用によって、ジャズらしい演奏が可能となる。これらの学びを目指す指導は、物理的環境であるピアノの配置をもとに、社会的環境である言語、演奏、身振りを資源として組み合わせ、視覚と聴覚の両方のモダリティを利用しながら行われていた。

注

1───演奏の記述は一部省略している。学習者の演奏では02〜06行目と37行目の左手での和音の演奏、指導者の演奏では、14行目の左手の低音パートの演奏と37行目の右手での和音の演奏を省略した。

2───「コンディミ」は「コンビネーション・オブ・ディミニッシュスケール」の短縮語である。

3───3〜4小節において強い不協和をもたらす音として、ここでは「コードトーン」であるG7コードの構成音（ソ、シ、レ、ファ）、そして曲の調性であるCメジャーの構成音（ド、レ、ミ、ファ、ソ、ラ、シ、ド）以外の音とした。

書き起こし記号

∧　　　　指導者の楽器演奏
＊　　　　学習者の楽器演奏
＋　　　　指導者の学習者への顔向け
｀　　　　学習者の指導者への顔向け
／　　　　学習者の頷き
∠　　　　指導者に顔を向けながらの頷き

謝辞
本研究を進めるにあたり、ご協力いただいたピアノレッスンの指導者の方、多くの有益なご助言をいただいたLC研究会と編者の方々に心より感謝申し上げます。

参考文献

Berliner, Paul F. (1994) *Thinking in Jazz: The Infinite Art of Improvisation*. London: University of Chicago Press.

Cole, Michael. (1996) *Cultural Psychology: A Once and Future Discipline*.Cambridge: Harvard University Press.（マイケル・コール 天野清訳(2002)『文化心理学』新曜社）

de Bruin, Leon R.(2018) Shaping interpersonal learning in the jazz improvisation lesson: Observing a dynamic systems approach. *International Journal of Music Education* 36(2): pp.160−181.

Duranti, Alessandro and Kenny Burrel. (2004)Jazz improvisation: A search for hidden harmonies and a unique self. *Ricerche di Psicologia* 27(3): pp.71−101.

Goodwin, Charles. (1994) Professional vision. *American Anthropologist* 96(3),pp.606−633.

Haviland, John B. (2011) Musical Spaces. In Streeck, Jürgen Charles Goodwin and Curtis LeBaron.(eds.)*Embodied Interaction: Language and Body in the Material World*,pp.289−304.Cambridge: Cambridge University Press.

Mondada, Lorenza. (2012) Garden lessons: Embodied action and joint attention in extended sequences. In Hisashi Nasu and Frances C.Waksler.(eds.)*Interaction and Everyday Life: Phenomenological and Ethnomethodological Essays in Honor of George Psathas*,pp.279−296.Lanham:Lexington Books.

Mondada, Lorenza. (2014) Instructions in the operating room: How the surgeon directs their assistant's hands. *Discourse Studies* 16(2): pp.131−161.

西阪仰(2008)『分散する身体──エスノメソドロジー的相互行為分析の展開』勁草書房

Stevanovic, Melisa and Maria Frick.(2014)Singing in interaction. *Social Semiotics* 24(4): pp.495−513.

Schegloff, Emanuel A. (1998) Body torque. *Social Research* 65(3): pp.535−596.

Suchman,Lucy A. (1987) *Plans and Situated Actions: The Problem of Human-machine Communication*.Cambridge: Cambridge University Press.(ルーシー・サッチマン　佐伯胖監訳(1999)『プランと状況的行為──人間−機械コミュニケーションの可能性』産業図書)

Sudnow, David. (1978) *Ways of the Hand: The Organization of Improvised Conduct*.Cambridge: Harvard University Press.(デヴィッド・サドナウ　徳丸吉彦・村田公一・卜田隆嗣訳(1993)『鍵盤を駆ける手──社会学者による現象学的ジャズ・ピアノ入門』新曜社)

Weeks, Peter. (1990) Musical time as a practical accomplishment: A change in tempo. *Human Studies* 13(4): pp.323−359.

Weeks, Peter. (1996) A rehearsal of a Beethoven passage: An analysis of correction talk. *Research on Language and Social Interaction* 29(3): pp.247-290.

Wertsch, James V.,Gillian D.McNamee,Joan B.McLane and Nancy A.Budwig. (1980) The adult-child dyad as a problem-solving system.*Child Development* 51(4): pp.1215−1221.

Wood, David. Jerome S. Bruner and Gail Ross. (1976) The role of tutoring in problem solving. *Journal of Child Psychology and Psychiatry* 17(2): pp.89−100.

Vygotsky, Lev S. (1934/1987) *The Collected Works of L.S.Vygotsky,Volume1: Problems of General Psychology*. New York: Plenum Press.

上演芸術における
演者間インタラクションに対する
多層的なアプローチ

清水大地

要旨

　ダンスや演劇、音楽演奏といった上演芸術では、多様な外界環境（共演者・観客等の社会的環境や空間・舞台装置等の物的環境）との豊かな関わり合いの中でパフォーマンスが営まれていく。本稿では、特に共演者同士の関わり合いに焦点を当て、その複雑な関わり合いを運動データに基づいて定量的に検討する観点を探索的に提案する。またその観点に基づき、実際にブレイクダンスのパフォーマンス場面を対象にダンサー同士の関わり合い、ダンサーとDJ（Disk Jockey）との関わり合いに着目し、解析を行った実験を紹介する。以上の試みにより、提案した観点の有効性の検証と今後取り組むべき課題を明確にすることを目指した。

1. はじめに

　ダンスや演劇、音楽演奏といった上演芸術では、演者がその場に存在する他者や空間・照明等の環境との豊かな関わり合いを営みながらパフォーマンスを披露する様子が数多く見られる。実際に演者間や演者─環境間の豊かな相互作用に魅了された経験を有する方も多くいるであろう。本稿は、上演芸術の中でも特にブレイクダンスを対象として取り上げ、演者間（ダンサー間、ダンサー─DJ間）に生じる関わり合いに関して探索的な検討を行ったものである。

　上記の通り上演芸術においては、その場に存在する他者といった社会的要素や空間等の物理的要素との複雑な関わり合いを営みながら、演者がパフォーマンスを披露する。社会的要素としては、共にパフォーマンスを披露する共演者や、パフォーマンスを鑑賞し拍手や歓声等を返す観客が挙げられよう。また物理的要素としては、空間の広さや高さ、照明といったパフォーマンスに影響しうる様々な物質・状況が挙げられる。以上の中でも、本稿では社会的要素の1つとして挙げた演者同士の社会的なインタラクションに着目して議論を行う。実際に上演芸術では、上記したその場に存在する演者間に活発な関わり合いが営まれること、その関わり合いの様相をパフォーマンスとして披露する点に、その魅力の1つが存在することが主張されている。例えば、高度に熟達したジャズミュージシャンやダンサーの逸話やインタビューを取り上げた書籍・文献において、複数の演者同士が互いの表現を引用・発展させた表現を活発に披露し合うこと、その関わり合いから一人では生み出すことの出来ない魅力的で新しい表現が生まれうることが指摘されている (e.g., Bailey 1980; Walton, Richardson, Langland-Hassan, and Chemero 2015)。実際に本稿で対象としたブレイクダンスにおいても、他ダンサーの披露した表現の興味深い側面を積極的に取り入れ発展させた表現を即興的に生成・披露し、それが他ダンサーの更なる表現の発展をもたらす様子 (清水・岡田 2013)、DJが即時的に編集を加えた音楽の特徴に瞬間的に合わせた個性的なステップ生成し微細なリズムを刻み、それを見たDJが音楽に更なる編集を加えていく様子、といった演者間の表現に関する興味深い関わり合いが確認されている。

上演芸術における演者間インタラクションに対する多層的なアプローチ｜清水大地

以上の逸話や観察に基づく検討に加え、理論的立場においても、音楽・ダンスにおける演者同士の関わり合いの重要性は指摘されてきた。例えば、音楽・ダンスの生物的起源や社会的な普及過程を検討した Fitch (2006) や Merker, Morley, and Zuidema (2015) では、複数名で共に音楽表現や舞踊儀式に取り組むことで社会的な絆 (social bond) が生成・強化されること、そしてその生成・強化が共同体の維持・発展にとって有用であったことが、様々な共同体において音楽やダンスが広く普及し、伝統的に受け継がれてきた1つの要因となったことが理論的に主張されている。実証的な検討においても、音楽演奏や音楽に合わせたリズム運動を共に行うことにより参加者間の親密度が上昇することは心理学・認知科学の手法により確認されつつある (e.g., Kirshner and Tomasello 2010)。以上のように、音楽・ダンス等の上演芸術において、演者同士の関わり合いは研究者にとっても、そして演者にとっても着目する価値のある重要な対象と考えられた。本稿では、この上演芸術における演者同士のインタラクションに着目し、そこで見られる複雑な関わり合いの様相を運動データから定量的に捉えるための観点の提案と、実際にその観点に関する部分的な検討を行った実験を紹介する。本提案を通して、今まで定量的な検討を十分に行うことが困難であった演者同士の関わり合いを検討するための観点を研究者に提供すること、暗黙的・感覚的に達成されており明確な言語化・説明が困難である関わり合いをあらためて考える観点を実践に携わる者に提供すること、そしてよりパフォーマンスを楽しむための観点を (筆者のように) 上演芸術を好み頻繁に鑑賞を行っている読者に提供することを目指している。

2. 演者間のインタラクションを捉えるための観点

　2節ではまず、上演芸術における演者同士のインタラクションを捉える観点を提案する。特に本稿では、これまで認知科学や実験心理学等において蓄積・活用されてきた理論を踏まえ、観点を提案する (e.g., Keller, König, and Novembre 2017; Walton et al. 2015)。本稿が着目した理論は、同期現象である。同期現象とは、時空間を共有する非生物・生物複数個体の間で、類似した特徴を有する振

る舞いが時間的に明確な対応関係の見られる中で繰り返し生じることを示す現象である。例えば、類似した振る舞いが近接したほぼ同一タイミングで繰り返し生じることは同位相同期、反対のタイミングで交互に生じることは逆位相同期と呼ばれる。先行研究に習い、本稿では上記2種類の対応関係を同期、それを超えた例えば2対3のポリリズムのタイミングで同一の振る舞いを行う、時間を空けて他者の表現を引用・発展させて披露する、といったより複雑な対応関係について、同期を超えた関わり合いとして捉えることとした(cf. Paxton and Dale 2017)。

なお、同期現象は、ヒト以外の生物をも含んだ多様な生物においても確認されている。生物であれば、同じ木に留まるホタルの光の明滅(Hanson, Case, Buck, and Buck 1971)や同一集団を形成するカエル・コオロギの鳴き声(Ravignani, Bowling, and Fitch 2014)が近接したタイミングで繰り返し生じる様子が観察されている。またヒトにおいても、コンサートにおける観客の拍手のタイミング(Néda et al. 2000)、ロッキングチェアーに座っている際の揺れ(Richardson et al. 2007)、見つめ合い時・会話時の姿勢動揺(Okazaki, Hirotani, Koike, Bosch-Bayard, Takahashi, Hashiguchi, Sadato 2015)において同様の同期現象(同位相同期)が確認されてきた。また、1節で述べた音楽・ダンスに取り組むことによる参加者間の関係性強化とも関係するが、観察される同期現象の程度が参加者間の親密度により異なること、そして同期現象が生じた結果として参加者間の親密度が上昇することなどが示唆されている(e.g., Bernieri, Reznick, and Rosenthal 1988; Hove and Risen 2009)。

以上の、共有した状況下で複数個体が活動を行う際に頻繁に観察される同期現象の理論や知見は、演者同士の関わり合いを検討する上でも適用可能なものと考えられた。また、前述したように、上演芸術における演者間インタラクションでは、他者と同一タイミングで類似した振る舞いを実施すること(同位相同期など)を超えた、より複雑な関わり合いが生じると考えられる。ダンスであれば、他者と同一のタイミングで部分的に変化させた異なる補間的な表現を行う、他者の表現を部分的に取り入れ発展させた応用的表現を後のタイミングで行う、一方の腕の動作と他方の脚の動作等の異なる媒体により他者と

の類似表現を行う、といった全く同一では無いものの、多様なレベルで対応しうる表現を行う様子、それにより複雑かつ興味深い関わり合いを営み、観客に披露する様子が生じると考えられる。上演芸術における演者間の関わり合いやその魅力を十分に検討するには、以上を踏まえた同期理論の拡張が必要と考えられる。

　これらの背景から、本稿では同期理論を拡張して演者間インタラクションを捉える観点を構築することを試みた。その際に、本稿が参考としたものがBeyond synchronyという提案である。この提案では、複数名のヒト同士で生じうる複雑な関わり合いを捉えるためには、既存の同期理論の拡張が必要であるという主張がなされている (Dale et al. 2013; Wallot, Mitkidis, McGraw, and Roepstorff 2016)。ヒト同士の関わり合いでは、例えば互いを補助し合う異なる動作を行うことで共有した目的を達成する様子 (Richardson, Harrison, Kallen, Walton, Eiler, Saltzman, Schmidt 2015) や単なる反復を超えた相手の発話の部分的な取り入れとその利用により円滑な会話を営む様子 (Fusaroli and Tylén 2016) といった複雑な関わり合いが確認されている。その特徴を定量的に抽出するためには、同期理論や適用されてきた解析手法（複数名間の手や脚等の振る舞いが協調している程度やそのタイムラグによる協調程度の変化を算出可能な相互相関解析・相対位相の解析・相互再帰定量化解析など）の発展が必要と主張されてきた。

　類似した主張は、上演芸術における演者同士の関わり合いに対しても当てはまるのではないだろうか。前述した通り、演者同士のインタラクションでは、他演者のパフォーマンスと多様なレベルで対応する相補的・発展的な表現を様々な時間的関係性の中で行うことで、演者同士の複雑な関わり合いを達成する様子が生じうる。以上を踏まえ、本稿が演者同士のインタラクションを検討するためのより具体的な観点として提案するものが、Multi-Channel Coordination Dynamicsである（図1、清水・児玉・関根 2021; Shimizu and Okada 2021）。この観点は、演者同士の関わり合いにおいて表情・ジェスチャー・リズム運動・具体的な表現内容といった複数の表現媒体による同期もしくは同期を超えた複雑な関わり合いが生じうること、その関わり合いの時間を経た動的変化を同期理論で利用された分析手法を拡張し捉えることが、上演芸術における豊か

図1：Multi-channel Coordination Dynamicsの観点。
特に表現媒体については、ダンスの場合を例として記している。
グレーの点線の矢印は同位相同期を黒の点線の矢印は
逆位相同期を黒の実線の矢印は明確な同期が見られない場合を示す。

なインタラクションを定量的に検討する上で有用なことを示している。なお、以上の複数媒体における関わり合いは、ダンスのインタビュー内容を踏まえると、例えば具体的な表現内容といった演者本人に顕在的に意識されやすいものもあれば、空間内の配置や視線等、明確な意識なく潜在的に調整される場合が多いものも含まれうる。以上の顕在的・潜在的な側面も含む関わり合いを捉え、その様相を包括的に検討することは、演者本人にとっても暗黙知として意識されづらい側面を明らかにする点で、その実践的意義・教育的意義が大きいと考えられる。なお、筆者らは本観点による全体的傾向性を捉える定量的な解析と、他章で紹介された多層的な関わり合いの特徴を繊細に抽出可能な相互行為解析を相補性に用いることで、将来的に演者同士の関わり合いをより鮮明に捉えることが可能になる、と考えている。以下では、上記の観点で示した複数媒体における複雑な関わり合いやその時間を経た動的変化が実際に確認されるか、ブレイクダンスのバトル場面を対象とした検討を行い、観点の有効性を検証することとした。

3. 対象としてのブレイクダンス

　本稿では、上演芸術の一領域としてダンス、特に筆者が長期に渡り検討を行ってきたブレイクダンスのバトルを対象とした。ブレイクダンスでは、例

えばダンサー複数名、DJ、MC（進行・実況役）といった多様な振る舞いを行う演者が活発に関わり合いパフォーマンスが生成・披露されることが、インタビュー・フィールドワーク等で確認されている（清水・岡田 2013; Shimizu and Okada 2018）。そのため、提案した Multi-channel Coordination Dynamics を検討する上で適切な対象と考えられた。なおブレイクダンスは、1960年代にニューヨークのブロンクス地区で誕生した後、ギャング・若者の抗争の代替として利用され、発展してきた。その歴史的経緯から、専らバトルという複数名のダンサーが互いに表現を披露し合い、その勝敗を決する形式によりパフォーマンスが披露されている（OHJI 2001）。上記の経緯を踏まえ、本稿でも基本的にこのバトルを模した状況を設定し、その状況において複数名のダンサー間に生じるインタラクションを検討した。

　ブレイクダンスにおけるバトル場面の1例を**図2A**に示す。バトル場面では、2名のダンサー、もしくは2チームのダンサー達が向かい合った状態で交互にパフォーマンスを披露する。パフォーマンスを披露する順番や長さ、流れる音楽は事前には決められていない。その状況において、DJにより音楽が流され、バトルが開始される。その中でダンサーは、①相手のダンサーと披露する順番を視線・表情・ジェスチャー等により即興的に決定し合う、②DJ・MCと流れる音楽やその編集内容、実況内容に関するやり取りを視線・表情・ジェスチャー等により行い合う、③相手のダンサーの披露したダンス表現の興味深い側面を部分的に取り入れ発展させた表現を即興的に生成・披露する、その即興的なパフォーマンスに相手のダンサーがさらなる発展を加え披露し返す、等の様々な表現媒体を用いた関わり合いを活発に行い合う（清水・岡田 2013）。さらに、観客もダンサーのパフォーマンスに対して歓声・拍手等でその質の評価を明確に示す場合が多く、ダンサーはその様子にも敏感に反応しパフォーマンスを調整する。以上のように、場を共有した複数名の演者・参与者が活発に関わり合いながらパフォーマンスが展開される様子がバトルには見られる。そして勝敗に関しては、複数名のジャッジにより主観的に判断され、多数決により決する。なお、DJやMCは中立ではあるが、ダンサーの持つ風貌・振る舞い・パフォーマンスの特徴を強く反映した音楽選択・編集・実況を行う傾向が強

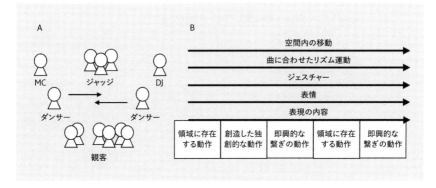

図2：A：バトル場面の1例、B：ダンサーの披露するパフォーマンスの1例。
1つのパフォーマンスの長さは30秒−60秒程度である場合が多い。

い。そのため、場の状況や関わり方次第では自身に有利に働くよう場面を即興
的に誘導することは、非常に高度な技術ではあるが可能とある熟達者はインタ
ビューで述べていた。

　ダンサーのパフォーマンスの1例を**図2B**に示す。図示した通り、ダンサー
は音楽に合わせて一定のリズム運動や空間内の移動、ジェスチャー等を行い
ながら、多様な表現の内容（領域に存在する表現：ダンス領域において既に広く共有さ
れて明確な名称が付与されているステップや動き、独自に生成した表現：特定のダンサーが
領域に存在する表現を発展させ生成したダンサー固有のステップや動き、その場で生成した
表現：その場の音楽や空間などの影響を受け、領域に存在する表現や独自に生成した表現を
即時的に変更・調整したステップや動き、など）を複雑に組み合わせ、1つのパフォー
マンスを構築する。その際、いかなるパフォーマンスをバトル場面において営
むのかは事前には決定されておらず、場に存在する相手のダンサーの振る舞
い・表現、DJの流す音楽の特徴、観客やジャッジの反応等の要素を強く反映さ
せつつ決定されると考えられる。以上のようにバトルという場は、それぞれの
参与者の振る舞いが互いの関わり合いにより規定される、システム的な振る舞
いが生じる場面と捉えることが出来る。以降では、このバトルにおいて、ダン
サー複数名間、ダンサーとDJ間といった複数名の演者間にどのような関わり
合いが生じるのか、実際のデータを用いた探索的検討を行った。

4. ダンサー複数名間に生じるインタラクション

4.1 概要

まずダンサー同士の関わり合いに着目し、上記の観点で提案された複雑な関わり合いが生じているか、検討を行った。特にここでは、同期に相当するまたは同期を超えた複雑な関わり合いがダンサー間で生じるのか、その関わり合いが時間経過により動的に変化するのか、という2点を検討した。

なお、上記のパフォーマンス例も踏まえると、バトルにおけるダンサーの振る舞いとしては、ダンス表現の具体的内容やベースのリズム運動、表現の一部であり相手ダンサーやDJとのコミュニケーションにも用いられる表情・ジェスチャーといった多様なものが想定される。以上の中でも、ヒト同士の関わり合いにおいて重要である一方、バトルにおいて明確に顕在化した調整を行うことが少ないとダンサー達より報告された、空間内の移動や他者との相対距離に着目することとした。他者との関わり合いにおいて他者との相対距離が大きな影響を与え、生理・心理状態に変化を与えることは、パーソナルスペースの理論において検証されてきた (e.g., 八重樫・吉田 1981)。また、他者との関わり合いを活発に行う上演芸術では、演者同士の相対距離は、演者達自身に加えて鑑賞する観客に対しても情動の変化をもたらしうると想定される。以上より本稿では、バトルにおいて他者との何かしらの関わり合いが生じうると推測される一方、顕在的な調整を行われる場合が少ないと想定される空間内の配置や他者との相対距離に着目し検討を行った。演者本人にとっても暗黙知として明確な顕在化・言語化がされづらい側面を検討することは、2節で述べた側面からも実践的・教育的意義が大きいだろう。

4.2 方法

方法としては、高度に熟達したダンサーにバトルを模した状況においてパフォーマンスを披露してもらう実験形式を採用した。ダンサーは、熟達者7名

（a:26歳、経験年数8年、b:28歳、経験年数12年、c:23歳、経験年数7年、d:29歳、経験年数13年、e:29歳、経験年数13年、f:26歳、経験年数10年、g:30歳、経験年数13年）であり、2グループ（1:a、b、c、d、2:b、e、f、g）に分かれ別日に実験に参加した。以上のダンサーは全員が日本国内の大会において優勝・準優勝等の戦績を残しており、適切な対象と考えられた。なお、全体数も限られる多忙な熟達者複数名を対象に同時にデータ測定を行うことには大きな困難が伴った。以上の事情から、実験時に偶然都合のつけやすかった熟達者bが両グループに参加した。

　実験では、各グループ内でダンサー4名による総当たりのバトルを行った。結果、各グループ6バトルずつの計12回を行っている。1回のバトルにおいて、ダンサーは相手と交互に3回ずつパフォーマンスを披露した（図3 A）。

　なお、披露する順番は事前には決定せずバトル中の両ダンサーのやり取りにより決定する、披露する時間も制限を設けない、流す音楽の情報もダンサーには伝えない等、可能な限り現実のバトルに近づけた状況で実験を実施した。

　ダンサーの空間内の移動や相対距離に関してはモーションキャプチャーシステム（OQUS 300, QUALISYS, Göteborg, Sweden）を用いて測定した。まず、パフォーマンスを披露する上で邪魔にならず、かつパーソナルスペースの測定に用いられる箇所を中心にマーカーを接着した（図3 B）。そして各バトル場面におけるダンサーの空間内の位置情報（x, y軸の座標情報）を頸部付近のマーカーを利用して測定した。解析では、上記の座標情報を利用して、①ダンサー2者間の相

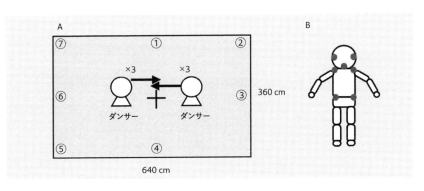

図3：A：実験の実施図、①−⑦はモーションキャプチャーのカメラ位置を表す。
B：マーカーを装着した身体部位。

対距離、②ダンサー2者間の空間内の移動に関する対応関係、を算出した。まず、①ダンサー2者間の相対距離に関しては、両ダンサーの空間内の位置（座標情報）を用いて2次元上の距離（ユークリッド距離）を算出した。次に②ダンサー2者間の空間内の移動に関する対応関係に関しては、ある時間tにおけるダンサーの相手ダンサー方向への前後移動を数値（ベクトル）で表現し、そのデータに前後移動の状態を算出する変換（ヒルベルト変換）をかけ、前後移動に関する瞬間瞬間の状態（位相）を算出した（**図4 式1、式2**）。そして、両ダンサーの状態（位相）の差異について、その角度差（三角関数の正接）を計算することで算出した（**図4 式3**）。この差異が相対位相であり、両ダンサーの前後移動の対応関係を表した指標である。0度であれば相手と同一方向への移動を行った様子（一方が相手方向に向かって前方／後方に移動した際に相手も同様に前方／後方に移動したこと）を、180度であれば相手と反対方向への移動を行った様子（一方が前方に移動した際に他方は後方に移動したこと）を示唆する指標である。0度が同期理論における同位相同期を、180度が逆位相同期を表す。なお以上の解析は、剣道の試合やタグ取りゲームにおけるプレイヤー間の関わり合いを検討したOkumura, Kijima, Kadota, Yokoyama, Suzuki, Yamamoto (2012)を参考に算出した。

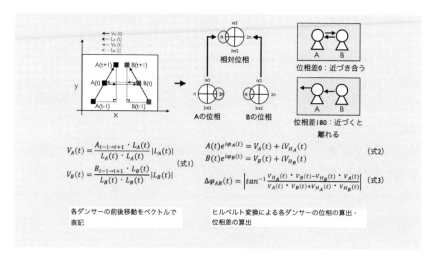

図4：空間内の移動の対応関係に関する解析手法。
Kijima et al. (2012)、Okumura et al. (2012)に基づいて作成。

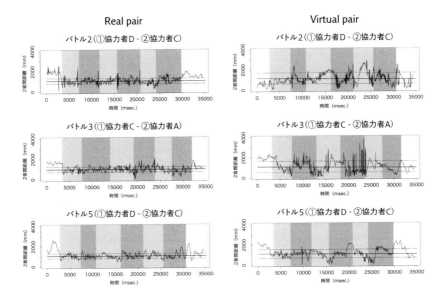

図5：ダンサー2者間の相対距離の結果。白色で塗りつぶした部分はパフォーマンス前後の部分を、
薄いグレーで塗りつぶした部分は1人目の協力者が、
濃いグレーで塗りつぶした部分は2人目の協力者がパフォーマンスを行った部分を示す。
横の実線・点線は各バトル場面の距離の平均値と平均値±1 SDを示す。

　なお両指標の算出時に、実際のペア（Real pair）に加えて対戦相手の座標情報を別のバトル時の同一ダンサーのものと入れ替えたVirtual pairも作成し、両指標を算出した（Bernieri et al. 1998）。パフォーマンス場面では、空間サイズ、バトルのルール、音楽等のダンサー同士の関わり以外の背景によっても特定の協調関係が生じうることが予想された。そのため、それらの影響による協調関係を算出し、Real pairとの比較を行うことでダンサー同士の関わり合いにより生じた協調関係を抽出することを目指した。

4.3 結果と考察

　まず、①ダンサー2者間の相対距離の結果を**図5**に示す。図からわかる通り、実際のバトル場面（Real pair）では、特にパフォーマンスを行っている際にダンサー2名が1 m（1000 mm）前後の一定した距離をある程度保ちながらパフォー

マンスを披露し合う傾向が見られた。同様の傾向はVirtual pairでは見られていない。実際に全バトルにおける相対距離の平均と標準偏差(SD)を比較した結果を図6に示す。相対距離の平均値はReal pairとVirtual pairとで差異が見られない一方で、相対距離のばらつきを示す標準偏差に関してはReal pairにおいてVirtual pairやパフォーマンス前後と比較して小さい値が示されている。実際に、Real pair、Virtual pair、そしてパフォーマンス前後の3条件で分散分析を行ったところ標準偏差の値に関して統計的に有意な差が示されており (F (2,27) = 11.44, p = .0003, η^2 = 0.46)、多重比較(BH法による調整、Benjamini and Hochberg 1995)の結果も Real pair − Virtual pair間、Real pair -パフォーマンス前後間で有意差が示された(それぞれp = .0002, d = 2.78, p =.004, d = 1.45)。以上の結果より、バトルではダンサー同士が関わり合う中で、互いに一定距離を保ち合おうとする振る舞いが見られたと考えられる。

次に、2者間の相対距離に関してパフォーマンスを経るに連れ、どのような変化が見られたかを検討した。図5を確認すると、Real pairにおいてパフォーマンスを経るごとに徐々に相対距離のばらつきが大きくなる様子が窺われた。実際に、平均値±1標準偏差を逸脱した距離を記録した頻度をパフォーマンスごとに算出し、割合を比較した。結果を図7Aに示す。図から、バトル前半では平均値から大きく逸脱した相対距離を取る頻度が少なく一定距離を保つ傾向が見られる一方、バトル後半ではその逸脱頻度が増加する様子が窺われた。実際にその頻度について角変換を行い、対応のある分散分析を行った結果、パフォーマンス間に有意な傾向差が見られた (F (5, 40) = 2.81, p = .03, η^2 = 0.18)。そして多重比較(BH法による調整)を行った結果、パフォーマンス3と4、パフォーマンス3と5との間に有意差が示された (p = .028, d = 1.41, p = .028, d = 2.10)。以上の結果は、ダンサー同士の相対距離の保ち方がバトル前半と後半において変化したことを示唆する結果と考えられる。

では、各ダンサーはどのような振る舞いを行って他者と一定した距離を保っていたのか。ここでは、②ダンサー2者間の空間内の移動に関する対応関係の指標を参照し、その振る舞いを検討した。Real pairとVirtual pairとパフォーマンス前後の3条件における対応関係を表した指標(各条件におけるそれぞれの相

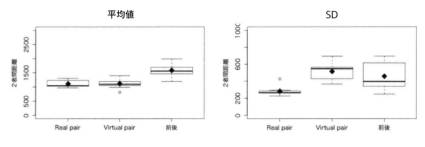

図6：ダンサー2者間の相対距離の平均値とSD

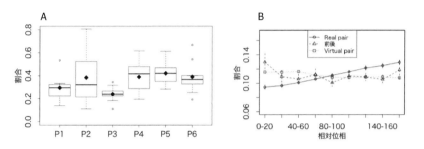

図7：A：Real pairにおいて平均値±1 SDを逸脱した割合。
Pの後ろの数字は全体のパフォーマンスの番号を示す、
B：移動に関するダンサー2者間の対応関係の結果

対位相の頻度）の結果を**図7B**に示す。図より、Real pairでは180度前後の逆位相同期に該当する値が数多く見られたこと、一方でVirtual pairやパフォーマンス前後では180度前後の値はあまり見られないことが窺われた。これは実際のペアでは、一方のダンサーが近づいた場合他方のダンサーが離れるといった振る舞いを数多く行っていたことを示す結果である。実際に、条件と相対位相を要因とした2要因の分散分析を行ったところ、交互作用が示唆された（$F_{(16, 144)}$ = 9.29, p = .0002, η^2 = 0.26）。位相間の単純主効果を検討すると、Real pairにおいて位相間の割合に有意差が示唆されており（$F_{(8, 64)}$ = 18.96, p < .0001, η^2 = 0.70）、逆位相に該当する割合が他の相対位相よりも多い様子が見られた（0-80までの相対位相に対して全てp < .01, 3.39 < d < 3.75、80-120の相対位相に対してp < .05, 1.66 < d < 2.09、BH法による調整）。また逆位相同期（160-180度）に関する条件間の単純主効果・多重比較では、有意な差異は示されなかったものの大きな効果量が示され（$F_{(2, 27)}$ = 2.29, p = .12, η^2 = 0.15）、Real pairの割合が他の条件よりも高

い可能性が推測された（Real pair と Virtual pair 間で $p = .37, d = 0.45$、Real pair とパフォーマンス前後間で $p = .12, d = 2.19$、BH 法による調整）。バトルでは、一方のダンサーの近づく・離れるという振る舞いに応じて他ダンサーの離れる・近づく振る舞いが営まれており、その関わり合いにより上記の一定した相対距離を維持していた様子が窺われた。

　最後に、この2者の対応関係に関してパフォーマンスを経るごとに生じた変化を検討した。結果を**図8**に示す。図より、例えばパフォーマンス4や6など、特にパフォーマンス後半になるにつれて180度前後の逆位相同期の頻度が減少する様子が窺われた（パフォーマンス1－6において逆位相同期に該当した割合が、それぞれ13.28%、13.42%、13.89%、11.36%、14.52%、11.36%である）。これは相対距離に関する前半と後半の差異とも合致する結果である。バトルでは、ダンサー同士は前半に相手に対応した振る舞い（逆位相同期）を行うことで一定距離を維持していた。一方、後半にはその振る舞いを変化させている様子が窺われた。この協調パターンの構築とその解体、という時間経過によるダンサー同士の関わり合いの変化は、表現という上演芸術の特徴を反映した興味深い知見と考えられる。なお、実験後インタビューにおいて7名中6名のダンサーは、相手のダンサーとの距離を本人の感覚として顕在的には調整していなかったことを述べていた。上記の関わり合いは、ダンサーがその豊かな領域経験を通じて蓄積した暗黙知により形成されたものと考えられる。

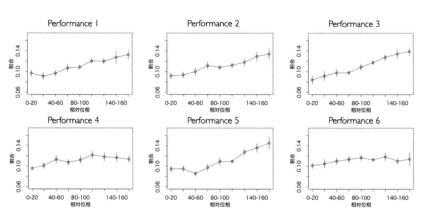

図8：ダンサー2者間の対応関係に関する時間変化

5. ダンサーとDJ間に生じるインタラクション

5.1 概要

　次に、5節ではダンサーとDJ間に生じるインタラクションに着目した検討を行う。3節に記した通り、バトルにおいてダンサーはDJがその場で選択・編集する音楽に即時的に合わせつつパフォーマンスを披露する。一方で、DJもダンサーの振る舞いに着目しており、それに応じて音楽の選択・編集を即時的に調整する様子が窺われる。ここでは、ダンサーとDJとの間に具体的にどのような関わり合いが見られるのか、提案した観点を考慮しながら検討する。特に、複数の表現媒体においてダンサーとDJ間の振る舞いに対応関係が見られるのか、その対応関係が時間経過により変化するのか、という2点を検討した。

　4節で述べた通り、バトルにおけるダンサーの振る舞いとしては、表現の具体的内容やリズム運動、視線・ジェスチャー等の多様なものが想定される。また、DJの振る舞いとしても、同様のリズム運動や視線・ジェスチャー等に加え、音楽編集時の手の動き（スクラッチ等）も想定される。ここでは、中でもダンサーとDJとの間で共有可能な情報であり、互いのパフォーマンスに影響を及ぼすと考えられるリズム運動と具体的な表現の内容（ダンスステップを反映するダンサーの手の動きと音楽編集を反映するDJの手の動き）に着目した。

5.2 方法

　方法としては、熟達したダンサーとDJにペアとなって音楽の選択・編集とダンスパフォーマンスとを実施してもらう実験形式を用いた。協力者は、熟達したダンサー2名（a、b、4節のダンサーd、bと同一人物）と熟達したDJ1名（27歳、大会等におけるDJ経験を豊富に有する）である。

　実験では、2名のダンサーがDJとペアとなり、計3回の測定に取り組んだ。本稿では、中でも各ダンサーとDJペアで同じ音楽を用いた1回目の測定を取り上げた。この測定場面において、ダンサーはDJの流す音楽に合わせつつパ

フォーマンスを1回披露している。ダンサーは流れる音楽を事前に知らされておらず、DJは実験者の設定した条件(現実のバトルで頻繁に流される音楽の中から1曲選択し流す、両ダンサーで同一音楽を流す)に基づき音楽をその場で選択した。また、パフォーマンスの時間にも制限を設けず、可能な限り現実の場面に近づけた状況で実験を実施した。

　ダンサーとDJのリズム運動と表現の内容(手の動き)に関しては、4節と同一のモーションキャプチャーシステムを用い測定した。まず、パフォーマンスの邪魔にならない箇所中心に全身にマーカーを装着した(**図3 B**とほぼ同様、ダンサーは腕・脚、DJは腕・手首にもマーカーを装着した)。そして各バトルにおけるダンサーとDJの頸部の上下運動(z軸の座標情報)と左手の運動(ダンサーはz軸、DJはy軸の座標情報)を測定した。解析では、上記の座標情報を利用し、1：ダンサーとDJ両者のリズム運動の対応関係と2：ダンサーとDJ両者の表現の内容(手の動き)の対応関係という2指標を4節と同様の手法にて算出した(**図4**の**式2−3**を参照)。なお流す音楽の特徴により対応関係が生じうると予想された。そのため、DJの座標情報を他のペアにおけるDJのものと入れ替えたVirtual pairを作成し、音楽の影響による対応関係を算出した。この対応関係と、Real pairにおける対応関係との比較により、ダンサーとDJとの関わり合いによって生じた対応関係を特定して抽出することを目指した。

5.3 結果と考察

　まず、ダンサーとDJ間のリズム運動の対応関係(頸部の上下運動の相対位相)の結果を**図9A**に示す。全体の集計結果(**図9A**の左から1つ目)から、Real pairとVirtual pairともに同位相同期もしくは逆位相同期の頻度が高く、ダンサーとDJ間で振る舞いに対応関係が見られた。この相対位相の頻度を、ダンサーのパフォーマンス内のフェイズごとに分割したものが**図9**の左から2つ目−4つ目である。図から、Real pairにおいては初期に同位相同期による対応が多く見られ、後期に逆位相同期による対応が多く見られるというフェイズを経た対応関係の変化が見られた。一方でVirtual pairでは全フェイズを通じ逆位相同期に

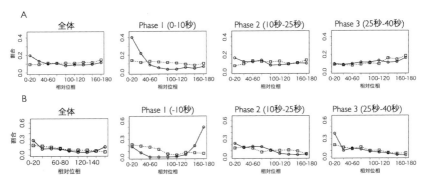

図9：A：リズム運動に関する対応関係の結果、B：表現の内容に関する対応関係の結果。
A、B共に実線はReal pairの結果を、点線はVirtual pairの結果を示す。

よる対応が多く見られ、その関係が変化する様子は窺われない。以上は、ダン
サーとDJがインタラクションを行う場面では、その関わり合いを活発に変化
させつつパフォーマンスを披露したことを示唆している。なお、Virtual pairの
振る舞いにある程度の対応関係が見られた理由としては、音楽に含まれるリズ
ムやビート等の影響を受けて一定の対応した振る舞いが生じたと推測される。

　同様の結果は、ダンサーとDJ両者の表現の内容の対応関係（手の運動の相対
位相）に関して顕著に確認された。全体の集計結果（**図9 Bの左から1つ目**）を見る
と、Real pairでは同位相同期と逆位相同期という振る舞いの異なる対応関係が
多く見られたのに対し、Virtual pairでは同位相同期という一定の対応関係のみ
多く確認された。フェイズごとに分割した結果（**図9 Bの左から2つ目－4つ目**）に
おいても、Real pairでは初期に逆位相同期の対応が多く見られ、後期に同位相
同期による対応が多く見られ、ダンサーとDJが関わり合いを活発に変化させ
つつパフォーマンスを展開した様子が窺われた。一方Virtual pairでは、全フェ
イズを通して同位相同期の対応関係のみが多く見られ、関わり合いを変化さ
せる様子は見られなかった。以上の結果を整理すると、実際のバトルにおいて
は、ダンサーとDJ間にリズム運動や表現の内容といった複数の表現媒体に対
応関係が生じる様子、その対応関係が時間経過を経て活発に変化する様子が
示唆されたと考えられる。

6. 総合考察

4節、5節では、ブレイクダンスのバトルを取り上げ、演者間に生じる複雑なインタラクションの探索的検討を行った。結果、以下3点が示唆された。

①ダンサー複数名間の関わり合いにおいても、またダンサーとDJ間の関わり合いにおいても、同位相同期を超えた複雑な対応関係が確認された。
②上記の対応関係は、複数の表現媒体において確認された（ダンサーとDJ間の関わり合いであれば、パフォーマンスのベースとなるリズム運動に加えて表現の内容においても対応関係が確認された）。
③上記の対応関係は、時間経過により動的に変化する様子が確認された。

以上の結果は、本稿が提案したMulti-channel Coordination Dynamicsの観点の有効性を示すものと考えられる。図示した通り、上演芸術における演者間のインタラクションにおいては、複数の表現媒体において単なる同位相同期を超えた複雑な対応関係が生じうる。そしてその対応関係が時間を経るごとに活発に変化する様子が見られるのである。上演芸術における複雑な関わり合いの仔細や、演じられるパフォーマンスの魅力を解明するためには、以上の観点に基づいたより丁寧な検討を行う必要があると考えられる。

また、以上の観点や結果を踏まえると、今後行うべき発展的検討として以下の内容を想定することが出来る。まず、より多様な表現媒体に着目し、そこに同期現象を超えた複雑な対応関係が見られるのか、見られるとすればそれはいかなる対応関係であるか、という点に関する詳細な検討が必要と考えられる。ダンサーのパフォーマンス1つ取り上げても、そこには非常に多様な振る舞いが含まれる。例えば、基本的なリズム運動や表現の具体的内容、空間内の移動に加え、相手のダンサーやDJ・観客へ向けたジェスチャー・目線等もパフォーマンスを構成する重要な要素として想定されるであろう。以上の多層的なパフォーマンスのどの表現媒体においていかなる対応関係が生じるのか、その振る舞いの詳細な検討が必要と考えられる。また、以上の複数の表現媒体

は、独立して営まれるとは考えにくい。自身が披露したパフォーマンスを取り入れ披露してきた相手のダンサーに対し、目線・ジェスチャーで肯定・否定等の合図を送り、相手もそれに応じパフォーマンスをさらに発展させる等のバトル例に見られるように、表現媒体複数の振る舞いは異なる媒体の振る舞いとも高度に対応し合うと考えられる。そこでの複雑な関わり合いの様相を捉えるには、同一媒体内を超えた異なる媒体間の対応関係にも着目した検討が必要になると考えられる。

　また、上記の対応関係の個人差も検討する意義があるだろう。仔細は記していないが、例えばダンサー同士の空間内の移動に関しては、特定の個人・ペアにおいて平均から大きく逸脱した対応関係を構築する様子が確認された。その個人・ペアにおいては、一定距離から逸脱する、という対応関係をバトル初期から活発に実施しつつパフォーマンスを営む様子が確認されている。この差異のパフォーマンスの魅力との関係性に関しては今後の検討が必要と考えられる。一方で、以上の個人間差・ペア間差に着目することで、特に他の演者との関わり方という側面に関するパフォーマンスの個性を抽出することが可能ではないかと考えている。

　さらには、上記の関わり合いについて本書籍のテーマでもある外界との対峙という面から捉えることも必要であろう。4節、5節で部分的に確認されたように、ダンサーのパフォーマンスやダンサー同士の関わり合いの様相は、その場に流れる音楽の特徴やMCによる声・観客の反応（歓声・拍手・頷き）にも依拠し変化しうる。以上の要素を、外界からもたらされる共通入力と捉えるか、関わり合いを営む異なる属性・機能を持った対象でありそこで3者間・4者間（ダンサー、DJ、MC、観客など）の複層的な関わり合いが展開されると捉えるかは、今後の検討指針を左右する重要な観点である。個人的な考えでは、上記を相互作用と捉え、ダンサー・演者が外界からいかなる影響を受けつつそこに変化をもたらし、その変化した対象から再度いかなる影響を受けるのか、等の動的なダイナミクスにパフォーマンスの面白さが含まれると想定している。一方、そこで生じる多人数に渡る複層的な対応関係や動的変化を十分に捉えるには、提案した観点や解析手法を応用・拡張した、更なる発展的な観点・解析手法が必

要と考えられよう。

　最後に本稿において残された課題を記す。本稿では、上演芸術において生じる複雑なインタラクションを定量的に検討するため、可能な限り現実状況に類似させたものの、実験的な状況を設定しそこで生じる対応関係を検討した。また、協力者の人数も4節では7名、5節では3名と非常に限られている。そのため、本稿で得られた知見が広く熟達者全般に適用可能であるのかについては今後の詳細な検討が必要であろう。現在、上記の実験的制約の生じづらいフィールド場面を対象とした定量的データの取得に関して、Openpose等を用いた試みを行っている最中である。これらの発展的な試みを継続しつつ、上演芸術における高度かつ複雑なインタラクションを捉えるための理論的な観点の構築・精緻化を今後行っていくことを予定している。本稿を通して、ダンスや上演芸術における関わり合いにより興味を持つ実践者・読者の方々が増えていただければ筆者にとって喜ばしい限りである。

謝辞

大変な実験にご協力くださったダンサー・DJの皆様、関連研究の議論やコメントを沢山下さった共同研究者の皆様（特に岡田猛先生）、書籍の執筆にあたり貴重なご助言・コメントを下さった編集者の皆様に心より御礼申し上げます。なお、本研究は科研費（19KT0024、20H04573）の助成を受けたものです。

参考文献

Bailey, Derek. (1980) *IMPROVISATION*. Buxton: Moorland Publishing.

Benjamini, Yoav, and Hochberg, Yosef. (1995) Controlling the false discovery rate: a practical and powerful approach to multiple testing. *Journal of the Royal statistical society: series B* (Methodological), 57(1), pp. 289-300.

Bernieri, Frank J., Reznick, Steven J., and Rosenthal, Robert. (1988) Synchrony, pseudosynchrony, and dissynchrony: measuring the entrainment process in mother-infant interactions. *Journal of personality and social psychology*, 54(2), pp. 243.

Dale, Rick, Fusaroli, Riccardo, Døjbak Håkonsson D., Healey, Patrick, Mønster, Dan, McGraw, John J., Mitkidis, Panagiotis, and Tylén, Kristian. (2013) Beyond synchrony: complementarity and asynchrony in joint action. In *Proceedings of the Annual Meeting of the Cognitive Science Society*, 35 (35), pp. 79-80.

Fitch, Tecumseh W. (2006) The biology and evolution of music: A comparative perspective. *Cognition*, 100(1), pp. 173-215.

Fusaroli, Riccardo, and Tylén, Kristian. (2016) Investigating conversational dynamics: Interactive alignment, Interpersonal synergy, and collective task performance. *Cognitive science*, 40(1), pp. 145-171.

Hanson, Frank E., Case, James F., Buck, Elisabeth, and Buck, John. (1971) Synchrony and flash entrainment in a New Guinea firefly. *Science*, 174(4005), pp. 161-164.

Hove, Michael J., and Risen, Jane L. (2009) It's all in the timing: Interpersonal synchrony increases affiliation. *Social Cognition*, 27(6), pp. 949-960.

Keller, Peter E., König, Rasmus, and Novembre, Giacomo. (2017) Simultaneous cooperation and competition in the evolution of musical behavior: Sex-related modulations of the singer's formant in human chorusing. *Frontiers in Psychology*, 8, 1559.

Kirschner, Sebastian, and Tomasello, Michael. (2010) Joint music making promotes prosocial behavior in 4-year-old children. *Evolution and Human Behavior*, 31(5), pp. 354-364.

Merker, Bjorn, Morley, Iain, and Zuidema, Wellem. (2015) Five fundamental constraints on theories of the origins of music. *Philosophical Transactions of the Royal Society B: Biological Sciences*, 370(1664), 20140095.

Néda, Zoltan, Ravasz, Erzsebet, Brechet, Yves, Vicsek, Tamas, and Barabási, Albert L. (2000) The sound of many hands clapping. *Nature*, 403(6772), pp. 849.

OHJI (2001)『ROOTS OF STREET DANCE』ぶんか社

Okazaki, Shuntaro, Hirotani, Masako, Koike, Takahiro, Bosch-Bayard, Jorge, Takahashi, Haruka K., Hashiguchi, Maho, and Sadato, Norihiro. (2015) Unintentional interpersonal synchronization represented as a reciprocal visuo-postural feedback system: a multivariate autoregressive modeling approach. *PLoS One*, 10(9), e0137126.

Okumura, Motoki, Kijima, Akifumi, Kadota, Koji, Yokoyama, Keiko, Suzuki, Hiroo, and Yamamoto, Yuji. (2012) A critical interpersonal distance switches between two coordination modes in kendo matches. *Plos One*, 7(12), e51877.

Paxton, Alexandra, and Dale, Rick. (2017) Interpersonal movement synchrony responds to high-and low-level conversational constraints. *Frontiers in psychology*, 8, 1135.

Ravignani, Andrea, Bowling, Daniel L., and Fitch, Tecumsech W. (2014) Chorusing, synchrony, and the evolutionary functions of rhythm. *Frontiers in psychology*, 5, 1118.

Richardson, Michael J., Marsh, Kerry L., Isenhower, Robert W., Goodman, Justin R., and Schmidt, R. C. (2007) Rocking together: Dynamics of intentional and unintentional interpersonal coordination. *Human movement science*, 26(6), pp. 867-891.

Richardson, Michael J., Harrison, Steven J., Kallen, Rachel W., Walton, Ashley, Eiler, Brian A., Saltzman, Elliot, and Schmidt, R. C. (2015) Self-organized complementary joint action: Behavioral dynamics of an interpersonal collision-avoidance task. *Journal of Experimental Psychology: Human Perception and Performance*, 41(3), pp. 665-679.

清水大地・児玉健太郎・関根和生 (2021)「フリースタイルラップバトルにおけるマルチチャンネル・インタラクション一同期理論を利用したケーススタディー」『電子情報通信学会論文誌A』, J104(2), pp. 75-83.

清水大地・岡田猛 (2013)「ストリートダンスにおける即興的な創造過程」『認知科学』, 20(4), pp. 421-438.

Shimizu, Daichi, and Okada, Takeshi. (2018) How do creative experts practice new skills? Exploratory practice in breakdancers. *Cognitive science*, 42(7), pp. 2364-2396.

Shimizu, Daichi, and Okada, Takeshi. (2021) Synchronization and Coordination of Art Performances in Highly Competitive Contexts: Battle Scenes of Expert Breakdancers. *Frontiers in Psychology*, 12, 1114.

Wallot, Sebastian, Mitkidis, Panagiotis, McGraw, John J., and Roepstorff, Andreas. (2016) Beyond synchrony: joint action in a complex production task reveals beneficial effects of decreased interpersonal synchrony. *PloS one*, 11(12), e0168306.

Walton, Ashley E., Richardson, Michael J., Langland-Hassan, Peter, and Chemero, Anthony. (2015) Improvisation and the self-organization of multiple musical bodies. Frontiers in Psychology, 6, 313.

八重樫敏男・吉田富二雄 (1981)「他者接近に対する生理・認知反応」『心理学研究』, 52(3), pp. 166-172.

鑑賞支援ロボットの身体動作が人間の身体配置に与える影響

川口一画

要旨

　近年普及が進むコミュニケーションロボットは、人間にとって他の環境的要因と同様な"外界"の一部であると同時に、擬人化された身体を用いることで人間に類似した存在として認知される可能性を有する。筆者は、このような"外界"でありながらも人間にとって"他者"となりうるコミュニケーションロボットに着目し、ロボットが人間と同等な非言語的表現を行った際の人間の反応を調査する研究を行っている。本稿では、ロボットの非言語的表現として身体各部位（上半身・下半身）の回転動作に着目し、それに対する人間の反応を調査した研究[1]について述べる。本稿の結果より、ロボットが身体各部の回転を使い分けることで対話者の身体配置の調整が可能であること、そしてそのためにはロボットの身体形状を適切に設計することが重要であることが示された。

1. はじめに

　近年、Softbank社のpepperに代表されるようにヒューマノイド型のコミュニケーションロボットが普及し始めている。このようなコミュニケーションロボットは人間と同様の身体性を有し、発話に加えて非言語表現を提示可能である点を特徴とする。ロボットが人間と同様の非言語的表現を表出し、それが正しく理解される場合、ロボットの動作は人間が用いる場合と同様に何らかの意図を表出する行為と認識される。すなわち、人間にとってロボットは他の環境的要因と同様な"外界"であると同時に、人間と同様に意図を表出する"他者"とも解釈されうる。このような特性を持つロボットの応用分野として、美術館や商業施設で案内を行うガイドロボットの研究が多数行われている (Yamaoka, Kanda, Ishiguro, and Hagita 2008, Hüettenrauch, Eklundh, Green and Topp 2006, Nakauchi and Simmons 2009, Satake, Kanda, Gkas, Imai, Ishiguro, and Hagita 2009)。

　ガイドロボットが効果的な説明を行うためには、説明を受ける人とロボットとの間に適切な"会話の場"を構成する必要がある。そこで人間同士の複数人対話において重要な役割を果たす"F陣形(F-formation)"という概念に着目した研究が行われている。F陣形とは、複数人が向かい合って会話を行う際に、互いの間に一定の空間が維持され、それによって会話集団が空間的に規定されるという概念である (Kendon 1990)。F陣形の構築にあたっては会話の参加者の身体配置(立ち位置および身体方向)が重要な役割を果たす。なお、F陣形が構成される機序およびその具体例について、1章において牧野が説明を行っているため、詳しくはそちらも参照頂きたい。

　F陣形の概念をガイドロボットに取り入れた研究事例として、Yamaoka, Kanda, Ishiguro, and Hagita (2009)はガイドロボットが対話者の移動に合わせて身体配置を調整しF陣形を維持することでロボットの印象が向上することを示した。またKuzuoka, Suzuki, Yamashita, and Yamazaki (2010)はロボットが身体配置を調整することによって人間が立ち位置を調整しF陣形が再構築されることを示した。これらの結果より、ロボットは人間と対話する際にF陣形の参与者となることができ、さらにロボットの行為によってF陣形を調整すること

も可能であると考えられる。

本稿においては、ロボットによるF陣形の構築を発展させるための方策として、Schegloff(1998)によって示された“身体ねじり(body torque)”に着目した。身体ねじりとは、会話中に上半身と下半身を別の方向に向けることで複数方向へ異なる度合いの関与を示す行為であり、これを活用することで目的に応じてF陣形の調整が可能になると考えられる。なお、このような身体ねじりについては前述のKuzuokaらの研究においてもロボットに実装されていたが、上半身・下半身の指向性が明確ではない外観であったことにより、その効果は示されていない。そこで本稿は、上半身・下半身の形状を人間の身体形状に近づけ、自然な身体ねじりを提示可能なロボットにより注意誘導を行った場合に、対話者の身体配置がどのように変化するかを定量的に評価することを目的とする。

2. 関連研究

本節でははじめにF陣形と身体ねじりに関する社会科学における相互行為研究の知見について説明したのち、それらをロボットに応用した研究について述べる。

2.1 F陣形と身体ねじり

F陣形は、複数人が向かい合って会話を行う際に互いの間に一定の空間が維持されるという現象を説明するための概念として、Kendon(1990)によって定義された。Kendonによれば、人間とその人間が関与しようとする対象との間に広がる空間を操作領域(transactional segment)と呼び、複数人で会話する際には参与する人々の操作領域が重なり下半身方向によってO形の空間が構成される。これをO空間(O-space)と呼び、参与者は通常この円形の空間を相互に維持しようとするという。このような、会話集団を空間的に規定する相互行為レベルの行動単位がF陣形である。また、McNeill(2006)によればF陣形は人間だけにより構成される社会的F陣形(social F-formation)と、人間同士だけでなく指示対象

物を介する道具的F陣形（instrumental F-formation）に細分化されるという。道具的F陣形においてはO空間内に指示対象物が存在し、これによりO空間の変形が起こるという。この分類によれば、本稿の対象であるガイドロボットによる展示物の説明は、参与者であるガイドロボットと鑑賞者に加えて、指示対象である展示物が存在するため、道具的F陣形となる。

　身体ねじりはF陣形の研究に基づきSchegloFf（1998）によって定義された。ここで身体ねじりとは下半身を固定したまま上半身をねじるという身体の分岐的振舞いを示しており、人間はこの身体ねじりによってどの活動にどの程度関与しようとしているかを表しているという。この際、安定性の高い下半身の方向付けは主要関与（main involvement）を示しており、一時的な上半身の方向付けは副次的関与（side involvement）を示している。例えば人物Aが何らかの作業を行っている最中に人物Bから声をかけられた場合に、下半身は作業対象に向けたまま上半身のみでBの方を向いたとする。これはAの主要関与が作業対象であることを示しており、Bとの会話はすぐに終了することが予想される。一方、同じ状況でAが下半身ごと体をBの方に向けた場合、主要関与が作業対象からBに移ったことを示し、AはBとの会話を継続させようとしていると考えられる。

2.2 ロボットを用いた身体配置に関する研究

　Yamaoka, Kanda, Ishiguro, and Hagita（2009）は、ガイドロボットが人間に対して物の説明を行う際に、ガイドロボットと人間、物の間に適切なO空間を形成するための立ち位置モデルを実装した。そして、ロボットが適切なO空間を維持することで、ロボットの印象が向上することを示した。なおこの研究では、ロボットは身体方向調整に当たって常に全身を回転させており、身体ねじりの概念には触れられていない。

　Kuzuoka, Suzuki, Yamashita, and Yamazaki（2010）は、上半身と下半身を独立して制御可能なロボットGestureMan-4を開発し、ロボットの身体回転が人の立ち位置にどのような影響を与えるかの評価を行った。その結果、ロボットが説

明対象に全身を向けることで人が対象物の方に移動し、F陣形が再構成されることが示された。すなわち、ロボットの身体回転により、人の立ち位置を調整することが可能であることを示した。なおこの研究では、上半身と下半身を独立して制御する身体ねじりについても評価を行っているが、それぞれの部位の指向性が明確ではない外観であったことにより、身体ねじりの効果は示されなかった。

これに対して筆者の研究グループは、上半身と下半身の指向性が明確に示され、かつ自然な身体ねじりを表現可能な外観を持つロボット Talk-Torque 2 (以後、TT2) の開発を行った。TT2 の外観を**図1**に示す。TT2 のシステム構成については、3.1節にて説明を行う。本稿は、このようなロボットを用いて身体ねじりにより注意誘導を行った場合に、対話者の身体配置がどのように変化するかを定量的に評価することを目的とする。また、ロボットの上半身と下半身それぞれの効果の違いについても比較を行う。検証に当たっては、以下の3点の仮説を設定した。

I.　ロボットが全身を対象物の方に回転させる場合、鑑賞者は対象物の方に移動し、F陣形の再構築が行われる。

II.　ロボットが上半身のみを対象物の方に回転させる場合、鑑賞者の立ち位置は維持されたまま、身体の回転によりF陣形の調整が行われる。また、下半身のみを回転させる場合には、全身を回転させる場合と同様な傾向が見られる。

III.　鑑賞者の立ち位置が維持される場合、鑑賞者がロボットを見る時間が長くなる。

仮説Iについては、従来研究で示された結果 (Kuzuoka, Suzuki, Yamashita, and Yamazaki 2010) を再確認するものである。仮説IIは、身体ねじりの概念 (Schegloff 1998) に基づき、ロボットが上半身を向けた対象物には副次的関与、下半身が向けられた鑑賞者には主要関与が向けられていると判断され、鑑賞者はロボットとの位置関係を維持したまま、身体の回転により対象物を交えた道具的F陣形を再構築すると考えられる。一方で、下半身のみを対象物に向けた場合は、主要関与が対象物に移ったと判断され、全身を回転させた条件と同様に、移動

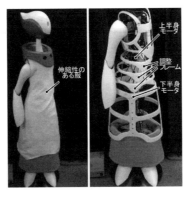

図1：Talk-Torque 2の外観と内部機構

（図中ラベル：伸縮性のある服、上半身モータ、調整フレーム、下半身モータ）

を伴ったF陣形の再構築が行われると考えられる。仮説IIIについては、鑑賞者の立ち位置が維持されるのは、鑑賞者がロボットの主要関与が自分に向いていると判断した場合であり、そのような状況においては鑑賞者のロボットに対する関心も高くなると考えられる。その結果、鑑賞者がロボットを見る時間が増加すると考えられる。

3. 実験

本稿では上記の仮説を検証するために、上半身と下半身を独立して回転可能なヒューマノイドロボットTT2（図1）を用いて、実験参加者に絵画の説明を行う研究室内実験を実施した。本節では実施した実験の内容について説明する。

3.1 システム構成

本実験で用いたヒューマノイドロボットTT2は頭部3自由度、腰部2自由度、腕部各4自由度×2の計13自由度を有し、上半身と下半身を独立して回転させることが可能である。各可動部はロボット用サーボモータにより駆動され（KRS788HV・KRS4014HV（近藤科学）、SRM1422Z（三和電子））、コントロールボードRCB-3J（近藤科学）を介してPCから制御を行った。制御に当たっては、一連の説

明動作を自動で再生するため、VC++で作成した制御プログラムを用いた。この制御プログラムでは、特定の書式で動作と発話のスクリプトを記述したテキストファイルを読み込み、一連の説明を自動で再生することが可能である。なお再生する音声はフリーの音声合成ソフトAquesTalkを用いて作成した。ロボットの外装は、展示案内という知的活動にふさわしく、また上半身・下半身を始めとする身体各部の指向性が明示された外観となるよう、デザイナーと連携して設計を行った。特に上半身・下半身の指向性については、先行研究において形状による影響が示唆されていたことから(Kuzuoka, Suzuki, Yamashita, and Yamazaki 2010)、人間に近い自然な身体ねじりを再現するための設計を行った。具体的には、上半身・下半身の断面形状を人間に近い楕円形とした上で、間を滑らかに接続する調整フレームを配置し、さらに外側を伸縮性のある服で覆う構成とした(図1)。これにより、人間に近い自然な身体ねじりの提示が可能である。なお、各部の外装は、熱溶解積層方式の3Dプリンタを用いて出力し、表面処理と塗装を行った。実験の際には、測域センサURG-04LX(北洋電機)を用いて実験参加者の位置を記録した。

3.2 実験環境

本実験では、大学の研究室内(200cm×250cm)を実験空間とし、TT2を用いて1名の実験参加者に対して左右の壁に設置された2枚の絵画についての説明を行った。実験環境の詳細を図2に示す。2枚の絵画はそれぞれ、クロード・モネ作「睡蓮」(以後、絵画1)とポール・セザンヌ作「風景」(以後、絵画2)を用いた。実験環境は高さ160cmのパーティションを用いて構成した。実験参加者の行動を記録するためのカメラを図2のカメラ1、2の位置に設置し、俯瞰から実験環境の撮影を行った。また実験参加者の初期位置を統一するため、ロボットから70cmの位置に目印をつけ、実験開始時にはその位置に立つよう指示を行った。この制限は開始時のみとし、その後は自由に行動して良いこととした。また、ロボットの後方20cmの位置に測域センサを設置し、実験参加者の位置検出を行った。

図2：実験環境

3.3 実験条件

　上半身と下半身の指向性による影響と身体ねじりの効果について調べるため、実験は以下の4条件で行った（**図3**）。それぞれの条件では、説明の最初に展示物の方向（向かって左側）を向くときの動作が下記のように異なる。

head条件：頭のみを動かす。
both条件：上半身と下半身の両方を動かす。頭部は上半身とともに回転し展示物の方を向く。
upper条件：上半身のみを動かす。頭は上半身とともに回転し展示物の方を向く。
lower条件：下半身と頭を動かす。

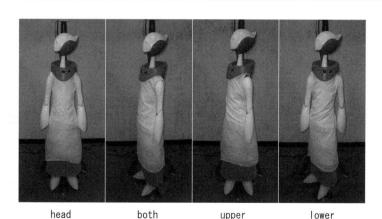

図3：動作条件

実験参加者数は各条件に対してそれぞれ10名ずつ、合計40名であり（男30名、女10名）、平均年齢は21.8歳であった。

3.4 実験タスク

　実験タスクは、「導入」、「絵画1説明」、「絵画2説明」、「終了」の4つのパートからなる。まず「導入」では、ロボットが起動、挨拶を行い、今から説明を始めるということを実験参加者に告げる。次に「絵画1説明」では、最初に実験条件ごとの動作によって絵画の方を向き、それ以降は体の方向は動かさずに説明を行う。「絵画2説明」においても、「絵画1説明」同様、最初に絵画の方向を向きそれ以降は体の方向を動かさずに説明を行う。最後の「終了」では、ロボットが体の向きを正面に戻し、お辞儀をして説明を終了する。なお、分析に当たっては、「絵画1説明」のみを評価対象とした。これは「絵画2説明」においては、「絵

表1：評価区間のスクリプト

フェーズ	発話内容（発話時間）	動作	時間(sec)	
注意誘導フェーズ(7.7 sec)	まず、こちらの絵は、クロード・モネによって描かれた「睡蓮」です。(5.2 sec)	**条件動作**	2.0	← ①
		停止	2.6	← ②
		頭→鑑賞者	2.1	← ③
		停止	1.0	← ④
説明フェーズ(32.9 sec)	モネは印象派の画家で、同じモチーフを時間毎に描き分け光と色の変化を追った連作と呼ばれる作品を数多く制作しています。(11.8 sec)	停止	13.0	← ⑤
	この「睡蓮」はその中でも代表的な作品で、200点以上も制作されたうちの1点です。(7.6 sec)	頭→絵画腕→絵画	2.0	
		停止	3.6	
		頭→鑑賞者	2.0	
		停止	1.9	
	明るい色彩で丹念に描きこまれた画面からは、時々刻々と変化し続ける水面の様子が伝わってくるようです。(9.1 sec)	頭→絵画	2.0	
		停止	3.3	
		腕下ろす	3.9	← ⑥

画1説明」中の移動による初期値のずれや、タスクへの慣れによる影響が懸念されたためである。

「絵画1説明」のパートにおけるロボットの発話・動作の詳細とそれぞれの所要時間を表1に示す。ここで、説明開始直後の、条件動作により注意誘導を行う発話区間を「注意誘導フェーズ」、その後絵画の説明を行う一連の発話区間を「説明フェーズ」と定義し、評価に利用した。評価区間において、ロボットは最初に条件動作により絵画の方向へ注意誘導を行う。体の方向はこの動作以降固定し、頭と腕のみを動かしながらその後の説明を行う。なお、表中の「頭(腕)→実験参加者(絵画)」という記載は、ロボットが頭(腕)を実験参加者(絵画)の方向に向けたことを表す。なお、表中右端の数字(①～⑥)は4節にて分析に用いる。

3.5 評価項目

ロボットの上半身および下半身の方向がロボット−実験参加者間のF陣形に与える影響を分析するため、実験の様子を図2で示した位置に設置した2台のビデオカメラによって記録し、実験参加者が身体配置(ロボットと絵画に対する実験参加者の相対的位置、方向)を調整するために足を動かした歩数(以後、調整歩数)と、視線方向の分析を行った。また、測域センサにより取得された実験中の実験参加者の位置データをログとして保存し、実験参加者の立ち位置座標の推移について分析を行った。さらに、実験後には質問紙を用いてロボットの動作および説明内容についての印象評価を実施した。ただし、印象評価についてはいずれの条件間にも有意差が見られなかったため、本稿中では割愛する。

3.6 実験結果

3.6.1 調整歩数

ビデオ映像から、注意誘導フェーズと説明フェーズそれぞれにおける調整

歩数の確認を行った。まず、各フェーズの終了時点までに実験参加者が身体配置を調整した割合を図4に示す。ここで、実験参加者が身体配置を調整した割合の算出にあたっては、先行研究における定義をもとに(Kuzuoka, Suzuki, Yamashita, and Yamazaki 2010)、2歩以上足を動かした場合に身体配置を調整したと判定した。得られた割合について、各フェーズでχ^2乗検定を行ったところ、注意誘導フェーズにおいて有意差が見られた($\chi^2(3)$ =10.128, df=3, p=0.018)。下位検定としてライアンの方法による多重比較を行ったところ、head-both条件間において有意差が見られた($\chi^2(3)$=9.899, df=1, p=0.012)。図4より、注意誘導フェーズ終了時点においてboth、upper、lower条件では過半数の実験参加者が身体配置を調整しているのに対し、head条件ではほとんどの実験参加者が身体配置を調整していないことが示された。なお、説明フェーズ終了時においてはhead条件でも6割の実験参加者が身体配置を調整している。

次に各フェーズにおける調整歩数についての分析を行った。解析に当たっては、注意誘導フェーズと説明フェーズで所要時間に差があるため、それぞれのフェーズにおける調整歩数を所要時間で割った値を用いた。そして、条件(4水準)、フェーズ(2水準)を要因として、2要因の分散分析を行った。その結果、条件－フェーズ間の交互作用が有意であった($F(3,36)$=3.698, p=0.020)。そこで下位検定として、各フェーズにおける条件間と、各条件におけるフェーズ間についてBonferroniの方法による多重比較を行った。それぞれの結果をまとめたグラフを図5に示す。各フェーズにおける条件間の多重比較では、注意誘導フェーズにおいてboth条件の調整歩数がhead条件に比べて有意に多いことが示された(p=0.014)。また、各条件におけるフェーズ間の比較では、head条件を除く3条件(both、upper、ower)において、注意誘導フェーズにおける調整歩数がその後の説明フェーズに比べて有意に多いことが示された(p<0.001, p=0.007, p=0.004)。

これらの結果から、head条件を除く3条件(both、upper、lower)では注意誘導フェーズにおいて調整歩数が増加し、身体配置が調整されているのに対し、head条件では調整歩数の増加は見られず、身体配置も調整されていないことが示された。

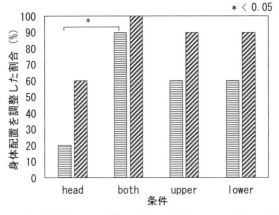

図4：各フェーズ終了時点で身体配置を調整した割合

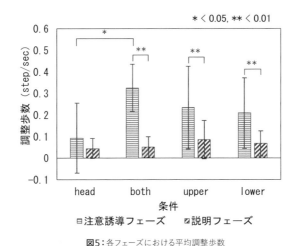

図5：各フェーズにおける平均調整歩数

3.6.2 実験参加者と絵画の距離

　実験参加者位置のログデータより、説明開始時と注意誘導フェーズ後、および説明フェーズ後の各時点における実験参加者と絵画の間の距離を測定した。なお、検定に当たってはログデータの取得に失敗した試行を除外したため、実験参加者数は head、both、upper 条件それぞれ9名、lower 条件10名の計37名

であった。ここで、条件(4水準)、時点(3水準)を要因として、2要因の分散分析を行った。その結果、条件－フェーズ間の交互作用が有意であった($F(6,66)$=2.659,p=0.023)。そこで下位検定として、各時点における条件間と、各条件における時点間についてBonferroniの方法による多重比較を行った。それぞれの結果をまとめたグラフを図6に示す。

　各フェーズにおける条件間の多重比較では、いずれの条件間でも有意差は見られなかった。各条件におけるフェーズ間の比較では、まずboth条件において説明開始時－注意誘導フェーズ後間、および説明開始時－説明フェーズ後間で有意差(p=0.001,p=0.030)が見られた。またupper条件においては説明開始時－説明フェーズ後間で有意差(p=0.009)、注意誘導フェーズ後－説明フェーズ後間で有意傾向(p=0.091)、lower条件においては説明開始時－説明フェーズ後間および注意誘導フェーズ後－説明フェーズ後間で有意差(p=0.001,p=0.001)が見られた。なお、head条件においてはフェーズ間で有意差は見られなかった。これらの結果から、both条件では注意誘導直後に実験参加者が絵画に近づき説明終了までそのままの距離を維持するのに対し、upper条件とlower条件では注意誘導直後には実験参加者は移動せず、その後の説明フェーズにおいて移動が行われていることが示された。

3.6.3 視線方向

　ビデオ映像から、絵画1説明中の各時刻に実験参加者がロボットの方を見ていたかを1フレーム(1/30sec)ごとに判定し、説明中にロボットを見ていた総時間を測定した。図7に、各条件におけるロボットを見た時間の平均を示す。ここで、各条件に対して一元配置の分散分析を行ったところ、有意差が見られた($F(3,36)$=4.131,p=0.013)。そこで下位検定として各条件間でBonferroniの方法による多重比較を行ったところ、head-upper条件間とhead-lower条件間でそれぞれ有意差、head-both条件間で有意傾向が示された(p=0.036,p=0.001,p=0.056)。このことから、身体のいずれかの部位を動かす条件では(both、upper、lower)、head条件と比べてロボットを見る時間が減少することが示された。

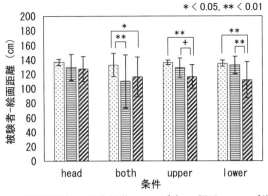

図6：各フェーズにおける実験参加者−絵画距離の平均

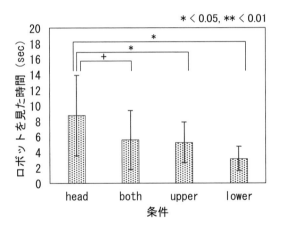

図7：各条件におけるロボットを見た時間の平均

4. 考察

4.1 各条件で見られた代表的な動作

3.6.1の「調整歩数」、3.6.2の「実験参加者と絵画の距離」の評価結果をもとに、各条件で代表的な動作を示した実験参加者の身体動作の推移を時系列でまとめたものを**図8**に示す。図中の番号①〜⑥は表1右側の番号に対応している。

まず、注意誘導の開始時点である①(00:00:00)ではいずれの条件において
も実験参加者は実験開始時に指定した初期位置に立ち、視線および全身をロ
ボットに向けている。この状態は、実験参加者とロボットの間に社会的F陣形

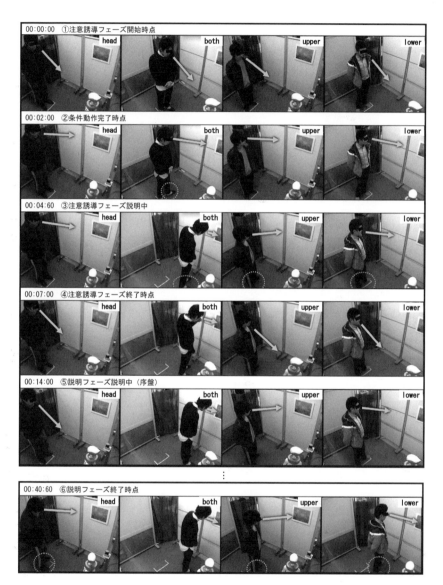

図8：各条件で代表的な動作を示した実験参加者の身体動作の推移

が構築された状態であると考えられる。説明の初めにロボットは各条件動作（頭部および身体各部を条件に従って絵画の方向に向ける）で注意誘導を実行する。②（00:02:00）は注意誘導の終了時点であり、いずれの条件においても実験参加者の視線が絵画の方に向き注意誘導に成功していることがわかる。また、この時点でboth条件では実験参加者が絵画の方向に移動を開始している。一方head、upper、lowerの各条件で身体配置の調整は行われていない。

その後ロボットは頭部および身体各部を静止させた状態で発話を継続し、③（00:04:60）の時点でboth条件では絵画の方向にさらに接近するとともに、upper条件とlower条件では身体方向の調整が発生している。ただし両条件ともboth条件のような絵画への接近は見られず、その場で身体方向のみを調整している。実験参加者の視線については、すべての条件で絵画の方に向いたまま維持されている。その後の発話区切りのタイミングで、ロボットは実験参加者の方向に頭部を向ける。④（00:07:00）はロボットが頭部を実験参加者に向けた直後であり、head、upper、lower条件では実験参加者もロボットの方向に視線を向け相互注視が成立している。一方でboth条件では絵画を継続して見続けており、ロボットとの相互注視は成立していない。

その後ロボットは実験参加者の方を見続けながら（体は動かさずに）絵画についての説明を継続する。⑤（00:14:00）はそのような状態での説明の最中であり、head条件では実験参加者もロボットの方向に視線を向け相互中止が継続している。一方でboth、upper、lower条件では実験参加者は絵画の方向に視線を向けながら説明を聞いている。

最後に⑥（00:40:60）は一枚目の絵画の説明終了時点である。全体で40秒程度の説明を経て、最終的にはhead条件においても身体方向の調整が発生している。またupper、lower条件では最終的に実験参加者が絵画の方向に移動した。

4.2 F陣形の再構築に関する考察

3.6.1の「調整歩数」、3.6.2の「実験参加者と絵画の距離の評価結果」および4.1の「各条件で見られた代表的な動作」より、ロボットの各部位の回転がF陣

形の再構築にどのような影響を与えたかの考察を行う。まず調整歩数の結果より、head条件を除く3条件(both、upper、lower)では注意誘導フェーズにおいて身体配置が調整され、F陣形の再構築が行われていると考えられる。この際、実験参加者と絵画の距離の評価結果より、both条件においては移動を伴ったF陣形の再構築が行われたのに対し、upper、lower条件においては移動を伴わず、その場で回転しF陣形の再構築が行われたと考えられる(**図8**-③参照)。これらの結果より、本稿の仮説Ⅰ(ロボットが全身を対象物の方に回転させる場合、鑑賞者は対象物の方に移動し、F陣形の再構築が行われる)は実証され、仮説Ⅱについては一部(ロボットが上半身のみを対象物の方に回転させる場合、鑑賞者の立ち位置は維持されたまま、身体の回転によりF陣形の調整が行われる)が実証された。仮説Ⅱにおいては、下半身が主要関与、上半身が副次的関与を示すとするSchegloffの定義に基づき(Schegloff 1998)、upper条件でのみ移動を伴わないF陣形の再構築が行われると予測したが、本実験の結果においてはupper条件とlower条件の間に異なる傾向は見られなかった。この原因として、今回のlower条件動作が実際の人間の動作と異なる動きであったことが挙げられる。通常、人間が下半身を動かす場合は上半身を含めた全身の回転が伴うため、上半身のみを回転する場合と比べて動作が大きくなる。そのため、大きな動作を伴う下半身の動作がより大きな意味を持ち、主要関与を示すこととなる。これに対して、今回用いたロボットは2足歩行型ではなく、固定された台座上で上半身・下半身の外装を回転させることで体の回転を表現しているため、upper、lower条件間の動作の大きさはほぼ等しい。そのため、upper、lower条件共に同様な傾向となったと考えられる。なお、説明終了時の実験参加者と絵画の距離の評価結果より、upper、lower条件においても最終的には移動が行われていることが示された(**図8**-⑥参照)。これは、上半身、もしくは下半身の回転を長時間(説明フェーズ中約30秒間)維持したためであると考えられる。Schegloff(1998)によれば、身体ねじりは副次的関与を一時的に示す場合に使われるとされており、今回の実験では身体ねじりを長時間維持したことで、主要関与が絵画に移ったと判断されたと推測される。そのため、実験参加者の移動を長時間抑制するためには、上半身・もしくは下半身の方向を定期的に実験参加者の方向へ戻すことが有効であると考えられる。

これらの結果から、注意誘導の際に上半身・下半身のいずれか一方のみを回転させることで、実験参加者の立ち位置を維持したままでF陣形の再構築を促すことが可能であることが明らかになった。

4.3 実験参加者の視線方向に関する考察

　3.6.3の視線方向の評価結果より、身体のいずれかの部位を動かす条件(both、upper、lower)と、head条件の間で有意な差が示された。仮説Ⅲでは、実験参加者の立ち位置が維持される場合、実験参加者がロボットを見る時間が長くなると予測したが、実験参加者の立ち位置が維持されたupper、lower 条件とboth条件の間の差は示されなかった。4.1各条件で見られた代表的な動作よりその原因を考察すると、**図8-⑤**のようにhead条件では絵画の説明中に社会的F陣形が維持されていたのに対して、それ以外の条件では身体配置の調整が行われ鑑賞者の身体方向が絵画の方向に回転している。このような場合、鑑賞者の絵画に対する関心はhead条件よりも強くなり、結果として絵画を見る時間が長くなったと考えられる。なお定量的な差は見られていないもの、立ち位置が維持された状態のupper条件とlower条件では、**図8-④**でロボットとの相互注視が成立したことに表されるように、鑑賞者が絵画だけでなくロボットに対しても関心を維持していると考えられる。このような関係性が維持される場合、鑑賞者は絵画に集中しつつもロボットが注意誘導を行った場合にその行為に気づくことができ、展示案内を行う上で理想的な状況であるといえる。ただし、本実験では上半身もしくは下半身の方向を長時間維持したことで最終的に実験参加者が移動していたことから、今後は4.1節で提案したように上半身もしくは下半身の方向を定期的に実験参加者の方に戻す等、移動を抑制し身体配置を維持する方策の検討を行う必要がある。

4.4　考察のまとめ

　本実験の結果より、注意誘導の際に上半身・下半身のいずれか一方のみを回

転させることで実験参加者の立ち位置を維持したままでF陣形の再構築を促すことが可能となること、またその際に全身を回転させた場合と同様に注意を絵画に向けることが可能であることが示唆された。これらの知見に基づき、ロボットの身体方向を適切に変化させることで、説明タスクをより円滑に進めることが可能となる。例えば、複数の対象物が存在する状況において、一つのものに集中して説明を行う場合には全身を回転させ、移動を伴うF陣形の再構築を促すことが有効である。一方、途中で説明対象を切り替えながら複数のものを説明する場合には、上半身・下半身のいずれか一方を回転させ、移動を伴わないF陣形の再構築を促すことが有効である。このように、状況に応じて回転させる体の部位を使い分けることで、説明タスクをより円滑に進めることが可能になる。

5. おわりに

本稿では、上半身・下半身の形状を人間の身体形状に近づけ、自然な身体ねじりを提示可能なロボットにより注意誘導を行った場合に、対話者の身体配置がどのように変化するかの評価を行った。評価に当たっては、自然な身体ねじりを提示可能なヒューマノイドロボットTT2を用い、実験参加者に絵画の説明を行う研究室内実験を実施した。この際、身体の各部位の回転による効果を比較するため、頭だけを回転させるhead条件、全身を回転させるboth条件、上半身のみを回転させるupper条件、下半身のみを回転させるlower条件という4条件で比較を行った。実験の結果、both条件においては先行研究同様に、実験参加者は移動を伴ってF陣形の再構築を行ったのに対し、upper条件とlower条件では、立ち位置を維持したままでF陣形の再構築を行うことが示された。また説明中の実験参加者の視線方向の分析より、upper条件、lower条件ではboth条件と同様に注意を絵画に向けることが可能であることが示された。

本稿で得られた結果より、ロボットは全身を回転させる手法と身体ねじりを用いる手法を使い分けて対話者の立ち位置と方向を調整し、F陣形を再構築することが可能となる。ロボットが非言語的表現を用いてこのような微妙なニュ

アンスの違いを伝達可能であるのは、人間がロボットを単なる環境的要因（"外界"）としてではなく、人間と同様に意図を表出する"他者"と解釈しているためであると考えられる。そしてそのような解釈を促進するためには、ロボットが提示した行為が、人間が提示する場合と同様に理解されるよう、ロボットの身体形状を適切に設計することが重要である。

注

1————本稿は、インタラクション2016において発表された予稿（川口・葛岡・山下・鈴木 2016）の内容を元に、より詳細なデータ分析および社会科学の観点からの考察を追加し、再構成を行ったものである。

参考文献

Hüttenrauch, H., Eklundh, K. S., Green, A., & Topp, E. A. (2006) Investigating spatial relationships in human-robot interaction, in Proc. of IROS 2006, pp. 5052−5059, IEEE Press.

川口一画・葛岡英明・山下淳・鈴木雄介 (2016)「ロボットによる身体ねじりが対話者の身体配置に与える影響に関する研究」『情報処理学会インタラクション2016論文集』pp.21−28, 情報処理学会

Kendon, A. (1990) *Conducting interaction - patterns of behavior in focused encounters*, Cambridge University Press.

Kuzuoka, H., Suzuki, Y., Yamashita, J., & Yamazaki, K. (2010)Reconfiguring spatial formation arrangement by robot body orientation, in Proc. of HRI 2010, pp.285−292, IEEE Press.

McNeill, D. (2006) Gesture, gaze, and ground. in *International workshop on machine learning for multimodal interaction*, pp.1−14, Springer.

Nakauchi, Y., & Simmons, R. (2009) A social robot that stands in line, in Proc. of IROS 2000, pp. 357−364, IEEE Press.

Satake, S., Kanda, T., Glas, D. F., Imai, M., Ishiguro, H., & Hagita, N. (2009) How to approach humans? - Strategies for social robots to initiate interaction, in Proc. of HRI 2009, pp. 109−116, IEEE Press.

Schegloff, E. A. (1998) Body torque, *Social Research* 65(3), pp. 535−596.

マジョリー・F・ヴァーガス　石丸正訳(1987)『非言語コミュニケーション』新潮選書 (Vargas, M. (1986) *Louder than words: an introduction to nonverbal communication*, Iowa State University Press.)

渡辺富夫・大久保雅史・小川浩基(2000)「発話音声に基づく身体的インタラクションロボットシステム」『日本機械学会論文集』C編66(648), pp.2721−2728, 日本機械学会

Yamaoka, F., Kanda, T., Ishiguro, H., & Hagita, N. (2008) How close? - Model of proximity control for information-presenting robots, in Proc. of HRI 2008, pp. 137　144, IEEE Press.

Yamaoka, F., Kanda, T., Ishiguro, H., & Hagita, N. (2009) Developing a model of robot behavior to identify and appropriately respond to implicit attention-shifting, in Proc. of HRI 2009, pp.133−140, IEEE Press.

執筆者紹介

監修者

伝康晴 (でん やすはる)

千葉大学大学院人文科学研究院教授

[主な著書・論文]

シリーズ 文と発話(2005-2008、ひつじ書房、共編)

『「間合い」とは何か──二人称的身体論』(2020、春秋社、共著)

前川喜久雄 (まえかわ きくお)

国立国語研究所名誉教授

[主な著書・論文]

講座 日本語コーパス(2013-2017、朝倉書店、監修)

Production of the utterance-final moraic nasal in Japanese: A real-time MRI study. (*Journal of the International Phonetic Association*, 2021)

坂井田瑠衣 (さかいだ るい)

公立はこだて未来大学システム情報科学部准教授

[主な著書・論文]

『「間合い」とは何か──二人称的身体論』(2020、春秋社、共著)

「「共鳴的共在」としての歯科診療の場」(『出会いと別れ──「あいさつ」をめぐる相互行為論』、2021、ナカニシヤ出版)

編者

牧野遼作 (まきの りょうさく)

早稲田大学理工学術院総合研究所次席研究員／研究院講師

[主な著書・論文]

「相互行為は楽し──遊戯としての相互行為分析の可能性」(『出会いと別れ──「あいさつ」をめぐる相互行為論』、2021、ナカニシヤ出版)

「子供を「主役」とする教育的活動の相互行為分析──博物館における展示物解説を対象として」(『社会言語科学』23(1)、2021、共著)

砂川千穂 （すなかわ ちほ）

Research consultant/Senior linguist

［主な著書・論文］

『言語人類学への招待──ディスコースから文化を読む』（2019、ひつじ書房、共著）

Familial bonding: The establishment of co-presence in webcam-mediated interactions. (*Bonding through Context: Language and Interactional Alignment in Japanese Situated Discourse*, 2020, John Benjamins)

徳永弘子 （とくなが ひろこ）

理化学研究所情報統合本部特別研究員

［主な著書・論文］

「視線と発話行為に基づく共食者間インタラクションの構造分析」（『電子情報通信学会論文誌』96-D（1）、2013、共著）

「孤食と共食における食事動作のメカニズム──食事の形態がもたらす心理的影響との関連に照らして」（『日本食生活学会誌』27（3）、2016、共著）

執筆者

須永将史 （すなが まさふみ）

小樽商科大学商学部准教授

［主な著書・論文］

「質問のデザインにおける痛みの理解可能性──在宅マッサージの相互行為分析」（『社会言語科学』23（1）、2020）

「診察の開始位置での問題呈示はどう扱われるか──「ちょっと先生さきに相談あるんだけど」の受け止め」（『保健医療社会学論集』31（2）、2021）

名塩征史 （なしお せいじ）

広島大学森戸国際高等教育学院講師

［主な著書・論文］

「身体的技術の指導－学習過程における相互行為──年少者向け空手教室での「相手を意識した」経験の共有」（『社会言語科学』23（1）、2020）

「会話への途中参加を巡る動機付けと許容に関する認知語用論的考察──理容室でのコミュニケーションを対象とした事例分析をもとに」（『動的語用論の構築へ向けて』第3巻、2021、開拓社）

平本毅 （ひらもと たけし）

京都府立大学文学部准教授

［主な著書・論文］

『会話分析の広がり』（2018、ひつじ書房、共編）

"How about eggs?" : Action ascription in the family decision-making process while grocery shopping at a supermarket. (*Action Ascription in Interaction*, 2022, Cambridge University Press, 共著)

黒嶋智美 （くろしま さとみ）

玉川大学ELFセンター准教授

［主な著書・論文］

When OKAY is repeated: Closing the talk so far in Korean and Japanese conversations. (*OKAY Across Languages: Toward a Comparative Approach to Its Use in Talk-in-interaction*, 2021, John Benjamins, 共著)

Toward a praxeological account of performing surgery: Overcoming methodological and technical constraints. (*Social Interaction: Video-Based Studies of Human Sociality* 4(3), 2021, 共著)

蓮見絵里 （はすみ えり）

埼玉東萌短期大学幼児保育学科助教

［主な著書・論文］

「言語的・文化的に多様な背景を持つ子どもたちの音と身体を介した対話──自由度の高い協働的な即興演奏の微視的分析」（『立教大学教育学科研究年報』63、2020）

「言語的文化的に多様な子どもたちの音を介した対話──多文化プレイショップにおける協働演奏の微視的分析」（『思考と対話』2、2020、共著）

清水大地 （しみず だいち）

神戸大学大学院人間発達環境学研究科助教

［主な著書・論文］

How do creative experts practice new skills?: Exploratory practice in breakdancers. (*Cognitive Science* 42(7), 2018, 共著)

Synchronization and coordination of art performances in highly competitive contexts: Battle scenes of expert breakdancers. (*Frontiers in Psychology* 12, 2021, 共著)

川口一画 （かわぐち いっかく）

筑波大学システム情報系助教

［主な著書・論文］

「ヒューマノイド型頭部を付与したテレプレゼンスロボットの注視提示が遠隔コミュニケーションに与える効果」（『ヒューマンインタフェース学会論文誌』20(4)、2018、共著）

「スマートスピーカーにおける注視の入出力を用いたインタラクションの効果」（『ヒューマンインタフェース学会論文誌』21(3)、2019、共著）

シリーズ　言語・コミュニケーション研究の地平

外界と対峙する

New Horizons in Language and Communication Research
Interaction in the Material World

Supervised by DEN Yasuharu, MAEKAWA Kikuo, SAKAIDA Rui
Edited by MAKINO Ryosaku, SUNAKAWA Chiho, TOKUNAGA Hiroko

発行─────────── 2022年6月6日　初版1刷
定価─────────── 3200円+税
監修者─────────── 伝康晴・前川喜久雄・坂井田瑠衣
編者─────────── 牧野遼作・砂川千穂・徳永弘子
発行者─────────── 松本功
ブックデザイン─────────── 中野豪雄 + 鈴木直子[株式会社 中野デザイン事務所]
印刷・製本所─────────── 株式会社 シナノ
発行所─────────── 株式会社 ひつじ書房
　　　　　　　　　　〒112-0011 東京都文京区千石2-1-2 大和ビル2階
　　　　　　　　　　Tel: 03-5319-4916 Fax: 03-5319-4917
　　　　　　　　　　郵便振替00120-8-142852
　　　　　　　　　　toiawase@hituzi.co.jp　https://www.hituzi.co.jp/
　　　　　　　　　　ISBN 978-4-8234-1127-4

[刊行書籍のご案内]

シリーズ 文と発話

串田秀也・定延利之・伝康晴編　　各巻定価3,200円＋税

第1巻

活動としての文と発話

文や発話が伝達の為の道具であるという前提を疑った時にどのような現象が視野に入るか、また逆に、伝達という活動にとっての文や発話の構造を考察した論文を収録。

第2巻

「単位」としての文と発話

完結性を持った単位として扱われる従来の文概念はどこまで有効なのか、文に代わるどのような単位を設定することができるのか、談話・会話など生きた言葉を考察した論文を収録。

第3巻

時間の中の文と発話

文や発話が表現された後のものとしてではなく、表現される過程そのものに焦点をあてる。従来難しいとされてきた実際の文の研究に本格的に取り組む文研究の最先端。

会話分析の広がり

平本毅・横森大輔・増田将伸・戸江哲理・城綾実編　　定価3,600円＋税

会話分析は近年、幅広い分野にまたがって発展を遂げ、扱う研究主題は目覚ましい広がりをみせている。本書は、それら新たな研究主題──多様な連鎖組織、相互行為言語学、相互行為における身体、フィールドワークとの関係、行為の構成、認識的テリトリー、多言語比較など──の展開を具体的な分析事例とともに概説し、会話分析の向かう先を展望する。

執筆者：串田秀也、城綾実、戸江哲理、西阪仰、林誠、早野薫、平本毅、増田将伸、横森大輔

発話の権利

定延利之編　　定価2,900円＋税

車が動かないのは、運転手がペダルを踏み間違えているからである。それを見つければ車内の誰でも「あ、ブレーキ踏んでる!」と言える。だが、「あ、ブレーキ踏んでた!」は基本的に運転手しか言えない。この運転手の「特権性」はどこから、どのように生じるのか？　語用論、会話分析、人類学、動物行動学の第一線の研究者たちの「答」がここにある。

執筆者：木村大治、串田秀也、定延利之、園田浩司、高梨克也、中村美知夫、細馬宏通、村田和代

認知言語学と談話機能言語学の有機的接点
用法基盤モデルに基づく新展開

中山俊秀・大谷直輝編　　定価4,500円+税

本書は、言語を実際の言語経験に基づいて形成される動的な知識体系として捉える用法基盤モデルを接点として認知言語学と談話機能言語学の有機的融合を図り、言語知識、言語獲得、言語運用に関する研究の新展開の可能性を示す。第1部と第2部で用法基盤モデルで想定される言語観を概観し、第3部では学際的な視点から行われた9つの研究を実例としてあげる。

執筆者：岩崎勝一、大谷直輝、大野剛、木本幸憲、佐治伸郎、サドラー美澄、柴﨑礼士郎、鈴木亮子、第十早織、巽智子、田村敏広、長屋尚典、中山俊秀、堀内ふみ野、松本善子、吉川正人

シリーズ　フィールドインタラクション分析　1

多職種チームで展示をつくる
日本科学未来館『アナグラのうた』ができるまで

高梨克也監修・編　　定価3,200円+税

職能の異なるメンバーからなる多職種チームが「まだ存在していない」展示を制作していく際、メンバーはさまざまな困難に出会い、これをさまざまな工夫によって乗り越えていく。この巻では、多職種チームによるこうした協同問題解決が「懸念」によって駆動されるさまや、提起された問題が「表象」を利用して共有・解決されていくさまを描く。

執筆者：高梨克也、平本毅、小澤淳、島田卓也、田村大